いま、解読する戦後ジャーナリズム秘史

柴山哲也著

ミネルヴァ書房

目次

序　戦後の「自由と民主主義」は進化したか

「言論の自由」とジャーナリズム

戦後七〇年の節目が過ぎたが、戦後憲法の骨格である日本の「言論の自由」と「民主主義」はどんな状況に置かれているか。また戦後憲法の本質の「平和主義」「人権」等の憲法上の価値観は、どのような変質を遂げて今に至っているか。

この問題意識のもとに、日本社会が戦後初めて憲法で一〇〇％の条文を獲得し、「言論の自由」を行使してきたジャーナリズムの歴史を書きたいと考えた。

戦後、七〇年余の歴史を重ねたことで、本来なら言論の自由も民主主義もメディアもそれなりに成熟し、そろそろ欧米諸国と肩を並べるほどに進歩していなければならない。

しかしその実感は持てないでいる。というより戦後七〇年を経て日本の言論の自由は劣化しているのではないか。そんな危機感すら抱くようになった。

国連等の国際機関からは日本のメディアの言論の自由への懸念が表明され、日本の人権状況に対する警告が発せられるようになったからである。国連人権委員会は「特定秘密保護法」や「共謀罪」の強行採決による相次ぐ立法に具体的な懸念を表明している。

メディアの自由度国際ランクの急速な下落

またパリに本部を置く国際ジャーナリズム機関「国境なき記者団」が毎年発表する世界各国のメディアの自由国際ランキングが、近年では世界約一八〇カ国中、七〇位前後をうろつくようになった。日本のメディアはその程度の自由度しか持っていないのだろうか。

ベストテンにはスウェーデン、ノルウェー、フィンランドなどの北欧諸国が占めているが、日本の言論ランクがこれほどまでに下落したことはなかった。二〇一七年度には、アジアの中でも台湾、韓国、モンゴルに抜かれた。二〇一八年度は台湾、韓国に二〇位ほど水をあけられた。

政権交代が起こった鳩山内閣のときは、北欧レベルの先進国ランクまで上昇し一一位になったこともある。当時の鳩山内閣では外務省をはじめとする霞が関の情報公開、記者クラブ開放、メディアの透明化等の試みが進行し、海外からは高く評価されたのである。

順調に滑り出したかに見えた鳩山政権だったが、沖縄の辺野古移転問題で偽文書を掴まされて「最低でも県外」と公約していた鳩山首相が躓き、倒れた。鳩山政権の後を継いだ菅内閣は3・11東日本大震災と福島第一原発の最高レベルの事故に遭遇し、原発事故への不手際が重なり倒れた。その後を継いだ野田首相は「決める政治」を求めて、安倍政権に政権を禅譲した形で退いた。しかし民主党政権が安倍政権と比べてどうかといえば、実は見るべき成果はあったのである。

巷間いわれるように、民主党政権は様々な問題を抱えたことは確かだが、言論の自由や民主主義、基本的人権のレベルは国際スタンダードに達した項目もあり、旧体制の自民党政権より遥かに優れた理念的遺産があるが、日本の政治文化とメディアの中での評価が低いのはなぜだろうか。

これらの諸問題は「憲法」「新聞」「テレビ」「放送法や電波行政」「沖縄」の章などの中で改めて詳述するが、「戦争」「阪神・淡路大震災、東日本大震災、原発事故報道」などの関連する章の中でも述べる。

明るさ、希望の陰で起こった暗い事件

戦後ジャーナリズムの事件史に登場する主要な事件の中では、一九七〇年代の沖縄返還時の毎日新聞・西山事件が記憶に強く残っている。個人的な話で恐縮だが、私が新聞記者としてスタートラインに立ったのは一九七〇年だった。六〇年代、大学や大学院で体験した学生時代の政治の季節が去り、七〇年は日本が高度成長時代の最盛期に入ろうとしていた。

軽快なモダンジャズやポップ音楽が巷に流れ、町には豊かさへの渇望と期待があふれ、サラリーマンは海外旅行、マイカーやマイホームへの欲求と仕事への熱気が沸き立っていた。大阪万博が開催されたのは一九七〇年だ。「およげ！たいやきくん」の歌が音量一杯に商店街に流れ、ツイッギーを真似たミニスカートの女性が巷を闊歩していた。そして「おいしい生活」というＣＭが流行り、人々は明るく豊かな未来生活への希望に踊っていた。思えば古き良き時代だった。

しかし明るさと繁栄の希望の陰では暗い事件が起こっていた。事件とは地下に溜まった国民の不満のマグマの噴出である。社会の表面からは見えないが、地表に噴出した事件の突飛さが、世の中の隠れた現実を物語る隠されたサインだ。名著『世論』を書いたアメリカのジャーナリスト、ウォルター・リップマンは、事件が示す時代のサインをジャーナリストは見逃すな、と説いた。

一九七〇年には三島由紀夫割腹自決事件があった。憲法改正を唱えて陸上自衛隊市ヶ谷駐屯地に立て

籠って自決した三島のテロ事件は、戦後日本の言論の自由に対する挑戦、憲法に対する挑戦と思われた。

駆けだし記者の私が初任地、滋賀県の大津支局にいたとき、赤軍派による日航機よど号ハイジャック事件があり、彼らは北朝鮮の平壌へ渡った。そのメンバーの中に大津出身の大学生がいた。それはサツ回りをする新人の私にとって最初の重い取材体験となった。

一九五〇年代の原爆マグロと核の冬

本書で取りあげた事件の中には、占領期の言論の自由、憲法制定過程の諸事件、一九五〇年代、原爆の恐怖が冷めやらない中で起こったビキニ環礁の水爆実験で日本人三度目の被曝で死亡した第五福竜丸の久保山愛吉無線長事件から読み解く「核の冬」と日本、六〇年代のベトナム戦争報道のアメリカ、日本の新聞、中国の文化大革命と中国経済の驚異的発展、一九七〇年代の沖縄返還から今日の辺野古基地建設強行で揺れる沖縄、自民党政権が野に下った細川政権誕生時のテレビ朝日・椿事件、憲法記念日に起こった朝日新聞・阪神支局記者殺傷事件、北朝鮮拉致事件、松本サリン事件とオウム真理教闇、阪神・淡路大震災、東日本大震災、福島第一原発事故、小泉ポピュリズム政治、日本の右傾化とテレビへの政治圧力、秘密保護法、共謀罪成立など戦後ジャーナリズムの中で起こった歴史的事件をピックアップして、これらの事件が日本のジャーナリズムと言論の自由にどのような影響を与えたかを探る。

これらの事件の「残影」は現代と未来の日本にどんな光と影を与えているのか。本書で述べる「ジャーナリズムの戦後秘史」は、過去の事件から、「今と未来の日本を解読する」試みでもある。

どちらかといえば暗い事件が多いのだが、明るさと経済繁栄を追求した戦後の節々に顔を覗かせた暗い事件簿のほうに、時代の本質をみるような気がする。

自由と民主主義の源流の旋律はルソーである

本書に『失われた時を求めて』という裏タイトルを密かに付けてモチーフを練った。ご承知の通りこれは文豪プルーストの本のタイトルを借用したものだ。プルーストとは大それたことと思われるかも知れない。しかし私には「戦後の希望であった日本の言論」の原点とはどこに存在しているのだろうか、戻るべきときが存在しているのだろうか。その迷路を探り当てたいという欲求があった。今はっきりいえることは、戦前や明治維新に戻るべき場所はないことそれだけは確かだと思う。

私は大学院時代や新聞記者としての取材を通じて新京都学派の泰斗・桑原武夫教授のルソー思想を学んだ。ルソーが唱えた社会契約論の思想、自由と人権と民主主義の思想はフランス共和国憲法、アメリカ合衆国憲法に組み込まれていることを知った。およそ世界の近代化した憲法はどの国でもルソー的な人権思想と民主主義を掲げている。

日本の戦前の明治憲法は天皇主権で国民の側に主権はなく、言論の自由や人権、民主主義は基本的にはなかった。しかし戦後の憲法は、近代憲法なのである。その憲法をGHQが押し付けたというだけで、やすやすと捨てて国家主義憲法に戻していいのだろうか。

重ねていうが、戦前の日本には憲法上の言論の自由はなかった。新聞には新聞紙法があり新聞発行に政府の許認可が必要だった。現在の憲法下なら新聞発行に政府許認可の必要はなく自由にできる。誰の許可を得なくても新聞の発行は自由にできる。このことは素晴らしい進歩だった。

大正デモクラシーの自由

拙著『新京都学派』（平凡社新書）で書いたが、先述した桑原武夫氏のほか、今西錦司氏ら京都の碩学の学者たちから大正デモクラシーの話を聴いて感銘をうけた。彼らが育った旧制高校には現代の教員には考えられない破格の自由主義者がおり、そんな自由主義者の先生たちの言動と背中を見ながら、青春時代を過ごしたという話だった。だから戦前には言論の自由がなかったと決めつけるわけにはゆかない。少なくとも戦後憲法のように明確に「表現の自由は保障する、検閲は行ってはならない」と明治憲法には書かれていなかった。しかし、個人としては、欧米の言論の自由の価値を学問を通じて知り、自らこれを行使していた碩学の知識人はいたのだ。ルソーをはじめとする欧米先進国の近代的思想や学問をよく学んで知っていたから「自由」の意味を知っていた。

しかし頑迷で遅れた日本の政軍官の指導者たちが、昭和のおぞましい大戦争を起こし祖国を破壊したと私は思っている。この動きに抗することができず新聞は同調してしまったのだ。

だから現代でも、不幸にして独裁政府が生まれて憲法改正が実行され、言論の自由の条項や人権条項が制限されれば何も残らなくなる恐れはある。メディアが同調圧力に屈し、大学の学問的な自由が抵抗力を失ったとき、我々には戻るべき居場所はなくなる。

校庭で聴いたトルコ行進曲

今、その記憶へ戻れば、懐かしく、胸に込み上げてくる懐かしいシーンというものが誰の心にもある。私は戦後時代の小学生のころ、映画『ＡＬＷＡＹＳ三丁目の夕日』の世界のように、まだ日本は豊かではなかった時代に育った。放課後のグラウンドを友達と駆けて遊んでいたとき、夕日に照らされた校舎の一角から流れてくるモーツァルトの「トルコ行進曲」のピアノの音色と流麗なリズムに耳を澄ませていた小学生時代を思い出す。腹は空かしていたが、何の怯えもなく、友達と遊ぶ自由、楽しさがあふれた黄金の時間だった。音楽もあった。たぶん教育実習の若い女の先生がピアノレッスンで弾いていたのだろう。放課後の夕刻の校庭で毎日のように聴いた「トルコ行進曲」は、私の心の中で、今でも黄金の光とリズムを放っている。心がわくわくする旋律だった。

「言論と表現の自由」を求めて、その郷愁を誘う旋律と言葉はどこから来てどこへ向かうのだろうか。この世の中に純正な「言論表現の自由」など存在しないのかもしれない。しかし「言論表現の自由」もまた美しい旋律の言葉である。だから及ばずながら、私も『世論』を書いたウォルター・リップマンのひそみに倣い、「言論自由の旋律」を勇気をもって奏で、追求したいと思っている。

第1章　敗戦直後の日本の言論と新憲法発布

1　GHQ占領下の言論表現の自由と検閲

進駐軍のチョコレートと自由の味

日本人が憲法で保障された言論の自由を獲得したのは、一九四五年八月の第二次世界大戦敗戦後からだった。本書が取りあげたジャーナリズムの事件の最初の衝撃とは、GHQ占領下において言論の自由を憲法で保障したことである。しかし米国（GHQ）統治を批判する自由はなく、占領統治言論の特徴として、当然ながらGHQによる検閲があった。GHQは言論の自由を日本人に教育する一方、占領政策実行のために検閲を行うという同時矛盾の政策を行った。これこそが占領期の日本の言論と新聞が置かれた厳しい欺瞞だった。

しかし戦後日本の貧困と廃墟の中から生まれた新憲法は、生まれ変わろうとしていた日本人には、「進駐軍のチョコレートと自由の味」がする美味な香りを持っていた。「赤いリンゴに唇寄せて、黙って見ている青い空」という歌詞の「リンゴの唄」が流行った時代だった。

以下の「憲法」の章ではこの問題と米国が主導した日本国憲法制定のプロセスに焦点を当てる。日本国憲法は占領期に米国に押し付けられたもので、真に独立国の憲法ではないという理由で自民党政権は憲法改正を企図してきたが、本当に押し付けられた憲法だったのか。押し付けられたとすればどのように押し付けられたのか。

敗戦後のGHQ占領下では、戦前の日本の統治機構の天皇の上に、マッカーサーが君臨することになった。マッカーサーは天皇を通じて日本の統治を行い、終戦連絡事務所を通じて政府行政を操り、広報手段としては既成の新聞を巧みに利用した。天皇は軍部や他の支配者以上に国民の信頼を受けており、新聞は戦時下の国民を軍国主義にうまく洗脳していたので、GHQ統治にも使えるとマッカーサーは判断したのだ。

GHQの狙いは明治憲法体制を変革し、それまで現人神《あらひとがみ》だった天皇に人間宣言をさせ、軍部の解体、封建制廃止、神道指令、財閥解体、農地改革、教育システム改革などの諸改革を断行した。こうしたGHQの一連の民主化政策の仕上げが新憲法の発布だった。GHQのナンバー2でマッカーサーの片腕だったホイットニー准将は「日本の改革は今のことだけではなく、数一〇年に及ぶ影響力を持たなければならない」と進言していた。

新憲法の理念には日本の軍国主義の廃止だけではなく、ポツダム宣言、国連憲章、大西洋憲章等の国際諸条約等の連合国の意思と理念が反映されていたのである。

具体的には、GHQ統治の特色は天皇制の維持と戦時中の大本営新聞を残してそのまま使うことだったといえる。ヨーロッパにおいては、ドイツやフランス等のナチスに関与した新聞がすべて廃刊にされたのとは対照的だった。ナチス系の新聞や言論機関は根こそぎ退治する一方、日本は旧体制を温存しながらの統治方法だった。敗戦国日独枢軸国に対する占領軍の統治方法の違いが、戦後両国が歩んだ米国統治方法の道筋の違いとして表れていた。ドイツはナチスの残滓を法的にも葬り去ることで新しい国を作った。

ＧＨＱの統治方法は、「言論の自由と民主化」を日本人に教育しながら、その一方で「占領統治に障害のある問題の検閲」を行うという矛盾したものだった。

ＧＨＱは戦前の日本には言論の自由がなかったので、新聞は政府批判ができず、軍部主導の無謀な戦争を止めることができなかったと考え、言論の自由を新聞に認めながら、同時に占領政策を円滑に進めるには新聞の協力を得ること、さらには占領政策の邪魔になる旧体制の思想を排除するために検閲を行った。飴と鞭の言論政策だったのである。

プレスコードとＧＨＱの検閲

ＧＨＱの日本占領直後の一九四五年九月一〇日、「言論及び新聞の自由に関する覚書」（Memorandum concerning Freedom of Speech and Press）が出され、続いて「プレスコード」（Memorandum concerning Press Code for Japan）が発令された。これらの指令は米国並みの言論の自由を保障する一方、占領目的遂行のために新聞をＧＨＱの検閲下に置いたもので、軍国主義的傾向の復活を監視し、占領軍政策への批判を許さないという言論の自由とは矛盾したものだった。

同時に日本の新聞は米国の新聞のように、ニュースのファクトに忠実であることを求め、いたずらにセンセーショナルな表現で国民を欺いたり、大本営のような虚偽報道をすることを禁じた。

プレスコードには日本国民と新聞関係者に言論の自由を教育する目的があり、その面では言論の自由を認めるのだが、軍国主義を扇動したり占領軍にとって不都合なニュースを流布することは禁止するというもので、一方で自由を教育しながら、一方で禁止を命令するという矛盾にみちていた。

天皇制と新聞の温存

新聞は戦争を扇動したが、それは軍部や政府の圧力に屈した結果だとGHQは考えていた。新聞が自発的に戦争協力を行ったとは考えていなかったので、かつては軍部と国策に従っていた新聞を、占領政策遂行のために有効利用しようと考えたのである。

SCAPマッカーサー司令部は、連合諸国から出された「天皇」の戦争責任論を排除して「天皇制」を温存したのと同時に、「新聞」の温存をはかった。諸外国の天皇の戦争責任追及の動向に対して、マッカーサーや米国政府首脳が天皇の温存を推進したのは、戦後の日本統治に対する戦略だった。「日本における天皇は一〇〇万の軍隊に相当する影響力を持つので天皇は味方につけておいたほうが良い」とマッカーサーは考えた。すなわち、新聞は軍部と一体化して積極的に戦争遂行に関与したとはGHQは考えていなかったようである。というより新聞が積極的に戦争を煽ることなどアメリカのプレスの常識では考えらないことだったのだ。

同盟通信社長・古野伊之助は国際検事局に戦争犯罪人として逮捕されたが、当局の尋問にたいして「厳しい検閲のために戦争に抵抗できなかった」と答弁している。国策で作られた報道機関だった同盟通信社長の古野はもっと積極的に深く戦争に関与していたはずだが、米国の取り調べ官には、「暗黙の前提としてジャーナリズムは軍国主義の被害者であるという認識があった」と有山輝雄は指摘する（有山、一九九六）。

日本が敗戦した一九四五年八月一五日前は、七月末に連合国によって発せられたポツダム宣言をどのように受け止めるかをめぐる政府、軍部上層部の密議が繰り返されていたが、情報が国民に漏れることを恐れた内閣情報局は、新聞への言論統制を強めていた。広島や長崎の原爆投下は最小限に報道された。

2　「国民総懺悔」を誘導した新聞

マッカーサー司令部による検閲

ポツダム宣言を受諾したあとも、「無条件降伏」という言葉を新聞が使うのはタブーで、戦争には敗れたが、「天皇制は護持する＝国体護持」へと国民の意識を誘導することが戦後日本の新聞の最大の目的だった。軍部や政府指導部の戦争責任（敗戦責任）を追及するよりは、敗れたのは国民一人一人であり、国民全体が反省し新しい日本のために尽力することが重要である、今さら過去を振り返ってもしかたがないという趣旨の新聞論調があふれた。いわゆる「国民総懺悔論」が、新聞によって用意されたのである。作家・高見順は「新聞は、今までの新聞の態度に対して、国民にいささかも謝罪するところがない。詫びる一片の記事も掲げない。手の裏を返すような記事をのせながら、態度は依然として訓戒的である。……政府の御用をつとめている。敗戦について新聞は責任なしとしているのだろうか。度し難き厚顔無恥」と怒りをぶちまけている（高見、二〇〇五）。

占領軍は新聞を円滑な占領遂行のために利用しようとしていたから、言論の自由について教育しながら、GHQを誹謗中傷する記事には目を光らせていた。

特に原爆被害報道と占領軍兵士が犯した婦女暴行事件の報道には神経をとがらせていた。終戦から一カ月も経っていないとき、原爆報道と婦女暴行事件報道を行った同盟通信に対してマッカーサーは突然、業務停止命令を出した。

ＧＨＱの新聞担当官フーバーはマスコミ各社の幹部を呼び付け、「日本は文明国の中の一員として権利をまだ示していない敗戦国なのである。諸君が国民に報道してきた色つきのニュースは、最高司令官が日本と交渉しているという印象を与えている。……最高司令官は日本政府に命令を与えているのであり、交渉しているのではない。……日本国民は、自分たちが既に世界の尊敬を回復したとか、……信じ込まされるべきではない。こうしたニュースの歪曲は、即刻中止しなければならない。諸君は、君たちの人民に真実を伝えていないという点で、公安を害しているのであり、諸君は日本の置かれた実状について不正確な姿を作り出している。諸君は諸君が発行してきた記事の多くが虚偽であることを知っているはずだ」と非難し、今後、記事の一〇〇％を検閲すると伝えた（有山、一九九六）。

日本のマスコミ幹部は軍部にかわる新しい専制君主としてマッカーサー司令部を再認識したというわけである。

ＧＨＱ指令による新聞発行禁止処分の多発

同盟通信の業務停止処分がきっかけとなり、同盟通信社は解体して現在の共同通信社と時事通信社に分割再編成されることになった。また同じ時期に、朝日新聞は米軍が発表した日本軍のフィリピンにおける残虐行為の事実が虚偽であるという記事を載せたり、原爆投下は国際法違反の戦争犯罪であるという記事を掲げたりして、故意に占領軍を挑発したとして発行停止処分を受けた。朝日は日本政府の情報局の指示でこの記事を掲載したといわれるが、ＧＨＱの発行停止処分により新聞に対する権力が内閣情報局からＧ

ＨＱに移行していることを明確に認識したのである。以降の朝日はＧＨＱとの妥協と協調路線に転向していった。

これらの諸事件をへて新聞はＧＨＱの事前検閲を受けることになり、すべての記事のゲラをＧＨＱに提出して掲載許可を得なければならなくなった。

戦時は大本営発表を唱道していた朝日のＧＨＱ協調路線への転向は、ＧＨＱの歓迎するところとなり、朝日は反軍国主義、平和主義、自由と民主主義の砦として「戦後民主主義」の唱道者になってゆくのである。

朝日のこの姿勢は、「ひとつの権力から別の権力への乗り換え」と見ることができる。しかしながら、敗戦の一九四五年八月一五日から半年ほど経過した米国の占領政策は、明らかに方針転換が行われていた。いわゆる「逆コース」である。

終戦直後、ＧＨＱが最も敵視した軍国主義者や国粋主義者は戦犯として逮捕されたり、公職から追放されていた。しかし米ソ冷戦が本格化することで、逆コースと呼ばれるＧＨＱの政策転換によって、戦犯を釈放しパージを解除され、日本の保守層の人材温存をはかったのである。日本に自由と民主主義を教育するのでなく、共産主義ソ連に対抗する反共の防波堤にするという国際戦略が　アメリカには必要になったからだ。

Ａ級戦犯の復活とＧＨＱの逆コース

当時、Ａ級戦犯として巣鴨刑務所に収監されていた東條内閣の商工大臣、満州国経営の最高幹部だった岸信介をはじめ、戦争犯罪に関与したとみなされて追放されていた多くの人々が特赦や無罪放免され、戦後の政財界の要職に復活してきた。

こうした「逆コース」の風潮の中で、共産主義者や容共的なリベラリストがＧＨＱの新しい標的になったのである。アメリカのマッカーシズムと連動するようにして、赤狩りといわれたレッドパージが日本でも吹き荒れた。新聞社にもレッドパージの波が押し寄せていた。

朝日新聞のストライキの報道をめぐりＧＨＱはクレームをつけてきたが、そのときＧＨＱの新聞担当官インボデンと会った朝日新聞東京本社代表・長谷部忠は、「朝日新聞を支配しているものは労働組合であり、その労働組合は共産党のフラク分子によって牛耳られているから、朝日新聞は、共産党の影響下にある」とインボデンはいったと、語っている（朝日新聞社社史編修室、一九六九）。

占領当初は、国粋主義の新聞として発行禁止になった朝日新聞が、わずか半年後には赤攻撃を受けることになったのである。ＧＨＱの一八〇度の右転回であり、朝日新聞にとってはわけがわからない大激震だった。いずれにせよ、米ソ冷戦進行にともなう米国の反共世論とＧＨＱの右旋回は、日本の戦後ジャーナリズムの左旋回に対してブレーキをかけ、新聞の自主規制を促す傾向に拍車をかけた。

3　原爆報道と新聞の「自主規制」

戦後新聞の自主規制の源流

しかし戦後の新聞に「自主規制」を迫ったものとしては、上述の米ソ冷戦下の米国の逆コースと右旋回以上に深刻な事実が存在していた。原爆報道である。

原爆報道は極めてデリケートな問題であった。原爆報道の記事をめぐりＧＨＱがどのように検閲したかを知るための資料は極めてとぼしい。朝日新聞が検閲でチェックされたとする記事の内容一覧の中には、原爆に関する記事は一つも含まれていない（朝日新聞社社史編修室、一九九六）。すなわち原爆報道のチェックに関してはあからさまに検閲とわかる方法は使われなかった。ＧＨＱは原爆報道の内容に強い関心を持っていること自体を、世界に知られたくなかったからである。戦後アメリカの主要な戦略兵器はソ連と対抗しながら開発した核兵器だった。その核兵器に関する情報はアメリカのトップシークレットになっていた。

日本の新聞は、原子爆弾という新兵器が残酷な殺傷力を持つことは認識していたものの、「放射能後遺症を伴う核兵器」という認識はほとんどなかった。

朝日新聞がＧＨＱの怒りを買い、発行禁止処分を受けたときには、原爆投下が関連していた。政治家・鳩山一郎のインタビューの内容である。「正義は力なりを標ぼうする米国である以上、原子爆弾の使用や無この国民殺傷が病院船攻撃や毒ガス使用以上の国際法違反、戦争犯罪であることを否むことはできないであろう。……」というものだ（『朝日新聞』一九四五年九月一五日付）。

朝日にこの記事が出た直後、米軍はフィリピンにおける日本軍の残虐行為に関する発表を行うが、朝日はこの米軍の発表内容には事実誤認があるとする記事を掲げた（『朝日新聞』一九四五年九月一七日付）。

ＧＨＱが朝日新聞を発行禁止処分にした理由は、この二つの記事が占領軍を中傷し、公安を乱すというものだった。

しかしＧＨＱは鳩山の原爆に関する発言が怪しからんと、直接言及したわけではない。しかしＧＨＱがプレスコードを出して新聞取り締まりの姿勢を強化してきたのは、朝日のこの記事が掲載されてからである。国民の人気があった鳩山は吉田茂に対抗する戦後政治家のホープと目されていたが、首相の座を目前にしながら、この記事が出たあと公職追放になった。

実は原爆報道の検閲そのものが、米軍の軍事機密に直結する内容だった、とアメリカのジャーナリスト、モニカ・ブラウが指摘している（Braw, 1990）。ブラウは米国国立公文書館で解禁された最新の軍関連機密文書を使いながら、広島、長崎の被曝者へのインタビュー等によって原爆報道検閲の隠された部分に光をあてている。

ブラウによれば、「マッカーサーが日本に課した新聞検閲方法には機密のメカニズムが働いており、その目的は日本世論を鋳型にはめて米国批判をくい止めることの他、原爆犠牲者の症状、後遺症などの全情報を米国が独占することにあった」とする（Braw, 1990）。

占領政策の遂行や軍国主義復活を防止するというGHQのタテマエとしての言論介入は別として、原爆報道をチェックすることは明らかな「検閲」にあたり、米国が戦後日本に導入した「言論の自由」の精神にも反する。GHQにはこの矛盾がわかっていた。しかし米国の核兵器の機密が世界の国々、とりわけ冷戦の新しい敵となったソ連に知られることは最もタブーとすべきことだった。核兵器情報の機密を保つことはGHQだけの裁量ではなく、ホワイトハウスの国際政治に深く関わる国益と軍事戦略を反映していた。原爆報道をめぐるGHQの検閲の実態そのものが、極めて不明瞭でシークレットなものだったのだ。

原爆と相殺された日本の戦争犯罪

長崎の被爆を描いた永井隆『長崎の鐘』は、長らく発行禁止になっていたが、著者の永井博士がカトリック信者であり長崎の浦上地区への原爆投下は「神の業」とする宿命論的内容だったことから、最終的にGHQ諜報局のチャールズ・ウイロビーはこの本の刊行を許可した。そのとき、ウイロビーが交換条件として提示したのが、フィリピンにおける日本軍の残虐行為の報道との相殺であったといわれる。

ブラウは、「日本市民に対して米国が原爆を投下したことの非人道性と日本軍がフィリピン民衆に対して行った残虐行為は、道徳的に相殺される」というＧＨＱの原爆正当化の論理を紹介している（Braw, 1990）。ウイロビーが永井博士の著作の出版許可にまつわる交換条件を提示した時期は、朝日新聞に鳩山のインタビューが載り、直後にフィリピンの残虐行為に関する問題の記事が出た時期とうまく重なっている。

朝日新聞の発禁事件に先立って、九月一四日には同盟通信の発行停止処分が出たが、ＧＨＱが問題にした同盟通信の記事とは次のようなものだった。「日本は原爆投下がなければ降伏しなかっただろう。原爆は極めて恐ろしい兵器であり、こういう兵器を使うのは野蛮人だけである」（Braw, 1990）。

原爆記事は出すなとＧＨＱが直接指示してはいないが、原爆記事が出た後の発禁処分が相次ぐ状況に新聞は気が付いた。

以降、新聞から原爆の記事がなくなったが、「戦後日本の新聞の自己規制はシークレットな原爆報道から始まった」とブラウは指摘している。

被爆直後の広島を最初に取材した外人記者はオーストラリアのウィルフレッド・バーチェットだった。彼は米国の調査団が入る前の九月三日、東京から混雑した列車に乗って広島にやってきたのである。彼の取材は同盟通信の現地駐在員や日本の警察の協力で行われた。

バーチェットは一九四五年九月六日付のロンドン・デイリー・エクスプレス紙に、「一カ月後のヒロシマ」という記事を載せた。海外の新聞にヒロシマの原爆の惨状がルポで紹介されたのはこれが初めてだった。この記事は犠牲者の状況を描写しただけではなく、「こうした惨状は原爆の炸裂のときウラニウム原子核から出た放射能によるものだ」と結論付けていた。原爆の放射能の惨状を新聞記事に書いたのはこれが初めてだった（Braw, 1990）。

4　米ソ核戦略のトップシークレットと原爆投下

バーチェットのヒロシマ取材

ロンドンでこの記事が掲載されたあと、東京に戻ったバーチェットは原爆開発を立案したマンハッタン・プロジェクトの責任者に呼ばれ、ヒロシマの犠牲者は放射線の効果で死んでいったというバーチェットの記事に強く抗議したという。犠牲者は放射線の影響ではなく、爆弾の熱風や破片で死んだのだといい、「君は日本側宣伝の犠牲者になり果てている」といった。

バーチェットは、「ヒロシマの兵器は通常の爆弾によるものだと報道することには何ら問題はないようだ。しかしそれは原爆の本当の効果を隠すための手法でもあった」と分析したのである。彼のヒロシマ取材のあと、他の外国人記者たちはＧＨＱからヒロシマ取材の許可をとることができなくなった。

米国大新聞も原爆機密の壁を破ることはできなかった

ニューヨーク・タイムズをはじめとする米国の大新聞といえども、核兵器にかかわる国家の最高軍事機密の壁を越えることはできなかった。核戦略プロジェクトは米国のトップシークレットであったが、その原点が広島、長崎への原爆投下なのである。すでに米国は核兵器が世界戦略に及ぼす重大さと、核の拡散が米国の安全と米国主導の世界平和構築を脅かすことを十分に認識していた。米国は核兵器を一手に独占する必要を感じていたのである。

日本に降伏を迫るためドイツのポツダムに出かけた米国大統領トルーマンは、ニューヨーク・タイムズ記者ら数人を同行させていた。このときトルーマンは米国記者にオフレコで原爆投下計画を話したといわれる。トルーマンの最大の関心事は、ソ連は原爆ができたことを知っているだろうか、という問題だった。随行した新聞記者たちには厳しい緘口令が敷かれ、だれもこの話を漏らすことはなく、記事にすることもなかった（Braw, 1990）。

原爆を作ることができた、ということがわかれば必ずまたどこかで作ることができる。原爆に関する最大の機密はその製造方法ではなく、原爆が開発されたという事実そのものである、とマンハッタン計画のブレーンだったオッペンハイマーはいった。

しかしルーズベルトの急死で大統領の座についた新米のトルーマンは、ポツダム会議に現れたソ連の大物政治家スターリンには歯が立たなかった。トルーマンは戦後世界の主導権を握るために原爆を利用し、完成ほやほやの原爆をスターリンに吹聴したという話がある。これによってソ連の核兵器の開発は急ピッチで進んだといわれる（浜林・野口、二〇〇二）。随行した米国新聞記者にオフレコで口外絶対禁止の約束でトルーマンは「広島への原爆投下」を話したとされているのに、戦後の敵国トップのスターリンに本当に秘密を話したのかどうか、真偽はわからない。

しかし日本では原爆報道は暗黙のタブーとなり、自主規制の重大な対象となった。にもかかわらず、プレスコードには「原爆報道をしてはならない」とは一切、書いてはいない。

朝日新聞が検閲を受けた記事のリストの中にも原爆報道関連の記事は見あたらない。しかし不思議なことに原爆報道は占領下の日本の新聞から消えていったのである。

GHQの検閲は新聞や雑誌、広報だけではなく、社内報から同窓会報、同人誌、学校新聞レベルのあらゆる印刷刊行物に及んだ。こうした詳細な検閲の主要目的は、「原爆被害記述に関するチェック」だったとブラウはいう。私信すらも開封されたことがあったといわれる。

占領下のGHQ検閲の実態については、アメリカのメリーランド大学のプランゲ文庫に発禁処分を受けて没収された膨大な関連資料が残されている。一般的な検閲に関しては、日本語がわかる米国人スタッフは少なかったために、GHQに雇われた日本人が行っていた。プランゲ文庫の管理責任者（当時）の村上光世氏は、「日本人スタッフの裁量やさじ加減によって、検閲がパスするか発禁処分になるかが決まった」という（一九九四年、メリーランド大学プランゲ文庫を取材した筆者による村上光世へのインタビュー）。

5　新憲法日本側草案の『毎日新聞』スクープ

検閲も逃れたスクープ

『毎日新聞』が新憲法制定にかかわる「日本側原案」をスクープし、マッカーサーの激怒をかう事件があったが、このとき毎日新聞は正式にはとがめられてはいない（天川 一九九三）。しかも『毎日新聞』は検閲も逃れていたのである。占領下でなぜそんなことができたのだろうか。

「日本側原案」とは、新憲法制定に際して日本側を代表する憲法問題調査委員会の松本烝治を中心とする東大法学部グループの学者や法曹界が中心になって作った日本国憲法原案のことである。新憲法というが、これは「天皇主権」を骨子とする明治憲法とほとんど変わることのない内容だった。「天皇ハ神聖ニシテ」という明治憲法の文言を「天皇ハ至高ニシテ」と、「神聖」を「至高」に変えただけだった。この日本側草案をマッカーサーは『毎日新聞』報道によって初めて知って、「こんなものをＧＨＱが受け入れられるか」と激怒したといわれる。

マッカーサーは、ホイットニー民政局長と民政局次長・ケーディスに命じて別の憲法草案を起草させた。このとき、マッカーサーが指示したのが今の憲法の骨子となった三つの原則、「天皇は国民のヘッド」（国民主権）「戦争放棄」「封建制廃止」である。ＧＨＱ押し付け憲法論はこうした憲法草案をめぐる日米の攻防というか、民主主義をめぐる意見の本質的相違から出てきたものである。

毎日新聞がなぜ日本側原案をスクープしたかに関しては諸説あるが、天皇主権に固執し国体護持を最優先に考えた日本政府側が毎日新聞にリークして既成事実を作ろうと画策したという見方が有力である（毎日スクープについては、後述の天川晃氏にインタビューしたとき、天川氏は、首相・吉田茂の周辺からリークされたのではないかと、見ておられた）。

ジョン・ダワー氏は、松本委員会を取材中の毎日新聞記者が偶然、バインダーに挟んである未完成の草案をみつけ、それを拝借してコピーし、新聞記事にしたという見方をしている（ダワー、二〇〇一）。しかし、吉田周辺リーク説によれば、新聞記者が出入りする場所にわざわざ「松本委員会草案」が置いてあったのはできすぎた「偶然」と見るのである。

日本側の松本委員会案を毎日新聞がスクープしたことで、これまでＧＨＱ関係者やマッカーサーも知らなかった国務大臣・松本烝治委員会が密かに憲法草案を練っていたことが、明るみに出たのだ。

日本の新憲法の早期公布を要求したのは米国務省だったといわれる。

太平洋戦争終戦直後、米国は日本占領を米国の単独占領と考えていたし、マッカーサーもそのつもりでいたが、ソ連のスターリンがこれに異論を唱え、日本の占領統治を米英ソの複数の国で行うことを主張して、ＧＨＱの上部組織として連合四国の「対日理事会」と同格の「極東委員会」を作らせた。

そこで米国は、ＧＨＱに文句をつけるソ連主導の一一カ国による極東委員会が始動する前に、日本占領に必要な改革を米国主導で済ませることが最優先課題になった。

当初、憲法草案に関しては、太平洋戦争を開戦した東條英機の前の首相の近衛文麿が国務省から政治顧問としてＧＨＱに出向してきていたジョージ・アチソン部長の指示で、新憲法案を練っていた。近衛は敗戦直後の東久邇内閣の副首相を務めていたので、米国務省のアチソンとは意思疎通していた。

当時の日本には、近衛案と松本委員会による二つの憲法草案作りが平行して存在ていた。

しかしその後、幣原内閣に変わり、近衛は副首相の地位を失うと、近衛案が日の目を見ることはなくなった。さらに近衛自身が米国から戦犯指定をうけ、自殺した。当初は米国政府の意向を受けて新憲法制定に動いていた近衛が突如、戦犯指定を受けて自殺に追い込まれるなど占領初期の混乱ぶりを物語っている。

また日本政府が松本委員会に日本側草案を委嘱していたことは、米国国務省もＧＨＱも認識していなかった。

松本委員会の新憲法案を新聞で知ったマッカーサーは「この案は明治憲法と変わらない」と怒り、ＧＨＱ民生局のケーディスに命じて憲法草案の起草を書かせた。そのとき、マッカーサーがケーディスに示した三原則が、天皇制（国民主権）、戦争放棄、封建制の廃止の三つである。

米国と日本側との意思疎通が全くないままに松本委員会案が書かれ、これをマッカーサーが否定してＧＨＱ草案が書かれたといういきさつがあった（竹前・天川、一九八六参照）。

しかし先ほど述べたジョン・ダワーＭＩＴ教授の指摘の通り、ＧＨＱ案には多数の日本の民間や在野の憲法学者や法律家、教育者らの意見が含まれており、誰が読んでも明治憲法の天皇主権と変わらない内容の古色蒼然たる松本委員会案をＧＨＱが拒否したからといって、一概に、「押し付け憲法」という批判は当たらないのはいうまでもない。ＧＨＱ草案に影響を与えた民間の憲法研究会メンバーには、高野岩三郎、森戸辰男、馬場恒吾、鈴木安蔵といった学者たちがいた。彼らの草案に対しては、ＧＨＱも関心をもっており、民主主義的だと評価していた。

“原子力エネルギーの暖”をとるアメリカ代表

一九四六年二月一三日午前一〇時、総司令部民政局長ホイットニー准将が米側憲法草案を渡すために外務大臣官邸に姿を現した。随行者はケーディス陸軍大佐、ラウエル陸軍中佐、ハッシー海軍中佐だった。

憲法改正草案をめぐり、米側代表を迎えた日本側は吉田茂外務大臣、松本烝治憲法担当国務大臣、白洲次郎外務大臣秘書官、長谷川元吉翻訳官だった。「ホイットニーは日本側代表にまともに日光が当たるように、太陽を背にして坐った。……直ちに松本案（日本側憲法草案）についての一切の議論を封殺して次のように述べた。『先日諸君が提出された憲法改正案は、自由と民主主義の文書として最高司令官が受諾するには全く不適当なものである。しかしながら最高司令官は、過去の不正と専制から日本国民を守るような自由かつ開明的な憲法を日本国民が切望しているという事実に鑑み、ここに持参した文書を承認し、これを日本の情勢が要求している諸原理を体現した文書として諸君に手交するように命じられた』として米側の憲法草案を渡した」（江藤、一九九五）。

日本側は自分たちの草案が完璧に拒否されたショックで愕然としていた。部屋を出て戸外で陽光を浴びていたホイットニーのところへ白洲が行くと、「我々は、原子力エネルギーの暖をとっているところです」

といった（江藤、一九九五）。

白洲に対して原子力エネルギーを持ちだしたホイットニーの言葉には、この米側案を呑まないと大変なことが起こるぞ、という言外の脅しが含まれていたと江藤淳は指摘している。何が何でもこれを呑め、という強い押し付け圧力を日本側は感じただろうと江藤はいう。

ホイットニーがいったという「原子力のエピソード」は江藤の他にジョン・ダワー氏も書いている。日本側草案を突き返して米国側草案を吉田茂に渡したとき、「あなた方の草案は自由と民主主義の文書として、最高司令官が受け入れることはまったく不可能である」といった。そして大使館公邸の庭で日向ぼっこしていたホイットニーは「われわれはあなた方の原子力の陽光を楽しんでいるところです」といったという。吉田のそばには日本側草案責任者松本烝治と通訳の白洲次郎がいた。さらに「GHQ草案を受け入れることが、天皇を『安泰』にする最善の保証である」と語ったといわれる（ダワー、二〇〇一）。

アメリカの「核の傘」の中の憲法

アメリカの核軍事力が強大で、その核の傘が日本にも開かれていれば、日本の安全保障に問題は生じないこともわかっている。しかし江藤はそれでは論理的な日本の安全は担保されてはいないと主張する。「憲法と安全保障が作りだしている世界は、二重の虚構にすぎない。この虚構が重なり合うところに唯一開けている現実の世界は、ほかならぬ国際経済の世界であり……国際世界における米国の圧倒的優位を最大限に利用して経済成長」をやった池田内閣、また沖縄返還に勢力を使った佐藤内閣、さらには北方領土返還などに国家主権の発露を見出す歴代内閣の行動に象徴されている。これは「『交戦権』という国家の至高の権利を憲法に依って否定されているからだ」と江藤は述べている。

江藤のような伝統的な保守の憲法改正論は「交戦権」にこだわっている。「交戦権」を否定しながら、アメリカ軍にどこまでもついて行って、いざ戦闘が始まったらどうするのか。その回答はない。あるいは戦争しながらあれは戦争ではない、と開き直るしか方法はない。江藤が指摘した「交戦権否定」の矛盾が、いっそう露呈してきた現実が、日米同盟の深化と集団的自衛権の拡大で理解できる。

江藤のいう「押し付け憲法論」は日本の保守主義者の間で共有されているが、新京都学派の哲学者・上山春平氏のように改憲を是としながらも、改憲主体の自民党の草案のレベルが低いとして賛成できず、「急ぐことはない。自民党案に乗るくらいなら現状の九条のままでいい」とする意見も多く存在している。

6　三笠宮の「戦争放棄支持」発言

新憲法の「戦争放棄」

新憲法の「戦争放棄」を支持するという意見は皇族の中にもあった。一九四六年の六月八日の旧枢密院本会議で、昭和天皇が列席する中での三笠宮の発言である。三笠宮は新憲法の「戦争放棄」を積極的に支持し、日本の非武装中立を主張したが、「どうしてもマッカーサー元帥の憲法という印象をうける」と発言し採決は棄権した（『朝日新聞』一九九四年七月三〇日付、朝刊一面と社会面「三笠宮発言の記録発見」）。

この記事は私が「朝日新聞戦後五〇年取材班」にいたとき、国会図書館の憲政資料室の中に埋もれていたマイクロフィルムの資料群の中から発見してスクープしたものだ。当時の枢密院議事録は極秘で公開されなかった。枢密院は帝国憲法下における国政に関する天皇の最高諮問機関で新憲法施行により廃止されたので、明治憲法下の最後の枢密院会議だったといえる。占領下における勇気ある三笠宮発言だが、熟慮の上のものだったと思われる。全発言記録を読んだ識者から、「占領下でこれだけ自由にものがいえたことに驚きを感じる。米ソ冷戦の現実を見つめた歴史家らしい分析が見られる」などの反響があった。

戦争放棄支持の理由として、三笠宮は「満州事変以来消耗した国力を回復するためには、戦争に巻き込まれてはならない。また米ソ冷戦の狭間にあるので、中立の立場から和平の働きかけを行うべきだ」と語っている。

「マッカーサー憲法」を熟知しながら、新憲法の美点を求める

三笠宮はマッカーサー憲法であることを熟知しながら、日本の封建制を排する民主化を支持し、皇室が特権的な地位に甘んじてはならない点を戒め、昭和天皇に対しても厳しい意見を述べていたといわれる。マスコミが皇室に敬語を使用する風習も改めるべきだと主張していた。「日本の民主化は皇室から」という思いがあったのだろう。こうした叔父の三笠宮発言が上皇明仁の憲法に殉じた象徴としての生き方に何らかの影響を与えたのではないだろうか。

三笠宮は陸軍士官学校、陸軍大学を出た生粋の軍人皇族で、戦時中は陸軍軍人として南京総司令部に勤務していたことがある。そのとき見聞した旧日本軍の残虐行為を書いたことがある。また将来、米ソ戦争が起こったとき、「日本は満州で再び手を挙げることができる」と語る旧日本軍人がいたことに注意を喚起したことが枢密院議事録には見える。

米国の知識人の中にも、「マッカーサー憲法」だったことを熟知する前出の日本史学者ジョン・ダワー氏がいた。ダワー氏は日本の明治憲法とは異なる新憲法に日本の民主化を主導する役割を求めていた。米側草案にある人民主権の言葉「the people」を日本側は「国民」という言葉に翻訳して語感を弱め、国民

とは日本国籍を持つ者に限定した。また米側草案には「すべての個人の法の前の平等」や「人種、国籍の差別を明白に禁止する」文言も含まれていたがそれも削除された。ＧＨＱの目をかすめて翻訳の改変を随所で行ったのだが、ＧＨＱはこれを黙認したのである。

また憲法制定過程には、日本政府側だけでなく民間団体や学者教職員、労組、政治団体、野党関係者などからの民間レベルのロビー活動が行われ、それらの意見もＧＨＱ草案に反映されていたことをダワー氏は知っていた。特に「国民は最低限度の生活を営む権利がある」「労働の権利」などの人権条項、「六三制教育」などの「義務教育規定」に関して、草の根の民間レベルからの規定が採用されたものだった。「天皇」などの大きな問題を除けば、憲法の細部はＧＨＱと日本政府と民間各層の日本人による合作ともいえる新憲法だった。

女性参政権を憲法に書いたバイリンガルの女性

またＧＨＱで草案に関わったゴードン・ベアテ・シロタ女史は、日本側草案にもＧＨＱ草案にもなかった「女性参政権条項」を書いたことでよく知られている。

ユダヤ系のシロタ女史は幼少時代、日本に住んでいたので日本語は堪能だった。彼女の両親は戦時中、日本で拘束された経験があり「特高警察」が自宅に出入りしていたのを見ていた。当時二二歳の若いシロタ女史はＧＨＱの「人権に関する小委員会」に属して、「憲法制定会議」のメンバーになっていた。彼女は日本女性が法的にも結婚生活上でも抑圧されており、選挙権もないことをよく知っていた。

マッカーサーの指令で憲法草案を書いたケーディス元大佐とともに来日したシロタ女史に会ったことがあるが、彼女は憲法制定会議参加へのいきさつをこう語った。「私は草案に女性参政権条項がないことをマッカーサーに直訴しました。するとマッカーサーはそれは気が付かなかったといい、それなら君が書けという話になり、女性の権利についてはアメリカ憲法でもまだ不十分だと思っていたので、世界でもっとも進んでいたスウェーデンへ出張して調べ、新憲法の女性参政権条項草案を書いた」といった。

草案をめぐる日米委員会で日本側委員は猛反対した。「女に参政権を与えると日本は滅びると怒鳴られ、私は泣き出したのですが、マッカーサーは『もう日本は滅びている』と助け船を出してくれました。それで草案は採用されたのです」。

ケーディスによれば、「あのときの日本側の最大の関心事は天皇の地位を守ることだった。九条はマッカーサーが三原則の一つとして出してきたが、日本側は反対しなかった。当初、我々は占領下の統治の間だけでも憲法は持ったら良いと考えていた。それがこんなに長く続くことができたのは日本人全体に支持されたからだろう」といった。ケーディスは軍人ながらリベラルな理想主義者でもあったから、「ブリアン＝ケロッグ不戦条約」を思わせる九条に強いシンパシーを感じていたようだった。憲法制定前夜のケーディスの話を聞いて、九条の不戦条項は全人類の夢であり、日本国憲法に世界の理想が盛り込まれていたことは確かだと思った。

第2章　憲法改正論の台頭

1　約一〇年後の「憲法九条」

「国体」から「肉体」へ

日本で憲法改正論が台頭し、その主テーマが「九条」に絞られたのは、憲法制定時より一〇年ほど後の話と思われる。一九六〇年日米安保条約改定で岸信介元首相が訪米時にアイゼンハワー大統領と会ったとき、憲法改正の話をしたということが、近年外務省から公開された一九五〇年代の公文書で確認できる。

九条解釈の自衛権をめぐる「芦田修正」や憲法制定時の総理大臣・幣原喜重郎による「『戦争放棄』は自分が最初にマッカーサーに語った」という回顧談があるが、その真偽は別として、後にそのような話が生まれた理由は、「幣原が『反戦の主張を心から受け容れたこと』は、新憲法が結局の所、確かに日本の理想を反映していたという主張の真実性を補強する事実であった」とダワーは指摘している（ダワー、二〇〇一）。

一九九〇年代の初め、戦後五〇年を振り返る特集を新聞でやることになり、ボストン郊外のマサチューセッツ工科大学（ＭＩＴ）のダワー教授の研究室を訪ねたことがある。そのとき彼が語った「日本人は『国体』から『肉体』へ思考と感性を変えた」という話が強く印象に残っている。敗戦日本の大衆文学で、田村泰次郎らの「肉体文学」が流行した。国体という集団主義に幽閉されていた日本人は、自由な享楽主義も含め、個人は肉体に目覚め、同時に個人主義に目覚めた。戦後日本文化の特徴はエゴイズムも含め、個人主義の流行だった。個人主義と自由の心地よさと味を知った日本人はもはや過去の「国体主義」へと後戻りはできない、という意味だった。これは日本国憲法の最大の成功体験だとダワー教授はいった。確かに進駐軍は「チョコレートと自由の味」を日本人の内心に教えたのかもしれない。

しかし日本の論壇や表向きの憲法論では、「護憲」と「改憲」が二分する状況が作り出されてきた。言論ジャーナリズムといえどもマーケットでは新聞社やメディア会社の利益が優先する。その言論マーケットは、改憲か護憲か、革新か保守かという五五年体制型の言論図式によりかかっており、図式に安住してどちらかの立場を踏むことにより、社論が硬直してしまうのである。こうしたメディア状況の中からは、国民にとって真に益となる憲法論議が生まれにくい。大新聞は複雑な背景と論点の憲法の内実を知りたい読者国民に真相を伝えることができないでいた。

チョコレートと自由の味の憲法

本当に「チョコレートと自由の味」がした憲法かどうか、国民自身が自らの本音で判断するしかない。日本国民は憲法の上に新しい自分自身の生き方と国家ビジョンを作り出していかなければならない。それは国民自身がやるべき仕事であり政治の仕事ではない。

憲法に対する国民世論の形成をサポートし、リードするのが大新聞でありジャーナリズムの役割であるはずだ。しかし日本の大新聞はそれぞれのマーケットの戦略や営業方針によって分割された言論市場に身を任している。

シロタ女史と会ったのはちょうど日本がバブル経済の頂点にあったときだった。日本は、米ソ冷戦下で溜め込んだ双子の赤字が膨らんだアメリカの弱くなった経済をあざ笑うかのように、経済大国ぶりを謳歌していた。

「昨夜はディスコジュリア東京に行ってきたわ」と彼女はいい、「日本女性があそこまで解放されたとは」と目を細めて笑った。

哲学者の戦争体験と憲法九条

新京都学派の哲学者・上山春平教授の京大人文科学研究所の北白川の研究室を訪ねてよく戦争体験と憲法の話を聴いた。彼は学徒動員で応召され回天魚雷特攻隊に入隊した。出撃したが機の故障で海を漂流し、狭い特攻艇の中で酸欠になり意識不明になった。通りかかった漁船に救助され、特攻基地へ戻り出撃待機中に敗戦になったという。九死に一生を得た戦後、上山氏は大学に戻り哲学者になったが、苛烈な戦争体験と向き合った人生だったと話していた。

敗戦後、自分で「日本国憲法案」を書いたことがあった。あの戦争を「太平洋戦争」とは呼ばず、「大東亜戦争」と呼び続けていた。「大東亜戦争から太平洋戦争」へと呼称が変化したことで、戦争の本質の意味が変質することを恐れたのだ。「それは、おびただしい流血と苦痛を通して得られた真実の認識」に対する冒涜ではないのかと考えたからだという（上山、一九九五）。

しかし上山氏はいう。「押し付けられた憲法」ではあるが、他国の憲法と比較して画然と凌ぐ「美点」がある。それは「九条の不戦の誓いだ」。九条は単にGHQとアメリカが押し付けたものではない。「戦後の国際連合の理念をとりこんだものであり、二度の世界大戦を経験した世界諸国の共同意思として生まれた憲法だ。旧来の至高権を主張した主権国家の理念に根本的な訂正を加えた人類最初の国際国家の制度化の試みだった」と上山氏は新憲法の世界史的意義を述べた（柴山、二〇一四）。

しかし先述の江藤淳が指摘した「交戦権」を国際組織に委ねたという意味で、上山氏は戦後の日本を「半国家」と呼んでいた。

「率直にいうと、あの憲法をそのままの形で擁護することには、熱意はない。本当は独り立ちした日本国民の手で、もっと立派な憲法を作りたい。しかし、同じ理由に基づいて、改正の必要を主張し続けてきた保守政党の改正方向は、あの不満足なホンヤク憲法よりもっと悪い。したがって、改悪よりは現状維持という消極的な現実主義の見地から、やむをえず、現行憲法擁護の立場を取らざるをえない」と語っていた。

2　憲法改正への動きが加速した平成時代

井上ひさし、江藤淳の憲法論

平成に入るとさらに憲法改正への動きが加速した。特に安倍首相は憲法改正を公約に掲げ、「自主憲法」を作るという岸信介元首相以来の悲願であると指摘された。自民党の改憲案は、明治憲法回帰の改憲論ではないかともいわれている。

一方、二〇〇四年秋に、日本ペンクラブの総会が京都の東山山麓の著名な庭園で開かれたとき、井上ひさし日本ペンクラブ会長（当時）が、日本国憲法の骨格について講演したが、井上氏の講演の要旨は、日本国憲法のコアになる部分は、日本国民が自らの意思で受容したものである、押し付けられた憲法と考えてはいけない、という内容だった。

憲法のコアになる部分とは、「主権在民」「基本的人権」「平和主義」の三つである。この日本国憲法三原則を変更してはならない、というのが井上氏の主張だった。

井上氏の戦後憲法擁護論とは逆に、先述した江藤淳は一九九五年に、『１９４６年憲法』ですでに憲法改正を唱えていた。その趣旨は上述の自民党改憲案とは異なる。江藤氏は文学者だから、現行憲法の表現の自由や人権が邪魔になるとはいっていない。またアメリカ留学の体験もあり民主主義への疑念も示してはいない。

ＧＨＱ内部の大物右翼の支持

Ａ級戦犯で巣鴨拘置所に収監されていた東條内閣閣僚で満州国経営の帝王にして最高幹部といわれた岸信介は、他のＡ級戦犯の東條英機ら七人が処刑された翌日、巣鴨を出所した。Ａ級戦犯で岸との人脈があった児玉誉士夫、笹川良一らの右翼の大立者も釈放された。その後、岸は自民党内閣の総理大臣となり六〇年日米安保条約改定の立役者となる。岸は米国ＣＩＡからの資金援助を密かに受けていたといわれる。岸の周辺のグループは米国への面従腹背と戦前回帰への願望が同居し、米国に押し付けられた憲法を廃棄し、自主憲法制定を狙っていた。こうした戦前右翼や辻政信ら旧軍人の追放復活にあたり、ＧＨＱの右翼といわれた諜報局のウイロビーが貢献したといわれる（原、一九九五参照）。

しかし当時は保守・革新政党の五五年体制の枠組みが堅固にでき上がり、国会は改憲議席数の三分の二に保守が届かない時代が続いたので、改憲勢力は一ミリも動かなかった。また自民党の中にも宮沢喜一元首相が属する宏池会などの護憲派グループがあった。

しかし今日、岸の孫の安倍晋三政権下で岸の憲法改正（自主憲法制定）の悲願が成就する保守勢力三分の二の改憲議席数が得られた政治環境が整ったのである。制定から七〇年余を経過した現行憲法は、経済のグローバリゼーションや地球環境、教育の進化など世界情勢の変化と条件にそぐわなくなった部分はある。海外における自衛隊のＰＫＯ活動をめぐり、憲法九条との整合性をどのように整えるかという論議は野党からも出されている

しかし現憲法をまるごと否定、破棄して、戦前回帰を狙う家族制度、修身、道徳の復活、核武装を含む軍事力強化の正当化、明治憲法の天皇主権の復活等を掲げ、戦後民主主義、言論の自由、人権を否定する復古的新憲法体制を目論む「日本会議」などの右翼勢力が政治の表舞台にまで台頭してきているとの見方もある（菅野、二〇一六）。

九条手直し論から見えること

自民党の改憲草案を読むと「言論の自由」に関しても、「社会の安寧を乱さない限り認める」という限定条件が付いており、これだと天皇主権時代の「明治憲法」と変わらない。

天皇主権を定めた明治憲法（大日本帝国憲法）第二九条には「日本臣民ハ法律ノ範圍内ニ於テ言論著作印行集會及結社ノ自由ヲ有ス」とあり、「法律の範囲内」の自由に過ぎなかった。新聞紙印工条例で新聞発行は許可制とし、毎号の検閲はないが地方新聞は裁判所が検閲しており、違反刊行物は事後に処罰される

ことがあった。

また現行憲法の人権規定の部分がそっくり削除されたりしている。そうなると安倍政権下の自民党の本当の狙いは「言論の自由」や「人権」が邪魔になっており、これらの条文削除にあるのではないかという疑念が膨らむ。「緊急事態法制定」にもいえるが、ＳＮＳではこうした自民案の隠れた狙いを怪しむ人たちの意見がたくさん出されている。

明治時代でも議会制を採用していたから、一応、「言論の自由」は認めてはいたが、厳格な付帯制限がついており、昭和の特高警察の言論弾圧時代を迎えると、言論の自由はあえなく消えた。

現代の憲法改正の動きは、後述する一九八七年五月三日の憲法記念日の夜に起こった朝日新聞阪神支局襲撃事件を機に、闇の中の胎動を開始したと私は考えている。

朝日新聞襲撃事件はフランスで起こったイスラム過激派によるシャルリ・エブド襲撃事件と同じく、言論表現に対するテロだった。フランスのテロは宗教的異教徒、異民族に対するテロでもあったが、朝日新聞襲撃は異教徒、異民族に対するものでなく、同じ日本人の間の思想的異論を潰すための無差別テロであり、国際的に見てもこのようなテロの類例はない。島国日本でこそ起こり得たテロというべきだろう。

そう考えると現代の憲法改正論は、戦後世代の進歩派、保守派の論壇をリードした井上ひさし、江藤淳の両氏がそれぞれの護憲論、改憲論で描いていたグローバルな平和主義的憲法論の枠組みを超えた「反平和主義」志向の危険をはらんでいる。つまり視野は狭く好戦的な志向をはらんでいる点で、テロ肯定の過激な日本主義と地下茎でつながっていると思っている。朝日新聞襲撃事件の主役・赤報隊が犯行声明で使った「反日」という特異な文言がこれを物語っている。

3 「憲法記念日」を狙った記者射殺の言論テロ

支局へ侵入、いきなり発砲

一九八七年五月三日、昭和が終わりに近づいていた憲法記念日の夜八時一五分、朝日新聞阪神支局が赤報隊を名乗る目出し帽の男によって襲撃され、小尻知博記者と犬飼兵衛記者が散弾銃で銃撃され、当時二九歳だった小尻記者は死亡、犬飼記者は重傷を負った。散弾銃は三メートルという至近距離から発射され、犬飼記者は撃ち込まれた銃弾が心臓に達する二ミリ前で止まり、生命をとりとめたが右手の指三本を失った。

この夜、朝日新聞東京本社勤務だった私は、休日出勤の夜勤当番だった。夜勤の仕事はカタコトと音をたてて電信で入ってくる外電をチェックしてニュースになる事件があれば、記事にして出稿しなければならない。この日は暇な休日だったことを覚えている。しかし事件の第一報で憲法記念日の静寂は破られた。事件の様子を『朝日新聞』はこう再現している。

男は一言も声を出さず、入り口側の方を向いて座っていた犬飼兵衛記者（七二＝二〇一七年に死亡）にいきなり発砲した。犬飼記者の反対側にいた小尻知博記者（当時二九）に近づき、約一メートルの至近距離から、さらに一発を放った。二発の銃声が響きわたった。小尻記者の右側に座っていた高山記者は、耳が一瞬、聞こえなくなるほどのごう音だった、という。銃口は高山記者にも向いたが、男は無言のまま出て行った。「足音もなく、落ち着き払っていた」。小尻記者はソファに顔をうずめるように崩れ、

「うーっ」とうめき続けていた。犬飼記者は床で仰向けになっていた（「無言の凶弾、あの夜何が　阪神支局襲撃三〇年目の証言」吉沢英将記者『朝日新聞』二〇一七年四月二〇日付）。

日本言論史上、記者射殺は初めて

日本の言論史上で新聞社の記者がテロで殺されたのは初めてだった。言論弾圧が激しかった戦前にもない。昭和初期の二・二六事件のとき、朝日新聞社が右翼青年将校に襲撃され輪転機に砂を撒かれて新聞印刷を妨害された事件があったが、このときは編集局長・緒方竹虎（戦後は政治家）が反乱軍将校への応対に出て説得し、死者は出なかった。

阪神支局襲撃では赤報隊を名乗る犯行声明が出されたが、赤報隊とは何者なのかわからない。明治維新に実在した勤皇派の暗殺集団の名前と同じといわれた。赤報隊の本拠は滋賀県にあったというが、由来はどうあれ、憲法記念日の五月三日の平穏な休日を散弾銃の銃声で破り、護憲派の新聞社を狙ったテロは明らかに「現行憲法に対するテロだ」と私は直感した。当時の朝日新聞は護憲派の先鋒であり、当時の中曽根内閣が立法化を狙っていた「国家秘密法」「スパイ防止法」反対、「首相の靖国神社参拝」反対の論陣をはるなどしていた。いまだに正体は不明であるが、赤報隊のような右翼組織から見れば朝日は「反日」に見えたのだろう。しかし「反日」という言葉は後述するように独特なので、作家・井上ひさしは犯人像を「旧大日本帝国の信奉者」とみなしていたという。

なぜ小尻記者が狙われたか

しかしなぜ中央の東京本社管内でなく、関西の阪神支局だったのだろうか。なぜ二〇代の若い小尻記者が殺されたのだろうか。この疑問は時効で捜査終了になった今でも解けていない。

犯行声明を出した赤報隊の文面には「すべての朝日社員に死刑を言いわたす。きょうの関西での動きてはじめてである。警告を無視した朝日には、第二の天罰をくわえる。ほかのマスコミも同罪である。反日分子には極刑あるのみである。われわれは最後の一人が死ぬまで処刑活動をつづける」とある。

GHQと米国が日本の憲法草案に関与したという理由で戦後民主主義と新憲法に反対し、明治維新の天皇制国家体制に戻そうとする意志があり、朝日新聞に届いた脅迫文には「反日朝日は五〇年前に帰れ」とあった。阪神支局襲撃事件の五〇年前というと、南京攻略の年、昭和一二年、盧溝橋事件が起こり、日中戦争が本格化した年だ。

「反日」という赤報隊声明の言葉の使い方は従来の右翼運動には珍しく、捜査当局はこの言葉に注目した。

赤報隊の名で行われた朝日新聞襲撃など一連の事件は「警察庁指定一一六号事件」と命名され、「赤報隊」が犯行声明を出した一連の事件は広域重要指定事件となった。地下鉄サリン事件や警察庁長官狙撃事件と同じ「市民社会に深刻な脅威をもたらすテロ事件」と位置付けた。

「反日」とは珍しい言葉だった

「赤報隊による一連の事件」とは、以下である。

一九八七年一月二四日　朝日新聞東京本社の二階窓ガラスなどに散弾二発が撃ち込まれる。一〇月一日に弾痕などを発見。

五月 三 日　阪神支局襲撃、記者二人が死傷。
九月二四日　名古屋本社寮に目出し帽の散弾銃を持った男が侵入、無人の食堂のテレビと隣接マンションの外壁に散弾銃を発射。
一九八八年三月一一日　静岡支局一階駐車場に時限装置にした手製ピース缶爆弾が仕掛けられる。この日の消印で当時の竹下登首相と中曽根康弘・前首相あてに「赤報隊」を名乗る脅迫状が静岡市内から送られる。
八月一〇日　東京都港区の江副浩正・元リクルート会長宅の玄関に、散弾一発が撃ち込まれる。「赤い朝日に何回も広告をだして金をわたした」との犯行声明。
一九九〇年五月一七日　名古屋市中村区の愛知韓国人会館出入り口付近に灯油がまかれ、発煙筒で放火される。「反日韓国を中京方面で処罰した」と犯行声明。

（朝日新聞116号事件取材班、二〇〇二参照）。

しかし、結局、捜査員延べ六二万人を投入し、約五〇万人の捜査を行うなど精力的な捜査が行われたが二〇〇二年、「阪神支局襲撃事件」の公訴時効が成立、二〇〇三年三月、「朝日新聞静岡支局爆破未遂事件」の時効が成立し、一連の朝日新聞襲撃事件のすべてが時効になった。

絞り込めなかった犯人像

捜査当局は犯人を「右翼の内情に精通している人物」とみており、朝日新聞に激しい敵意、恨みを持ち、「反日」という言葉を多用したことに注目、ある学者の挨拶状に犯行声明文と類似点があることを突き止めた。旧帝国軍人関係者、戦後憲法を否定し明治憲法下の維新体制を信奉する右翼団体などが捜査対象になり、霊感商法を朝日系週刊誌に叩かれた宗教団体や疑わしい人物は多数いたが、結局、犯人を特定して絞り込むことはできなかった。またなぜ阪神支局が狙われたか、小尻記者が射殺されたかは不明である。若い小尻記者が命を狙われた理由、動機は全くみつからない。この点が事件の最大の謎である。

憲法改正の檄を飛ばして自決した三島由紀夫の陸上自衛隊市ヶ谷駐屯地での自決事件の影響を指摘する捜査官もいた。一九七〇年、三島と「楯の会」の若者四人が陸上自衛隊東部方面総監部を襲撃し、三島は自決前、「いまこそわれわれは生命尊重以上の価値の所在を諸君の目に見せてやる。それは自由でも、民主主義でもない。日本だ。……これを骨抜きにしてしまった憲法に体をぶつけて死ぬ奴はいないのか」と「憲法改正」を要求する檄文を撒いた。

一九七七年、残された楯の会メンバーと右翼活動家の野村秋介氏は経団連襲撃事件を起こしている。楯の会の残党は二〇〇一年一一月の三島の追悼祭でこの檄文の内容を読み上げたという。また野村氏は一九九三年一〇月二〇日、朝日新聞東京本社応接室で朝日の中江利忠社長と面会中、短銃自決した。氏をめぐる『週刊朝日』報道の記事に対する抗議中の出来事だった。

襲撃事件を肯定した人物

阪神支局襲撃事件から約二〇年後に、事件を肯定する記事を書いた人物がいた。「左派学生らから襲われ、『武器を学んで復讐する』ために陸上自衛隊に入り、三島事件後に辞め、経団連襲撃事件に加わった」という。

右翼団体の機関紙に「反日売国朝日新聞社は何故襲撃されるのか！」（見出し「祖国日本の歴史道統を憎悪

で燃やす朝日の記者」）という署名記事を書き、「靖国・教科書問題で内政干渉の水先案内人を買って出た朝日新聞社」「朝日新聞は襲われて当然。赤報隊を支持する」と主張したという。

時効後も継続取材した特命取材班の記者

ＮＨＫスペシャル未解決事件 File. 06「赤報隊事件」では、「ある右翼団体の代表が重要な捜査対象として浮上していた人物」と紹介したというが、この人物と特命取材班記者とのやり取りが、映像ドキュメンタリーとして描かれた。

朝日新聞は事件取材の特命班を作って、事件取材を継続していた。チームメンバーのキャップだった樋田毅記者は新聞社定年退職後も一ジャーナリストとして事件を追い続け、近著『記者襲撃――赤報隊事件三〇年目の真実』（二〇一八年）を書いた。その本の中で、「君たちは単なる殺人集団なのか。それとも思想犯なのか。……もし思想犯ならば、今、君たちが事件の真相を語っても、刑事責任を問われることは、もはやない。だから、もしこの本を読んだのなら、名乗り出て、事件の真相を明らかにするべきだ。なぜ阪神支局を襲ったのか。なぜ小尻記者を射殺したのか。なぜ途中から朝日新聞社以外に攻撃対象を変えたのか。そもそも、何のために一連の事件を起こしたのか」と赤報隊に呼びかけている。

上記のＮＨＫドキュメンタリーの中では、樋田記者に扮する草彅剛がその男とこんなセリフのやりとりをしている。

男「あなた方は阪神支局事件の事ばかり言うが、南京大虐殺があったかどうかの論争でも、朝日新聞は記事に間違いがあっても訂正記事を書かなかった。朝日新聞記者として、ああいう記事の責任はあるのではないか。そういう問題を横に置いておいて、阪神支局事件の事ばかり言うのは卑怯だ」。

これに対して樋田記者は、次のように返した。

「マスコミは紙面に責任を負うべきだという意見はもっともです。朝日新聞が間違っている事もありますし、激しい議論が起きる事もあります。しかし、立場の違いを認めず考えの異なる者を銃で撃ち殺し、それが正義だと主張したのが赤報隊です。そういう意味で、殺された小尻記者に向けられた銃弾は、自由な社会を求める私達一人ひとりに向けられたものなんです。だからああいう暴力は絶対に認められない」。

（NHKスペシャル「未解決事件『赤報隊事件』」二〇一八年一月二八日放映）

後藤田正晴氏「用心せにゃならぬ時代になった」

中曽根内閣の官房長官を務め、イラン・イラク戦争のときペルシャ湾に自衛隊の掃海艇を派遣する案に反対し、「閣僚としてサイン」しないと表明、ストップさせた護憲派の後藤田正晴氏はこの事件に関してこんなコメントを表明している。世相が昭和一ケタ後半（一九三〇～一九三五年の時代＝二・二六事件、五・一五事件前後）の時代に似てきたことを警告、言論を暴力で封じる動きに対して、「用心せにゃならぬ時代に入ってきつつあるんだよ。日本本来のあり方を見直せという声が出てきて、国民もその通りだという空気になりつつある」（『朝日新聞』二〇一二年五月三日付）。

当時の日本社会の空気

阪神支局襲撃事件前後の日本社会の空気とは、スパイ防止法、しのびよるデフレと失われた一〇年、バブル経済の崩壊、オウム真理教の台頭等があり、戦争を知らない世代が増え、憲法改正とナショナリズムの台頭、価値観の混迷と社会の右傾化が進行しはじめていた時代だ。

国際的には米ソ冷戦の終結で、社会主義国は行き詰まり、東欧やソ連邦の崩壊、資本主義陣営の勝利があった。ベルリンの壁の崩壊は華美で贅沢な西側経済のマネー優先主義を新しい世界の価値観とする契機になった。

日本は平和憲法で守られ、アメリカの軍事力にただ乗り（フリーライド）して富を稼いだ国と欧米から批判されたが、世界第二位の経済大国となった。

ジャパンマネーは世界を席巻し、ハリウッド、ロックフェラーセンター、ハワイのリゾート、フランスのブドウ畑、カンヌ映画祭の映画買収など、儲かるところには日本の影があった。

アメリカ六つ分を日本マネーは買収することができると経済界の人たちは豪語していた。日本車を叩き壊すパフォーマンスをして、日本バッシングをするアメリカ人には「経済学をおしえてやらんといかんな」と経済界の上層部の人が陰口をたたいていた。しかし「失われた二〇年の本格的な到来」により、日本人の偏狭な奢りにすぎなかったことはすぐに判明した。

新聞社におしかけた右翼の街宣車

阪神支局襲撃事件の憲法記念日に休日出勤していた私は、夜勤を終えて退社した。深夜、自宅に戻っても寝付けなかった。翌日出社すると東京本社玄関前に右翼の街宣車が押しかけており、朝日に街宣車が来るのは毎度のことで慣れてはいたが、本当に言論テロが起こり、若い同僚記者が殺されたのに、「社長出てこい、社員を殺されてザマーミロ！」と怒鳴っていた。「〝護憲の朝日〟はそれほど憎まれていたのか」と思うと、愕然としたことを覚えている。

この事件では警察も総力を挙げて捜査を行い、犯人逮捕を期し、朝日新聞も自社取材力の総力を挙げて犯人の足取りを追って取材網を狭めていたが、結局、二五年の時効を迎えた。犯人が残した証拠品はたくさんあるのに、犯人には到達できなかった。

二〇一八年一月、事件で重傷を負ったが銃弾が心臓へ達する二ミリ前に止まり、生還した犬飼記者は七二歳で亡くなった。犯人の顔を見ることはなく、さぞ悔しかっただろう。右手の指を三本失ったのでペンを握るのも大変だったという。

〝事件便乗犯〟たちの記者への脅迫

事件の後、朝日新聞社には約三〇〇件の脅迫電話があり、たくさんの脅迫状が朝日新聞の本社、支社、支局に送られてきた。

私は『朝日ジャーナル』の記者をしていたころは、いろんな脅迫状をもらったが、中でも忘れられないのは「小尻記者ではなく本当の標的はお前だった」という不気味な内容の封書だった。脅迫状の差出人を追跡したところ関西の某地方の国立大学に在籍したことがある大学の教員らしいという経歴がわかった。

この人物で思いあたったことは、阪神支局襲撃事件の数年前に大阪で勤務していたとき、「部落問題への批判記事を書きたい」と編集部へ売り込んできた人物のことだ。先輩の紹介ということもあり、応対に出た私がその原稿を預かった。預かった原稿の内容に私は賛成ではなかったが、米国の新聞がやっているような反論権の確保や「オプエド精神」、社論とは異なる内容の反論記事が日本の新聞にも必要だと思っていたからだ。何度かの内容のやりとりの後に原稿掲載が決まり、通常の手続きをへて紙面掲載に至った。

恨みによる匿名の犯行

その後、この記事内容をめぐり私が関知していないところで、部落関係者間のトラブルが起こったということで、なぜかこの人物は私に恨みを抱いたようだ。自分で書いた原稿の掲載を頼み、その内容をめぐってトラブルが起こると、編集部が悪いといいがかりをつけてきたのだった。まさに理不尽、モンスター・クレーマーだが、思想的なバトルの内実にはこうした些末な恨みの感情が潜んでいる。さらにこの人物は私への誹謗中傷をあちこちで振りまいていたこともわかった。

その証拠記事を発見して掲載誌の法律雑誌編集長を呼び出して「告訴」を考えていることを告げると、それ以降の誹謗中傷は止まった。

新聞社に恨みのある犯人による類似の便乗事件も報告されていた。ある朝日新聞記者宛てに届いた脅迫状には、「二〇年以上前の阪神支局の赤報隊の散弾銃襲撃事件を忘れたか。即死した記者みたいになりたいか」と書いてあった。この事件は水戸地検が脅迫文を送った医師を特定して脅迫罪で起訴したが、医師は「自分の出身大学に関する朝日新聞の記事に不満を持っていた」という（『朝日新聞』二〇一〇年九月八日付）。

私が受けた脅迫も目立たない学者の便乗犯による仕業だったが、相当の年配に達した学者とか医師といった知識階級の人物が、匿名性の陰からテロを肯定し、脅迫事件を起こす卑劣さは記憶に留めておかなければなるまい。

言論へのテロを隠れて企図する思想犯は日本社会のどこに潜んでいるかわからないのだ。日本の警察が総力を挙げて追跡しても犯人は捕まらず、朝日新聞社が全国支局ネットワークの総力を挙げて挑んだ犯人追跡の網にもかかることはなく時効となった。日本の言論の危機を意味している。欧米先進国ならこういう凶悪な言論テロ犯を見逃すことはないのではないか。先述したように、まだ支局勤務の若い小尻記者が特に危険な取材をしていた話は全く出てこないし、その理由も動機も見つからない。この疑問が一切解決されずに終わった事件の時効とは何か。日本の警察力の総力を挙げ、大新聞が全国の取材網を総動員しても解決に至らず、残された無惨な無力感とは何か。

新聞記者たちの取材の足は国内だけでなく、韓国など国境を越えた他国にも及んだが、最終的には犯人に至る証拠、物証は得られなかった。

4　改憲に否定的な米国の安保問題専門家

「ブーツ・オン・ザ・グラウンド」

ジャパンハンドラーとして知られた米国の軍事専門家リチャード・アーミテージ氏、ジョセフ・S・ナイの両氏はアメリカが主導した湾岸戦争やイラク戦争に際して、「ブーツ・オン・ザ・グラウンド」と日本の自衛隊派遣を強く求め、日本の軍事的プレゼンスを世界でもっと高めるよう促してきた。

その両氏が二〇一九年の年頭のテレビインタビューで、「日本は憲法を変える必要はない。現行憲法の範囲内で日米同盟を強化する方法はいくらでもある」と明快に語っていたことが強く印象に残っている。現代の極めて日本主義的なナショナリズムの包装と民主主義と逆行する改憲論を見かねたのかもしれない。

安全保障ではタカ派とみられてきた両氏が実は日本の憲法改正には反対だったことを知り、米国側の本音を見た思いがした。

米国は日本が戦後の国際システムを逸脱して自主防衛に走ることを警戒していたのだ。米軍が日本に駐留するのは、極東アジアの安全保障のためではなく、日本が戦前のように暴走するのを防ぐための「瓶のふた論」という理屈があった。

「日米同盟」が称揚され、賞味期限切れと思っていたこの「瓶のふた」論を改めて思い出した。IWC（国際捕鯨委員会）からは簡単に逸脱できても、第二次世界大戦後の戦後世界が作った国際連合憲章の枠組みからは、そう簡単に抜け出すことはできない国連の仕組みになっている。

私は朝日ジャーナル編集部にいたころ、「真珠湾五〇年特集――真珠湾の意味」を特集誌面で扱ったことがあり、当時、ハーバード大学教授だったナイ氏の原稿を掲載したことがある。

当時の日本は世界第二位の経済大国としてアメリカを脅かす存在になっていた。自動車摩擦から端を発した日米経済摩擦が深刻化しており、アメリカ経済界には「日本脅威論」が台頭していた。

そうした状況を踏まえ、ナイ氏は「世界全体から見れば、日本の文化はまだローカルの域を出ていないし、多くの国際機関において中心的な位置を占め、指導的発言権を確保するのはこれからのことである」といっている。だから「日本は、アメリカが日本を必要とする以上にアメリカを必要としている」という。ではなぜ日本はアメリカを必要としているのだろうか。

「大国としての日本に欠けている最大のものは、強大な軍事力である。しかし第二次世界大戦後、アメリカが日本を占領している間に制定された憲法によるもので、日本国民は、国家主権としての戦争を永久に放棄している」とナイ氏は指摘した（ジョセフ・S・ナイ『朝日ジャーナル』一九九一年一〇月四日号）。

文化・環境・平和主義のソフトパワー

現代の日本に必要なことは、国連の平和維持活動や環境問題、金融の安定などへの力強い支援であり、国際的なリーダーシップである。しかし、「文化や伝統、社会構造に相違があることで、往々にしてアメリカの目に日本は、やっかいこのうえない国、御しがたいパートナー、不気味な競争相手、と映ることになる」（前掲論文）。ナイ氏は経済学者のポール・クルーグマンの言葉を引用し、「日本の経済的成功によって深く傷つけられたのは、アメリカの生活水準ではなく、そのプライドだった」と指摘している。

ナイ氏は「日本がその経済力を巨大軍事力の獲得、あるいは軍事的独立を許す方向に向けさせず国際機関や発展途上国支援のために活用させるべく合理的説得を行うことが、アメリカのやるべきことだ」と述べている（前掲論文）。

要するに「経済大国になった日本は軍事大国を目指した戦前の失敗の轍を踏むことなく、文化、環境、平和主義に役立つソフトパワー大国になって世界貢献する道を選ぶべき」ということだ。

ナイ氏の記事を読み返してみると、ジャパンハンドラーという呼称には誤解があったことに気が付く。日本の憲法改正論が自民案に賛成する一握りの国民の同意と右に偏った政治勢力を中心に行われれば、アジア諸国の強い反発を招くだけでなく、同盟国アメリカの賛成も得られない恐れがあり、日本の孤立を招く。そのとき日本は思いがけない失敗と破綻に直面するかもしれない。

第3章　ビキニ環礁で被曝した第五福竜丸

1　日本人三度目の被曝

「西の海から太陽が昇った」

一九五四年三月、読売新聞焼津通信部の安部光恭記者がスクープした「日本人のマグロ船漁師がビキニ水爆事件で被災」のニュースは世界を震撼させた。アメリカの太平洋での水爆実験の現場海域で操業中の日本人漁師が核兵器の被曝をし、マグロ漁船第五福竜丸の船長が死亡した事件だ。歴史上、広島と長崎で原爆を浴びた日本人は三度目の被曝をした事件だった。第五福竜丸被曝事件は日本中をパニックに陥らせた。日本人が大好きなマグロが放射能汚染で食べられなくなったからである。戦後の食糧難の時代はまだ続いていた。

この事件をきっかけに日本での原水爆禁止運動は加速して大きな社会運動になり、日本人の反米感情は高まった。

アメリカは対ソ戦略上、核兵器開発を重視していたから、日本を共産圏への防波堤と考えていたアメリカにとって、原水爆禁止運動や反米感情が蔓延するのをどうしても防ぎたかった。そこで第11章で後述するような原子力の平和利用による日本への原発誘致をＣＩＡと新聞を使って誘導したのである。

太平洋戦争が終わり、朝鮮戦争が始まったとき、すでに米ソ冷戦は最盛期に達していた。ＧＨＱ総司令官のマッカーサーは朝鮮戦争の国連軍最高司令官でもあったが、戦争の終盤で核兵器を使うことを考えた。しかしアメリカ政府はこれに反対し、マッカーサーは更迭された。

当時、アメリカはソ連との対抗上、核実験を繰り返していた。主として太平洋のマーシャル群島付近で大気圏水爆実験を行っていたが、同年三月一日、近海で操業中の静岡県焼津市のマグロ漁船第五福竜丸の乗員二三人が被災した。

読売新聞記事の見出しは、「邦人漁夫、ビキニ原爆実験に遭遇、二三名が原子病、一名は東大で重症と診断」とある。記事は「……爆発による降灰をうけ、その放射能によって全員火傷したまま大して重くも見ず、一四日に帰国。うち二名の船員が東大の精密検査をうけるために、灰をもって一五日上京、……一名は生命も危ぶまれる重症として直ちに入院手当をうけることになったが、他の船員は事の重大なのに気づかず、灰のついた服のまま同夜は焼津市内を遊び歩いている」（『読売新聞』一九五四年三月一六日付）。被曝で重傷を負い東大病院に入院していた船長・久保山愛吉は同年九月、内臓の深刻な傷害で死亡した。

第五福竜丸は危険水域から六四キロ離れたビキニ東方一六〇キロの太平洋上で操業中だったが、明け方に船員が水爆の爆発を見ており、「太陽が西から昇ったと思うほど大きな火の玉だった」と目撃談を読売新聞に語っている。

火の玉目撃の後、数時間して黒い雲が空を覆い、白い灰が降り注いできた。この灰こそがいわゆる「死の灰」で、水爆によって破壊され灰のように砕け散った珊瑚の粉末が甲板の乗組員の身体に降ってきたのだ。珊瑚の灰は放射能を大量に含んでいた。死の灰に触れた船員たちは体に変調をきたし、頭痛、吐き気、下痢に襲われ、皮膚がケロイド状になったり、毛髪が脱けたりした。放射能障害という言葉もなかった当時の新聞は「原子病」と呼んだ。ちなみに、この事件を契機に、新聞記者にも科学知識のある人材の必要性が生まれて、日本の新聞社に科学部が創立され科学記者が誕生した。

ビキニ環礁のあるマーシャル諸島やミクロネシア島嶼海域は、戦前の日本が国際連盟の信託統治を受けて実効支配し植民地化していた領土だったが、日本の敗戦で戦後は国連によるアメリカの信託統治に移行し、戦後のアメリカはビキニ環礁で一回目の原爆実験を開始した。

太平洋で核実験を繰り返した米国

ビキニ環礁では一九四六年から一九五八年までに、水爆実験も含め合計二三回、またエニウェトク環礁では、一九四八年から一九五八年までに合計四三回の大気圏核実験が行われた。さらに、中部太平洋のアメリカ領ジョンストン島では、同じくアメリカによる高空・超高空核実験が一九五八年から一九六二年にわたって合計一二回行われた。また、イギリス領だった中部太平洋のライン諸島のクリスマス島（現キリバス領）においても、アメリカは一九六二年に二四回にわたる高空核実験を行ったという（小柏、二〇〇一～二〇〇四）。

太平洋で核実験を行ったのはアメリカだけではない。イギリス、フランスの国連安全保障理事会常任理事国の核大国も行ってきた。一九五二年、イギリスは原住民のアボリジニ四千数百人が住むとされたオーストラリアのモンテ・ペロ島で核実験を実施した。アボリジニの住民はビキニのマグロ漁船船員と同様な身体の異常に苦しんだがイギリス当局はろくな調査をしていないという（浜林・野口、二〇〇二）。

またフランスは植民地だった北アフリカのサハラ砂漠で核実験を行っていたが、六〇年代のアフリカ諸国の独立運動で実験ができなくなり、南太平洋の植民地ムルロア環礁に場所を移して核実験を行っていた。ムルロア環礁の地下に埋めた核物質が環礁の崩壊によって海上に流出して放射能被害が拡散し、島の住民とのトラブルが多発していた。

太平洋戦争後、日本撤退のあとの太平洋諸島は米英仏超大国の核実験が行われる最後の場所となったのである。

しかし太平洋核実験の後遺症や汚染の実態はいまだに明らかになっていない。近年になってようやくビキニ環礁への人の出入りが許可され、観光客は二、三泊の宿泊が可能になったといわれる。事件後七〇年ほど経つのに、ビキニ環礁の放射能はまだ太平洋に居座ったまま、あまり人間が近づけない状態にあるのだ。

日本漁船の船員が太平洋核実験で被曝したのは、第五福竜丸だけではない。アメリカの一連の核実験で被曝し体調を悪化させ、被曝の苦痛で自殺した船員もいた。後に「日本政府はビキニ環礁で被曝した日本の漁船数を八五六隻と公表した」（浜林・野口、二〇〇二）。

2　ビキニ環礁のあるマーシャル諸島取材の旅

太平洋戦争の戦跡、残骸が残る南の島々

芥川賞作家の新井満氏の作品に『サンセット・ビーチ・ホテル』という小説がある。マーシャル諸島共

和国の首都のマジュロ島が舞台である。主人公のＣＦプロデューサーが太平洋の真珠といわれるマジュロ島に出張し海の撮影をする。この秘境で地上最後の楽園の姿を撮影したい欲望に駆られている。しかしその予定調和な目論見はことごとくはずれて物語は逸脱してしまう。

昔の日本の軍隊、海から吹いてくる風で肺を患った人妻とその知恵遅れの娘、人工衛星の破片が降ってくるなどの不気味なエピソードがいろいろ出てくる。撮影のために海にもぐった主人公がサンゴ礁の中でバドワイザーの空き缶がひっかかっているのを見つける。そして「もしかするとこの惑星はもうあまり長くはないかもしれない」と呟くシーンがある。不思議な小説だった。

『朝日ジャーナル』の八・一五終戦特集のテーマを考えていた私は、太平洋戦争の戦跡をルポしようと思った。そして新井氏が書いた小説の謎を知りたくてマーシャル島へも行くことにした。そこで太平洋戦争の激戦地だったサイパン、グアム、ポナペ、トラック、マジュロなどの諸島を巡る一〇日間ほどの旅行計画を立てた。一九九一年のことである。

ミクロネシア航空の小型ジェット機で島々を訪れた。各駅停車の列車の駅のように行儀よく飛び石のように並んでいる島々の空港に降りては飛び立つ旅だった。どの島も小型ハワイのようなリゾート観光地になっていたが、島々の至る所に太平洋戦争の戦跡がまだ残っていた。

サイパンにはバンザイ・クリフという海の断崖絶壁がある。敗戦時の日本人が「天皇陛下バンザイ」を唱えて海に身を投げて死んだという場所があり、そこも観光地化していた。

ポナペ島には日本統治時代の旧ポナペ公学校があり現在でも教育省の一部として使われていた。「ポナペ国民学校・南洋庁」と書かれた遺跡があり、日本神社跡もあった。その奥には神社の祠が残っており、「昔は日本軍人が拝んでいた。天皇の御真影があった」と地元の人はいった。神社の鳥居の中にはマリア像があり、日本が占領する前はドイツ領だったのでキリスト教徒が多く、日本から派遣された「南洋伝道団」という牧師の集団も住んでいたという。日本語が上手な年配者がたくさんいた。

日本海軍の拠点の南洋司令部があり戦艦大和も常駐していた大軍港跡のあるトラック島には、まだ要塞の建物や砲台跡が残っていた。沈められた軍艦のマストが海に突き出していたり、旧日本軍の武器や墜落した戦闘機の残骸が海中に散乱していた。町の民家の軒先には零戦のプロペラが飾ってあったが、それは「魔除け」ということだった。町のダイバーショップには日本の軍艦をプリントしたTシャツが売っており、アメリカ人が好んで買ってゆくという。沈潜ツアーと称して日本軍の沈没軍艦の海底沈船めぐりも人気だということだった。太平洋戦争の戦跡で地元の観光産業が潤っていることは初めて知った。

トラック島のジャングルにも旧日本軍の戦車の残骸、砲台跡があり、ジャングルの中のトーチカや防空壕が放置されていた。旧日本軍兵士が使っていたと思われるさび付いた鉄兜、飯盒などが転がっており、誰かを待って、洞窟の中にまだ人が留まっているかのような霊気を感じた。風に吹かれた外の椰子の木の葉擦れの音がヒューと鳴ると、誰かがすすり泣いているような悲しい音に聞こえた。

地元の少年が現れ、あっちの海に行くと零戦が沈んでいると教えてくれた。そこへ案内してもらい舟をこいで沖へ出ると、海底に沈んでいる零戦と翼の日の丸が見えた。まだ中に人がいる、と少年がいうので海に潜ってみたが思ったより水深があり、零戦内部に人がいることは確認できなかった。

「真珠のネックレス」と呼ばれたサンゴ礁の島

着陸体制に入った飛行機の窓からマーシャル群島のマジュロ島が見えてきた。『宝島』を書いた作家スチーブンソンが「太平洋のネックレス」と称賛した絶景だ。珊瑚に囲まれコバルトブルーの色彩に輝くこの島に、スチーブンソンが「絶景」を感じたのはよくわかる。しかしマジュロ島の空港に着くと、生ぬるい海風が頬を撫でた。他の島では感じなかった違和感のある南の島の風の感触だった。

島に上陸してレンタカーを借り周辺をドライブしているうちに、生ぬるい風の理由がわかってきた。海の方から生臭い熱風が吹いてくるのだ。その海にはヘドロがたまり、民家から出る生活排水はそのまま海へ流出していた。この島には下水道がないのだ。しかし電気洗濯機だけは豊富にあり、民家の庭に置いてあった。どこにでも洗濯物が所狭しと干してある。排液は庭を通ってそのまま海へと流れ出ていた。海水には洗濯液の泡がぶくぶくと漂っていた。

洗濯機を民家に配ったのはアメリカの支援金で、水爆実験でビキニ環礁の一帯を使う見返りに与えられたものだという。

マグロが食えなかった記憶

ビキニ環礁のマグロ船被曝事件で日本中がパニックとなり、国民はマグロが食べられない時期があった。幼少のころ私は被曝した第五福竜丸の母港・焼津に近い浜松市に住んでおり、焼津や浜名湖で獲れる魚を毎日のように食べていたが、急に魚が食べられなくなったことを覚えている。汚染魚を食べると恐ろしい原子病になると大人たちがパニックに陥っていたことを思い出す。しかしその陰ではもっと深刻な事態が起こっていた。私は静岡大学付属浜松小学校の生徒だったが、授業の一環の校外学習で映画鑑賞に連れてゆく時間があり、広島、長崎の原爆を描いた映画を見にいった。映画が怖くて夜も眠れなかったことがあり、ビキニで水爆を浴びた第五福竜丸事件のときにも、広島や長崎の原爆を描いた映画と事件が重なってしまい、うなされる夜があったことを思い出す。

マジュロ島から東京への帰途、給油のために飛行機はクェゼリン島に着陸した。迷彩模様を施した戦闘機が空港に並んでおり、機内の窓際からカメラを向けると制止された。ここは米軍管理下の軍港で撮影禁止だった。実はクェゼリン島は米軍が兵力を総動員した激戦地で、戦死した義父の終焉の地だった。遺骨も遺品も帰ってはいないし、戦死のいきさつも不明で、終戦後遺族に戦死の通知が届いただけだった。上陸して島を一望し、慰霊をしたいと考えて係員に申し入れたが、答えは「ノー」だった。この島は米軍のミサイル迎撃実験で使用されている軍事機密の島と聞いた。

3 ブラボーショットで被曝した原住民たち

豚やニワトリを積んだ赤い飛行機

ビキニ環礁の水爆実験は一九五四年三月から約一カ月半にわたって行われたというが、「ブラボーショット」という実験だった。米国はビキニ環礁の島民一六六名をロンゲラップ島に移住させるよう酋長に要請していた。しかしビキニから約一五〇キロ離れたロンゲラップ島でも八四人の被曝者が出ていた。マジュロにはロンゲラップ島の代表事務所があり、ここには、一九五四年に操業中に被曝した第五福竜丸の船員と同様に被曝したロンゲラップ島の代表や被曝者たち住民が集まっていた。年配の男性は子供のときに「死の灰」を浴びたといい、全身にケロイドの跡があった。ある人は雪のようだと思ったといい、「死の灰」が混じった水を飲んだということだった。

ロンゲラップ島の被曝者代表で国会議員のジェトン・アンジャイン氏に会ったが、アンジャイン氏の弟はブラボーショットのとき、米軍基地のあるクェゼリン島で働いており、赤い飛行機に豚や鶏を入れてビキニ方面に飛ばしていた。「なぜロンゲラップ島から退去もさせずに住民が被曝したのだろうか」といっていた。兄のアンジャイン氏は原水禁世界大会に出席するために来日したこともあった。広島、長崎の被曝者と連絡を取り合っていた。ワシントンでは議会の公聴会に出たり被曝調査や補償問題を話し合っていた。

ビキニの被曝事件をアメリカは隠し続けており、現地住民に対して被曝が明かされたのは、一九八〇年代に入ってからであり、この問題が世界的に知られるようになったのはチェルノブイリ原発事故以降のことだといわれる。

また「数千人」のマーシャル人が染色体異常を来している。グアムを含め太平洋一帯に甲状腺癌が多発しているという現地医師の報告もあった。取材中に極秘で現地の米国の関係者から渡された被曝関連資料を入手したこともあった。

新井満氏の小説の中で書いてある「この地域の風土病」とはこのことを指すのではないかと考えた。

確かに、「被曝一五年を経過した段階で、これらの島民のうち一六人が死亡したが、それは通常の死亡率の一・五倍であった。また当時一〇歳以下だった人々の七七%が後に甲状腺瘍や癌に冒され、その他白血病、流産、奇形児の発生率も通常に比べ、高いことがわかっている。」（前掲『ドキュメント　戦後世界史』）というデータがある。

アメリカの三大ネットワークテレビのＡＢＣは「パラダイス・ロースト」というドキュメンタリー番組を作り、「水爆実験などのアメリカの統治の結果、この島に病気と貧困を蔓延させてきた」と指摘していた。

アメリカ支配で経済が壊れた島

「アメリカ支配でここはダメになった。日本がいたころは経済もよく豊かだった」と息子が国会議員という、マジュロ島のヤマムロ・カナメさんはいった。

「今は貧しい。日本時代には離島でも野菜を作り、干物やカツオブシを作って市場に出していた。コプラも盛んだったが今は全部さびれている」とトラック島の観光産業経営者はいった。『ポンペイ・ガイドブック』にも旧日本時代のこんな話が出ている。「日本人は漁業やカツオブシ産業を育成し、年間三五〇万ポンドのマグロが輸出されていた。コプラのプランテーションも拡大し、島の生産だけで完全に自給できる体制になったが、太平洋戦争で経済は壊れてしまった」。

「日本統治時代への島民感情はわりに良い。戦争は過去の話だからみんな忘れようとしている。また若者はアメリカ的ライフスタイルに憧れているので、世代間のズレも大きくなっている」とポンペイ島の小学校の若い女性教員はいった。

米軍基地や軍事的実験場として島の一部をアメリカに貸し賃貸料を取る。この他にもアメリカは島への援助金を支払っている。これがここの経済の根幹になっている。島はアメリカに頼り援助金に縋り付いてきたので、経済の土台を作ることができなかった。

マーシャル島に住みビキニ環礁の水爆実験を追い続けていた写真家・島田興生氏は、「援助金は島の有力者や酋長が四分の一ほどは取り、残りを住民が分けたりする。封建的な酋長制度がまだ強く残っているので、酋長の許可がなければ土地を他者へ貸すことはできない。米国の援助金が島民の末端までは行き渡らない。仕事といえば役所か観光ホテルくらいだから若者の就職先もなく、貧困が蔓延する」と語った。

実はマーシャル諸島の中心マジュロ島の汚染と疲弊は水爆実験によるものだけではなかった。

ロサンジェルス・タイムズのボブ・ドロージン記者は、マーシャル島の海洋埋め立てでゴミ廃棄による土地造成の計画についてレポートした。「アメリカ本土のカリフォルニア、ワシントン等から数一〇〇万トン規模のゴミを輸入し、マジュロ島の二〇平方マイルのラグーンを埋め立てる」というものである。「島民の皆が土地を欲している」というのが埋め立ての理由だった。マジュロ島の大部分は砂と椰子で覆われている。標高は二、三メートルしかないので、高潮が発生すると陸地のほとんどが消滅してしまう。近年の温暖化現象でこの傾向はますます強まってきた。そこで海洋埋め立て計画が本格化したのだった。当時のミクロネシア共和国大統領は数一〇〇万ドルの支援金と引き替えにゴミ投棄計画を承認したといわれる。

「太平洋の真珠」といわれ、輝くラグーンの島と絶賛されたマジュロ島の海が見るかげもないヘドロの海になって訪れた者を驚かせたのは、実はこの海洋ゴミ投棄の結果だったのだ。

それだけではなかった。この地域の島は地球の究極のゴミといわれる核のゴミの廃棄場として狙われることになった。

「アメリカの核実験はなくなったのに、次は日本がマーシャルを核廃棄物の捨て場にしようとしている」とアンジャイン氏は憂慮し、「被爆国の日本がなぜそんなことをするのか」と嘆いていた。

核のゴミ捨て場に狙われた島

日本は原発大国になったため原発ゴミの廃棄場に困っていた。大量の核廃棄物の捨て場を探すのは日米共通の利害にかなっていた。ビキニ環礁や他の核実験地はすでに放射能汚染で人間が住めない環境になっており、そういう場所に核廃棄物を捨てることを合理化する考え方すらあった。

一方、マーシャル共和国の大統領は、日米の核廃棄物を受け入れれば、見返りに経済大国から国家予算クラスの多額の金が入ってくるので、前向きな姿勢を示していた。しかし日本の有力政治家と同国大統領との「密約」が発覚して、強い反対運動が起こり、交渉はとん挫したことがあったという。当時、日本の政治家や企業関係者らが頻繁に訪ねてきたと政治家の実名を明かす人もいた。

「先進国が核廃棄物の処理を南の島にゆだねる事態がもし現実化することがあり、これが戦後のアメリカ統治の遺産になるならば、驚くべきことだ」と上述のドロージン記者は書いた。

日本はすでに小笠原海域への原発廃棄物の投棄計画を行っていたのだ。小笠原諸島の北東の公海、北緯三〇度東経一四七度水深六〇〇〇メートルの地点であった。ドラム缶に封印された放射性廃棄物の廃棄は、①海洋および実験室における実施前安全調査、②放射性廃棄物の入ったドラム缶五〇〇〇から一万缶の実験投棄、③実験投棄の影響調査を目的とした海洋実験、④本格的投棄の四段階から行われるとされていた。このうち日本はすでに第一段階を実施しており、第二段階を一九八一年に開始すると、アメリカ、カナダ、オーストラリア、ニュージーランド、および投棄地点に近いミクロネシアの島嶼に通告した。一九八〇年のことであった(小柏、二〇〇一〜二〇〇四)。

太平洋島嶼国の反対で計画を断念した日本

しかし一九七一年に結成されたオーストラリア、ニュージーランドを含む太平洋島嶼国一四カ国による「太平洋フォーラム」は大国の核実験に反対し、南太平洋全域の非核地帯化を主張してきたが、日本の核のゴミ投棄計画にも反対し、非難決議を続けた。太平洋島嶼諸国の粘り強い反対運動で、簡単に核廃棄場ができる環境は生まれなかった。

一九八五年、中曽根首相が南太平洋地域への公式訪問をした際に、太平洋諸国間で問題視されていた「太平洋への核廃棄物投棄計画の無期限停止」を正式に表明したのでこの問題は落着し、日本は原発廃棄物の太平洋への海洋投棄はできなくなった。日本の核廃棄物廃棄に対する太平洋諸国の要求は「他国へ持ち込むな、自国内で廃棄場を探せ」ということだった。

かつての太平洋戦争の激戦地、戦後は米英仏の大気圏核実験場として使われた太平洋の島国が、再び行き場のない核廃棄物の処理場に狙われていることを、私はこの旅で初めて知った。

太平洋戦争の激戦地だった〝かつての楽園〟を襲い続けている「不条理」に終わりはないように見える。新井氏のいうように「この惑星は本当にもう長くはないかもしれない」という実感を抱いて帰国した。

変わりゆく南太平洋の秘境

つい一〇〇年ほども前はゴッホ、ゴーギャンなどフランスの画家たちが文明世界から逃避して絵画の世界に遊び、アンドレ・ブルトンらシュール・リアリズムの芸術家たちがアートの前線を求め、ポーランドのマリア信教の起源にもなったといわれた南太平洋の秘境の島々は、文明の戦いの第一次世界大戦、第二次世界大戦（太平洋戦争）に巻き込まれたことで、その運命を根本的に変えてしまったのだ。

日本は一九四一年の真珠湾奇襲攻撃を起点として以降、約三年八カ月にわたって太平洋島嶼国を太平洋戦争の激戦地へと変え、太平洋諸国を破壊した。そして一九四五年八月一五日の敗戦を境に、太平洋から姿を消した。日本政府が無条件降伏として受け入れたポツダム宣言は「日本領土は北海道、本州、四国、九州の四島」と限定していた。それ以外の離島の島は伊豆大島ですら日本領土には含まれていなかったのである。戦後の衆院総選挙のさい、離島住民に投票券を送るかどうか役所はＧＨＱに伺いを立て、逐一許可を得ていたという。

核の平和利用で南太平洋に再び姿を見せた日本

しかし敗戦から約四〇数年後の一九九〇年代、日本は再び南洋諸島、すなわち太平洋島嶼諸国の前に、新たな原子力の姿を現すことになったのである。一九九二年末から日本が実施しているプルトニウム、高レベル放射性廃棄物、およびプルトニウムとウランの混合化合物（ＭＯＸ燃料）などの海上輸送問題だ。テロを警戒して輸送ルートは公開されなかったが、二〇〇九年にはＭＯＸ燃料の海上輸送が開始されて、ニューカレドニア、ソロモン諸島、マーシャル諸島の近海などを通過して日本へ運ばれ、南太平洋諸国の強い反発を買った。再処理燃料の海上輸送に、南太平洋諸国の住民たちは太平洋戦争時の日本軍の軍事行動を重ねてみている（柴山、二〇一二）。

「島嶼国はその安全性に強い疑問を投げかけ、日本による高レベル放射性廃棄物の海上輸送に反対していくことを表明した」「またＭＯＸ燃料を含む放射性物質の海上輸送時の事故に備え、信託基金設立の要求が行われ、日本は一〇〇万ドルの原資を払って、補償コストを約束した」。「さらに、実際に事故は起こらなくても、太平洋島嶼国の漁業や経済活動が潜在的な損害を受けるとみなされ、これらへの補償要求なども行われてきた」と小柏氏は述べている（前掲論文）。

太平洋島嶼国「非核地帯化推進」で連帯

戦後間もなく、住民たちの放射線汚染への無知を利用して、太平洋への核実験で太平洋汚染を実践してきた核大国に対し、一九八〇年代に明るみに出た日本や欧米先進国の原発ゴミ投棄に反対する太平洋島嶼国の連帯、「太平洋非核地帯化」「太平洋における核廃棄物の例外のない禁止」「太平洋島嶼海域の核物質運搬禁止」の太平洋島嶼諸国の連帯行動が生まれた。

日本のビキニ環礁への原発廃棄物廃棄計画が表ざたになったことで周辺諸国の広範な反対運動が起こり、原発用の核燃料の輸入、再処理のための海上輸送にも、「危険補償、損害補償」という膨大な予備費のコストがかかるようになったのだ。原発とは、いかに世界から嫌われ排除される発電エネルギー産業体であるかがわかる。世界のどこにも捨て場所がない大量の原発ゴミを持て余す日本は、いつまでこんな不条理な原発を抱えて生きてゆくのだろうか。

第4章　文化大革命の後遺症と闘った中国

1　文革直後の荒廃と混乱、貧しかった北京と上海

「共産圏」のタブーとは

欧米の自由諸国の記事は書きやすく、タブーはない。しかし共産圏の記事は書きにくいといわれていた。共産圏は概ね一党独裁国家である。言論の自由が憲法で保障されておらず、党方針と異なる記事を書くことが難しい。批判の表現方法には暗黙のタブーがあるのだ。また戦時下の日本が侵略し、植民地化した近隣諸国に対しては、過去への贖罪意識もあって腰が引ける部分があった。

その意味で、中国、北朝鮮の記事には奥歯にものが挟まったような新聞記事の書き方になることがあった。

「共産圏の国」に関する記事では、この章に続き、後章では「北朝鮮拉致問題」に関連する事件を取り上げた。

日朝音楽交流の使節団に同行して北朝鮮のピョンヤンへ行ったことがある。一九八一年春のことである。四月の金日成主席生誕記念日のイベントで、マンスデ芸術劇場で行われていた北朝鮮音楽や歌劇の取材のために日本の音楽家たち数人とともに訪朝した。日本から北朝鮮へ行くには、北京を経由するのが普通のルートだった。

伊丹空港を出発し、空路で北京に入った。北京では往復とも滞在時間が数日あった。北朝鮮入国のビザは北京で取る。その北京滞在中に、北京と上海を訪ねる時間的余裕があった。このときの中国訪問が、私の最初の中国体験だった。

中国の混乱、貧困は日本の戦後のようだった

約四〇年前の一九八一年の中国は貧しかった。都市インフラや道路、食料がやや行き届いていた北朝鮮のピョンヤンよりもさらに貧しく見えた。中国を大混乱に陥れていた文化大革命は、指導者の毛沢東が死亡し、すでに形の上では終息していたが、国家の統治機構が崩壊し、中国社会は内戦後のような混乱状態にあった。

それからわずか四〇年後、中国は日本を抜いてアメリカに次ぐ世界第二位の経済大国、技術大国にのし上がったことは、当時は全く想像すらできなかった。

北京から上海に向かう列車の中で、米国人のビジネスマンに会った。彼らは中国とのビジネスの可能性を調査に来たというが、「この国とのビジネスの展開はまだ時期尚早だ」といって首を振った。

それから約四〇年後、中国の経済成長率は当時のGDP比で約一七〇倍になっている。日本を抜いて米国に次ぐ第二位の経済大国になったのは二〇一〇年だが、以降の中国のGDPの成長率でも日本の二・五

倍をマークしている。堂々たる世界の経済大国になり、今ではアメリカと経済と軍事、宇宙開発、ハイテク技術の先端を競う世界の超大国になった。

短期間の中国の発展の秘密はどこにあったのか。私は一九八一年から二〇〇八年北京オリンピックの前年の訪中まで、四回中国を訪問した。

この章では文化大革命から改革開放、経済発展に向かった中国の四〇年間の変貌の一端を私の取材から描いてみたい。中国の驚異的発展の源は、文化大革命の物心両面の廃墟の中から立ち上がったことだと思う。日本が第二次世界大戦の廃墟と瓦礫の中から復興したのと同じに見えた。

「四人組追放」の直後、あふれる自転車の群れ

一九八一年春、北京空港から宿舎の友誼賓館へ向かう道は、自転車の群れであふれていた。道路は自転車のためにあるかのようで、車はごく少なく、信号もほとんどなかった。

自転車の交通ルールも明確でないのか、歩行者と自転車が道路上を無秩序に動き回っているように見えた。

文化大革命が長く続いた直後だ。文革の「四人組」が登場した一九六五年から一九七六年までの約一〇年間にわたって、人民へのリンチや虐殺を含む紅衛兵たちの暴虐、破壊活動が続いたのである。

私が行った一九八一年当時でも、北京における文化大革命の後遺症は甚だ深刻だった。人々はまだ人民服を着ており、服装には男女の別もなかった。北朝鮮の女性はスカートをはき、化粧もお洒落もしていたが、中国の女性はズボン姿で化粧もしていなかった。

都市の近代化やインフラ整備もほとんど進んではいなかった。一〇億という膨大な民がいる国という実

感だけが湧いてきた。しかし中国はまだ一〇億の民を食わせる資源も食料も不足していた。飢餓もあった。

北京飯店の中華料理はまずかった

北京飯店で食事をしたが、これが中華料理かと思うほど味はまずかった。楽しみにしていた美味な中華料理への期待感は吹き飛んだ。料理の味付けは極端に甘かった。

北朝鮮のピョンヤンでは名物の平壌冷麺が美味かったし、毎日の食事の味も素材も良かった。

北京の料理はなぜこんなに甘口なのか、とウエイターに聞くと、かつての料理人がいなくなっていると答えた。その当時のホテルの料理人は甘味を利かせるほど美味な料理と思い込んでいるふしがあった。砂糖は贅沢品だったのである。

なぜ料理人がいなくなったのか調べてみたら、北京のプロの料理人たちは文革による「下放」で農村への強制労働へと「下放」されたためだとわかった。美味を追求する料理人は堕落した資本主義に汚染された者で、矯正と思想教育のために地方へと下放されていたのだ。

料理人だけでなく、学者や芸術家はもちろん、およそプロと名の付く職業の多くが資本主義的な毒に汚染されているとみなされて下放されていた。今の習近平国家主席も若いころ、文革で「下放」されていたという。プロレタリア階級による不断の階級闘争こそ中国革命の完成に近づくと、指導者の毛沢東は説いていた。その先兵に紅衛兵がいた。

文化大革命の影響は料理の味の劣化にも表れていたのである。

毛沢東と文化大革命

文化大革命とは何だったか。これについては内外に膨大な資料、記録、著作がある。ここでは簡単な説明に留めたい。

中華人民共和国の建国の指導者、毛沢東は革命の後退と資本主義への逆戻りを憂慮、この反動の動きを阻止しようと考えた。地主階級を撲滅し、純粋な農民階級を基礎とする「大躍進運動」を掲げたのである。

毛沢東の思想はスターリン主義のソ連共産党が指導する官僚独裁型の計画経済を否定し、官僚制を排除し、党幹部たちの既得権益や汚職を排除して、中国革命と経済建設を一挙に成し遂げよう試みだった。しかし毛沢東の大躍進運動は失敗に終わった。このために中国では大きな飢餓が発生したのである。

一九六二年、毛は「階級闘争を忘れるな」と共産党幹部に命じた。同年の党第八期一〇中全会で、毛は「共産主義の移行期にはプロレタリア階級と資本家階級との政治闘争が必要である」という考えを打ち出し、経済の前に階級闘争の継続を主張したのである。これは経済建設を重視した当時の国家主席・劉少奇とも友邦のソ連共産党書記長のフルシチョフとも相いれない路線で、以降、中ソ論争が勃発して中ソ対立が深まり、やがて「ソ連主敵論」という考えが生まれるに至った。

江青ら文革四人組の台頭と紅衛兵

一九六五年、毛を支持する毛沢東の妻・江青らの「文革四人組」が実権を握った。江青らは毛の権力をかさに着て独裁的権力をふるった。四人組の主張は党政治局拡大会議で、「党、政府、軍、および各文化界にいるブルジョア分子と反革命分子、ソ連迎合分子と闘争する」として、扇動された中高生、大学生ら若い紅衛兵を動員し、「プロレタリア文化大革命」が本格的に始動したのである。

ちなみに文革の海外の敵は、「アメリカ帝国主義」「ソ連修正主義」「日本反動派」と「日本共産党」だった。毛沢東主義から見た日本共産党は修正主義者集団であり、敵だったのである。このため毛路線の文化大革命は国際的にも孤立した。

文革の急先鋒を担った紅衛兵の多くは青少年だった。毛沢東は彼らに「造反有理」(反抗には理由がある)という言葉を教え文革を称揚し、天安門広場に集まった一〇〇〇万人を超える若者たちに毛沢東思想を叩き込んだ。「マルクス主義の本質こそ造反有理」と毛は説き、紅衛兵を執狂させた。

紅衛兵たちは旧体制や資本主義の残滓、ブルジョア的なるものをかぎつけては破壊していった。レストラン、洋風な店、海外の建物、宗教施設、豪華な家、おしゃれ用品、レコード店、ペットなどまでが攻撃の対象になり、小学生が旧体制派と目された教員に暴力を振るった。

資本主義的腐敗分子の下放

中国の全土がテロや内戦状態のようになり危険な武器が出回っていた。学校では内ゲバによる生徒間の暴力、教員への暴力が横行していった。殺人事件も起こった。

腐敗分子とみなされた者は農村へと「下放」され、知識人や芸術家たちも次々と書斎や仕事を追われて、農村へ「下放」された。

北京の中心部の王府井には紅衛兵の本部があり、そこには反革命分子と名指された者たちが連行され、連日拷問され、死体は火葬場へ運ばれていったといわれる。胸に罪状を書いたプラカードを下げ、三角帽子をかぶされて「自己批判」させられている大人たちの風景は日本のテレビでもよく放映されていた。国家主席劉少奇も文革中に死んだ。劉少奇夫人は「文革は林彪と江青が起こした反革命」といった。

文革が終わったのは一九七六年、老衰による毛沢東の死で「四人組」が権力を失い、文革の首謀者だった江青らが逮捕されてからである（浜林・野口、二〇〇二）。

文革の行き詰まりと毛の老化の後を穏健派の周恩来がしばらく指導者の地位を継いだが、周も病死し、改革開放路線の鄧小平が権力を握った。鄧は「たくさんネズミを捕るのが良い猫」といったように、イデオロギーより経済路線を掲げて農産物の市場競争を農民に教え、「儲かる者から順番に金持ちになること」を推奨し、農民長者の「万元戸」を生み出した。毛沢東の文革が求めた共産主義革命の平等主義が〝零の平等〟、つまり持たざる者の平等に陥るのを阻止したのが、鄧小平だった。

現代の中国の躍進はこのときの鄧小平の思想が基盤になっている。政治は共産主義独裁体制をとっているが、経済は自由主義市場経済といわれるゆえんである。

文化大革命は都心部の知識人や学者、技術者、芸術家、デザイナー、料理人など専門職の人々を資本主義の害悪に染まった反革命分子として糾弾し、田舎へ追放して強制労働へと駆り立てていたのだった。

2　世界の若者に影響を与えた「造反有理」

文革ユートピア思想

日本でも一九六〇年代から七〇年代にかけての大学紛争や全共闘運動で、中国の文革の影響を受けて紅衛兵を称賛し、革命派学生が唱える「造反有理」がキャッチフレーズになっていた。文革は中国革命のより完璧な遂行であると「文革ユートピア思想」が称揚され、文革の負の側面に対して表立って異を唱えることが憚られる世相が存在していた。

アメリカでは黒人解放運動、公民権運動に影響を与え、ボブ・ディランやジョーン・バエズの音楽が流行し、有名大学で大学紛争が起こった。フランスのパリ五月革命にも影響を与えた。「造反有理」という言葉は日本の大学のタテカンでも普通に見ることがある風景だった。遠い共産圏の中国の紅衛兵の運動と文化大革命は、社会や政治の矛盾、腐敗、学校の腐敗、学問は何のためにあるか、生き方、人生に彷徨う世界の若者たちを惹きつけたのである。

若い多くの知識人は文革に同調し、上の世代の「沈黙」があり、文革批判を口にすることの惧れ、タブーは日本にも存在していた。

大新聞には北京特派員による文革礼賛記事がよく見られた。影響力のある論壇の学者、評論家、ジャーナリストの中にも文革を礼賛する者が少なからずいた。

「文革を知らずして文革を称揚した外国人たち」は、自分の国の腐敗や文化の堕落に我慢できず改革の糸口を見つけるために、純粋な若者の闘争をイメージした「文化大革命」と「造反有理」という権威の否定、たえざる変革と進歩を促す言葉の語感に惹かれていた。

パリで文革の暴力と事実を知った

「中国の文革はおかしい」と私が実感したのは、一九七八年、パリで亡命中の中国人学生に会ったときだった。すでに文革は終わっていた時期だったが、パリでその後遺症の大きさを見せつけられた。

当時、パリには文革から逃れてきた多数の亡命中国人が住んでおり、学生街のカルチエ・ラタンやサンジェルマン・デプレのカフェで議論する中国人学生の姿にたびたび遭遇した。

パリ大学近郊のカルチエ・ラタンで知り合った中国人学生は、四人組に率いられた文革の運動がいかに中国人民の言論を弾圧し、人権抑圧を行ったか、文革がいかに間違った非人道的な社会運動だったかを資料や写真を見せながら切々と説明した。

パリの書店には文革の残酷な実態を描いたレポートや書物がたくさん置いてあった。当時の日本ではこうした文献や記録を入手することは難しいものばかりだった。

日本の知識人やマスコミや大学生たちは、こういう私も含めて、当時の中国の宣伝を鵜呑みにし、事実を確認することもできず、口当たりの良い毛沢東の革命思想や「造反有理」のスローガンに騙されていたという苦々しい思いがこみ上げたことを覚えている。

往年の華の都パリは祖国を追われて亡命した無国籍の人間を受け入れ、一人の革命的人間として育ててきた。中国革命の父・孫文は一時期滞在していたし、文革時代を生き延びた穏健派の首相・周恩来も戦時中は日本軍国主義の侵略から逃れてパリに亡命していた。

パリというところは不思議な町である。人々は自由という名のシャンソンの香りがする空気を吸いながら、公園のベンチや噴水の脇に腰掛けて、マロニエの樹を眺めながら、硬いフランスパンをかじっている。

文革とはひと時の革命の夢に浮かされたあだ花に過ぎなかったのだろうか。現代の中国でも文革を擁護する者は少なく、上述したように、概ね否定的な評価を受けている。

3　元紅衛兵だった作家の記録

紅衛兵と命名した精華大学付属中の生徒

しかし文革のただなかにいた紅衛兵は何を考え、文革からどんな教訓を得ていたのか。文革には後世が否定する要素しかなかったのだろうか。それを知る記録は少ないが、精華大学付属中学の生徒だった元紅衛兵の記録がある（張、一九九二）。

精華大学は北京大学と並ぶ中国の名門大学だが、ここの付属中学、高校には北京の高級官僚、党幹部、知識人、上流階級の子弟が多く入学することで知られている。入学試験に受かるのは非常に難しいとされる。この学校の試験に受かったものは家族、親戚、地域近隣の人々の誇りになるという。

文革の黎明期時代、張氏は精華大学付属中学の生徒だった。同級生の多くは党幹部や上層階級の子弟だった。そうした学校環境の中から精華大学付属中学の紅衛兵運動は生まれたという。

こうしたエリートの生徒たちの心には、自分たちが置かれた特権階級の自己批判や使命感、正義感から、社会改革への萌芽が芽生えたようだ。上昇志向の強いがり勉の点取り虫は仲間から軽蔑されていた。

文革が進行し、生徒たちの活動が活発になるにつれ精華大学付属中の学内は混乱した。やがて授業もまともにできない日常が続く。生徒たちは革命運動の理想に青春のロマンチシズムを感じていた。精神と肉体を鍛錬し立派な革命家になりたい、そのためにはどんな艱難辛苦も厭わないと考えて、あえて革命家として苦しい道を選択するようになる。「紅衛兵と名づけたのは自分だ」と張氏が同書で書いている。精華大学付属は学校当局に反抗する紅衛兵の坩堝となり、文革の闘争のあらゆるモデルが持ち込まれていたようだ。やがてこれが中国全土の学校にも広まっていったという。

一流大学への進学と人生が保証された精華大学付属中の生徒たちの反抗のエネルギーはどこから出てきたのか。「一九六四、六五年を振り返るとき、その当時にも中国の高等教育に存在した出身による差別などの歪みと、そうした不合理を漠然と感じながら理想を追い求めていた生徒たちのエネルギー――それが来るべき文革期の重要な原動力ともなった」と張氏は書いている（張、一九九二）。

彼ら若き紅衛兵たちの鑑が毛沢東であり、文革を称え紅衛兵を称えてくれる著名な党幹部だった。首相・周恩来が精華中学を訪れて、紅衛兵たちを励ましたことがあったという。盆をひっくり返したような大雨の中、周恩来は全校教師学生大会で、雨にうたれながら、「私も学友諸君たちと共に、大きな風浪の中で自らを鍛えるのだ」と語ったという。毛沢東にも精華中学紅衛兵の話が聞こえてゆき、直筆の手紙が届いた。毛沢東は文革の究極の目的は「全人類の解放だ」と手紙に書いていた、と張氏はいっている。

モンゴルの大草原へ旅立つ

その後、張氏は文革の政治的混乱の中で逮捕投獄され、精華大付属中学紅衛兵の解散が命令された。多くの紅衛兵たちは組織を脱退した。

精華大付属の組織を離れてモンゴルの大草原へと張氏は旅立った。内モンゴルの人民公社で一牧民になることを決意したという。文革末期になると、都市を離れて「山や農村に入る」運動が知識層の若者の間で広まっていた。これは毛沢東の思想でもあった。精華大付属の紅衛兵の仲間の多くが、辺境の農場や国境地帯へ行った。

中には越境してベトナムに入り、ベトナム戦争に参加したり、ビルマ共産軍のゲリラに加わった紅衛兵もいたという。

モンゴルでは、学校建設を手伝い、モンゴル語をマスターし、モンゴル語の読み書きを教える教員になり、馬や牛車に乗り、井戸掘りをやった。

このモンゴル体験の「下放生活」が張氏に「文革」の本当の意味を教えたようだ。「底辺で暮らす人々ほど、その内面がきれいなものはない。同時に、彼らほど天涯孤独なものもいないのだ。人を恐怖させる強大な官僚制度の前では、私たちのように零下四〇度の厳冬の中で馬で駆け回る（……貧しい）牧畜民の存在は、それこそ吹けば飛ぶようなものだった」。（張、前掲書）

紅衛兵たちが「造反有理」を掲げて運動したことは、若輩ゆえの失敗も多々あるが、「雲の上で威張りかえっている官僚の頭を下げさせ、不公平極まる特権をぶちこわし、皇帝を馬から引きずり降ろすことだった。私たち紅衛兵はこの時代の光を一身に反射して、中国人民と官僚体制との大衝突の火花になればよい。私はそう理解した」と張氏は書いている。（張、前掲書）

大発展への予言、紅衛兵は愛国心の結実か

「六〇年代の中国は、すでに大爆発の潜在的条件を備えていた」と張氏はいう。来るべき中国の驚異的な経済発展を予言する言葉である。

冒頭で書いたように、初めて中国の大地を踏んだ私はそうした予感を全く感じることはなく、貧しさや遅ればかりが目についた。それは私の見る目が足らなかったせいだろうか。表面の中国しか見えず、先入観にとらわれていたのだろうか。

紅衛兵は愛国の結実であり、一つのかたちであった。中国の持つ巨大さは、私の感情を完全に捕らえ、終生かわらないものになった。同時に「造反有理」に突き動かされた紅衛兵の心情は「社会の特権階級と貧しい民」の矛盾だった。しかも精華大付属中学の生徒は特権階級の子弟と世の中から見做されていた。若き彼らはこの矛盾を心に抱きながら生きる人生を拒否したのである。

文化大革命で官僚主義の一掃が行われ、毛沢東が死んで林彪が事故死し、四人組が追放されて政治の武力闘争が平定されて、鄧小平の「改革開放」経済路線の中国が姿を現してきた。文革の地ならしの上に構

築された、今日の中国の巨大な姿を我々は目にしている。

今日では否定的に語られている文化大革命だが、中国の大きさを考える上で、避けて通れない歴史的事件であった。

北朝鮮の帰途に寄った北京は自由な町だった

ピョンヤンからの帰路、空港を飛び立ち北京へ着いたとき、やっと解放されたという思いでいっぱいだったことを覚えている。それほど北朝鮮には取材の自由がなく、新聞記者にとっては窮屈な取材旅行だった。辛い朝鮮料理を食べすぎたせいか、手に赤い発疹がたくさんできていた。

その夜、北京のホテルの従業員たちが、かつて日本で流行ったフォーク・クルセダーズの「帰ってきたヨッパライ」のカセットを聞きながら、大笑いしていた。テープを早回ししたユーモラスな音感が受けていた。渡哲也の「くちなしの花」の歌詞を教えてくれと頼まれたりした。

当時の北京には若者の娯楽も遊び場もなかった。上海にはディスコが一軒あったが、外国人しか入れなかった。夕暮れの揚子江の河べりの土手にはデートする若者たちが順番を待って並んで座り、アベックの姿は切れ目なく、延々と土手の上に続いていた。

中国の改革開放への足音は聞こえてはいた。しかし長年続いた文革の悲劇から脱皮しようともがく経済はまだ離陸できず、内実は北朝鮮よりも貧しかった。

北京の古いすすけた建物の一角に、文革の名残を思わせる「造反有理」と書かれた汚れた垂れ幕が、ひらひらと風に舞っていた。

ビートルズを知らなかった紅衛兵

張氏の著作のほか、文革や意見を書いた『ビートルズを知らなかった紅衛兵』（唐、一九九〇）がある。中国革命と文革に生きた家族の物語だが、唐氏は新聞記者で文革後に来日し早稲田大を卒業、出版社に勤務しながら、山口百恵など日本の音楽文化に親しんだ。

ビートルズを知ったのは日本に来てからだが、「中国人の生活は、ビートルズとなんの関係もなかった。中国の土壌では、この名前の響きにさえ違和感を覚える」としながら、「いまになってビートルズを知り、歌いたくてたまらない」と書いている。文革中の経験からビートルズに深い感銘を持ったのだろうか。

中国ではないが、ソ連が崩壊した一九九一年、ロシアの前衛音楽家が日本へやってきたとき、『朝日ジャーナル』でインタビューしたことがあった。それまではクラシック音楽以外はソ連国家が認めず、ビートルズは聴くことはできなかった。資本主義的退廃の音楽とみなされていたのだ。彼は地下音楽で流れてくるビートルズのカセットテープを作り、仲間たちに回していたが、テープが擦り切れるくらい聴いたという。

「若い音楽家はソ連の共産主義体制に抑圧され、新しい音楽への抑えがたい欲求に飢えていた。地下音楽でビートルズを聴いたときはものすごいショックを受けた」と話していた。

文革が終わりしばらくたってから、民主化を求める学生たちの天安門事件が起こったが、事件もすでに三〇周年を迎えた。

天安門広場は現在では自由な立ち入りが制限されているが、当時は外国人も自由に広場に入り、写真撮影もできた。

四人組追放で改革開放が進み、アメリカに迫る経済発展を遂げた中国なのに、天安門事件に言及する言論の自由が制限されているのでは、大国の条件を欠いている。アダム・スミスがいうように、自由と経済は国の発展の物心の両輪だ。経済のみで言論の自由がないのは、片肺の飛行機と同じだ。天安門事件についても、文革との関連に言及する張氏のレポートのような記録があればいいと思っている。

4　日本の司法制度を導入した中国

関西の法曹団に同行して訪中の旅

一九八四年、文化大革命が終わり文革四人組追放のあと、関西日中法律交流協会の弁護士の方々に同行して訪中したことがある。二度目の訪中だった。

鄧小平が指導する改革開放経済に舵を切った中国は、それまでの党と人民公社による支配を法支配に切り替える社会運動を行っていた。文革の後遺症は少し和らいでいたが、まだ続いていた。

訪中団の団長は弁護士で元参議院議員の佐々木静子氏で、中国政府執行部の党幹部や法律家との人脈が豊富だった佐々木氏は、中国側の要請で日本の弁護士制度のノウハウを中国側に教えていた。

党支配の人治が続き、まだ法支配に慣れていない中国側には様々な混乱があり、裁判を傍聴した裁判所では、弁護士と検事の座る位置も統一されていなかった。

三年前に北朝鮮へ行くとき立ち寄った中国とさほどの変化はなく、経済は依然として停滞しているように見え、鄧小平が推進していた改革開放政策もそれほど進展していないように見えた。

政治犯が描いた絵画展

政治犯収容所の囚人たちが描いたという絵画の展示会があり、その中の絵を見た日本人弁護士の一人が「こんな素晴らしい絵を描く人がどうして政治犯になるのですか」と質問すると、「こんな絵を描くから政治犯になるのです」との答えが返ってきて、訪中日本人一同が驚いたことがあった。なるほど、問題になった絵はかなり前衛的な作風だった。当時の中国では、絵画といえば中国古典画風の奇麗な山水画や墨絵のような作品しか、絵画として認知されていなかったようだ。

同行した弁護士たちは、中国当局が多様な人間性や思想や人権を認めない文化の在り方を危惧し、中国に正しい法支配が根づくかどうか心配していた。

中国のジャーナリズムに対しても同様な危惧があった。中国共産党中央委員会の機関紙『人民日報』が最も権威のある新聞で、欧米や日本のような言論の多様性や自由を認める社会ではなかった。

新疆ウイグル自治区の裁判を見学

西域の新疆ウイグル自治区のウルムチで見学した刑事裁判で被告は、中国語がうまく話せず、ウイグル語でしきりに自己弁護していたが、裁判長には被告が話すウイグル語が理解できていないようだった。私たちの傍聴席には通訳がいたので被告人のいうことは理解できたが、裁判長と被告人のコミュニケーションはすれ違っていた。言葉が通じないままその裁判が結審すれば、重大な人権侵害が起こるだろうと、日本人弁護士たちは半ば呆れて裁判を傍聴していた。窃盗事件の裁判で証拠品が法廷の一角に山と積まれていた。一定の限度額を超えた窃盗額になると死刑になるので、被告も弁護士も必死だった。

日本でも外国人が裁判の被告当事者になって、適当な通訳がいないなどの問題が起こるが、多民族国家である中国ではこうした言葉や文化、宗教の壁が立ちふさがり、裁判を難しくしていた。

ウルムチ近郊のタクラマカン砂漠入り口にある孫悟空の火焰山を見て、天女の舞の洞窟絵画で知られる古都トルファンのレストランで旅の疲れを癒し、一服しながら、水分が豊富で甘いスイカを食べた。水資源が少ない砂漠で暮らす人々は、果物から水分を採って飲み物代わりにしていた。

漢民族の中国とは違い、日本人によく似たモンゴル系もいれば、イスラム系、青い目のカザフスタン系の女性もいた。イスラム教徒も多い。街中のモスクからイスラム教の祈りが聞こえてくる中国の西域は、無宗教の北京や上海の中国とは全く違う中国の別の文化圏の顔をのぞかせていた。

ウイグル地区に入るときにはパスポートコントロールがあり、新疆ウイグル自治区は北京から同行した中国人の法律家にとっても、言語、文化が違う異国だった。

地図で調べるとシルクロードの砂漠のオアシスといわれた楼蘭や原爆実験場とされたロプノールもそう遠くはない。

当時は外国記者も受け入れたウイグル自治区

中国が経済力をつけ、国際社会に大きな影響力を持つ国に成長するにつれ、新疆ウイグル自治区の住民の不満はくすぶっており、その政治危機と宗教的ジレンマは現代にも受け継がれている。他民族の多様化、言論の自由、信教の自由は共産党一党独裁政治とは相いれない。

当時のウイグル地区は外国人でもパスポートを見せれば入れたし、フランスから来たという観光客にも会った。しかし現代はもっと入区も監視も厳しくなっているはずだ。近年はこの地区でテロ事件が多発しているが、中国政府は実情を隠している。欧米諸国はウイグル民族に対する中国当局の人権抑圧の懸念をたびたび表明している。

現在、日本を抜いて米国に次ぐ世界第二位の経済大国にのし上がった中国は、このような経済以外の人権問題の負の側面をどう克服するのだろうか。中国が経済的先進国として大国になるにつれ、欧米諸国は人権問題にも口を出しにくくなっている。香港の一国二制度問題も含め紛争のもとになっている体制の矛盾をどのようにして解決してゆくのだろうか。見えて来た課題は大きい。

日本と中国経済との貿易、交流はどんどん深まっているが、日本側も言論や宗教の自由にかかわる無用な摩擦は避けてきた。また日本側には戦前、戦中の侵略戦争の後遺症も残っているし、日本もこれらの過去歴史認識の摩擦を清算できていない。

しかし文革と四人組の圧政から抜け出し、中国に曲がりなりにも法治主義が根付き、弁護士制度が確立し始めたのは大きな前進だった。戦争や内戦のような苦難のときを普通の人間が乗り越えるには、敵と味方に分かれて恨みつらみを言い合うのではなく、互いにできることをして助け合う共存の必要があることを実感した旅だった。

5　中国の発展を支えた大学と人材の育成

中国ビジネスを活性化させた知の拠点・大学

敗戦で満州国が解体し、中国大陸を侵略していた在留日本人は命からがらに大陸を脱出して祖国へ帰還した。そのとき、親から引き離された敵の赤ん坊や幼児たちを自分の子供のように育てた中国人がいた。

尖閣諸島での衝突、資源獲得のために南シナ海や太平洋に展開する中国軍事力の脅威になる一方で、侵略者の子供を養育した中国人がいる。

歴史を振りかえり、ことの善悪を判断する能力を磨き、反省すべきは率直に認めて反省し、言うべきことは言う。中国と付き合う姿勢と心の余裕が日本人に生まれたとき、日本は再び中国と対等に付き合える国になるだろう。日本がアジアで中国と共存共栄する力量を備えることは、アジア諸国の安定にとっても最重要の課題だ。

斬新な中国ビジネスのアイディアの展開を支えていたのは、中国の大学の知的生産方法だった。

二〇〇一年末、香港の香港科技大学で開催されたＡＰＥＣ（アジア太平洋経済協力会議）の「ＩＴ専門家会議」に招かれたことがある。私にとって三度目の中国訪問だった。私がハワイのシンクタンクＥＷＣ（東西センター）に在籍した縁で招かれたのだが、ＡＰＥＣの構想の発端はＥＷＣから始まったと、在籍当時のＥＷＣの張年錫・副総裁から聞いていた。しかし日本の大平正芳首相の「環太平洋連帯構想」が元になっているという説もある。

香港科技大学の会議には、中国、アメリカ、インドネシア、カナダ、メキシコ、オーストラリア、台湾、韓国などの太平洋関係諸国の学者、官僚、技術者たちのほか、北欧のスウェーデンからの専門家も参加していた。

外目には目立たないが、ＩＴ化の技術面よりもＩＴ化に伴う社会的、文化的な変化やビジネスやメディアへの応用面などの論議に力点が置かれた、中身のある国際会議だった。

会場になった香港科技大学は、香港の産業界の信頼が篤い実学志向の大学である。この大学は、中国全土の大学の研究成果の情報を収集して、各分野の研究の先端情報をつかみ、ビジネスと結んで商品化できる可能性があると判断したら、香港の資本家、投資家に投資を働きかけてビジネスの糸口を作る、ということだった。

香港は一九九七年にイギリス領から中国に返還されたが、中国の一国二制度の政治的方法に従って、曲折はありながらも欧米並みの自由市場を維持していたが、近年は中国政府の支配力がますます強まっていた。

香港の有力大学は、返還されたばかりの香港の自由マーケットを使って国内外の投資マネーを集め、IT産業に打って出ようとする中国企業と結んで、ビジネス戦略構築の拠点になっていた。

香港科技大学にいれば、中国本土の北京大学や精華大学をはじめとする全国の有力大学の研究成果が、コンピューターによってそっくり入手、共有できるということだった。

中国の大学は国立の一流大学を除けば、政府からの援助資金は限られている。各大学は自立更生を掲げて、研究実績をビジネスに結び付け、大学運営費を捻出する必要に迫られている。豊かな大学にしないと優秀な学生や教授を獲得できないという話だった。その意味で中国の大学は日々安閑、としていられない。たえずイノベーションを起こして前進してゆく必要があるのだ。

こういう中国の大学の財政事情はアメリカの大学に似ている。教授は自力でどこからか研究資金を調達しなければならない。少なくとも、日本のように国公立と私学の差はあるが研究資金は大学や国から支給され、タテマエは一律平等主義というわけではない。能力ある教授の研究室は栄えるし、能力のない教授は大学を去らなければならない。格差は当たり前という世界だ。能力というのは世界の学界で認められる研究能力とともに資金の調達能力を指している。

教授たちは研究競争にしのぎを削っている。教員も学生も個人の能力や創意、努力が生かされる仕組みが中国の大学にはある。しかし中国の大学の学費は年々高騰していて、本人はもちろん、子供を大学へ進学させる父兄の負担は重い。

香港科技大学は、大学の先端研究をビジネスにするノウハウを蓄積し、豊富な資金力を持っており、「わが校では学生の授業料負担は免除に近いほどに軽減されている。だから優秀な学生が集まってくる」と同大学の関係者は誇っていた。優秀な学生を集めたら彼らの学費は大学が負担するのである。優秀な学生を集め、優秀な教授を集め、研究資金を集めるのが中国の大学の役割なのだ。

深圳のＩＴ企業、草創期のファーウェイを見学

大学の先端研究と巨大ビジネスが結合したＩＴ会社のサンプルの会社見学があり、経済特区の深圳の通信機器の開発ソフトウエア会社のファーウェイを訪問した。約二〇年前のことでもあり、当時、私はファーウェイという会社をその時には知らなかった。まだ発展途上の無名の会社だと思っていた。

しかし現在のファーウェイは世界的な一流ＩＴ会社に成長していることを、この会社の創業者の娘の副会長の孟晩舟氏が、カナダ空港で逮捕されたニュースで初めて知った。彼女のカナダでの逮捕容疑はイランに対する制裁をくぐり抜けるため、米金融機関に虚偽の説明をしたという容疑というが、事実関係はまだよくわからない。

しかし通信技術の先端研究分野で最先端を行くアメリカとしのぎを削っていたことに驚いた。それまではファーウェイという名前と、私が当時、見学したのが同じ会社だということに全く気が付かなかったのだ。

この章の冒頭で、北朝鮮と比較しても中国の方が貧しいと感じた今から約四〇年前の文革直後の中国の北京や上海の現実を見てきたので、中国の成長のスピードが、いかに驚異的な速さであるかがわかる。

当時、北京から上海に向かう鉄道の中で会ったアメリカ人ビジネスマンが、「停滞するこの国とのまともなビジネスはまだ不可能だと思う」と語っていたことは前述したが、しかしそれから二〇年後の中国は、米国の先端企業と拮抗する力量をつけるほど急成長していたのだった。

日本が中国に追い抜かれるとは

高度成長を誇った日本経済が中国経済に追い抜かれることなど、つゆほども想像できなかった。

当時のファーウェイの建物の周辺は道路網がよく整備されていたが、会社施設から一キロほども離れると荒れ地や舗装されていないデコボコ道が延々と続いていた。荒野の中にポツンと不釣り合いなほど立派な白亜の建物が建っていたように見えた。

会社入口は武装したガードマンが見張りをしており、無用な外部者は一切近づけない雰囲気があった。

広報担当の社員が会社の業務説明をしてくれたが、通信機器、携帯電話のほか、米国製のウィンドウズを使わないコンピューターのソフトウエア開発を目指しているということだった。

携帯電話やコンピューターソフトの新しい市場は中国国内だけでなく、中東やアフリカ諸国への展開を目指していると、広報担当者は話していた。広報マンの話を聴いていると、大言壮語のように聞こえたが、それが現実になって、今や世界一の通信機器会社に成長していたことになる。この間わずか一〇年。その成長のスピードに驚く。

米国制のウィンドウズやマックの使用をやめて中国式ソフトを作るという考えは、恐らくコンピューターのリスク管理や海外展開の経営方針なのだろう。世界にはアメリカ製の技術を避ける国はたくさんある。中国企業が自前の端末やコンピューターソフトを作ろうとする試みは、斬新だと思った。

自国で開発できず、仕方なく米国製のソフトが入ったコンピューターを使っている国は多い。しかし米国製のソフトを使うと情報の中身が米国に漏れる危険があるという懸念はずっと中国側にはあったようだ。それが現在の一〇〇倍の通信速度を持つという5G技術の開発で、アメリカを凌ぐ先端技術力をつけ、アメリカの携帯電話やIT産業とアメリカの安全保障上のリスクを与えていることは、想像ができなかった。

ファーウェイの会社施設の中へ入ると、工場、研究所、オフィスのほかに、近代建築のしゃれた社員寮や従業員のためのレストラン、カフェ、スーパーマーケット、休憩室、娯楽施設、スポーツ施設が完備していた。

仕事を終えて寮へ戻ってゆく社員たちの顔は晴れやかで、いかにも勝ち組のエリート然としていた。

「我々の会社は優秀な社員で成り立っています。大多数の社員は大学院卒です。わが社は利益を社員に還元することは惜しまない」と広報関係者はいった。

「ちなみに、どこの大学の卒業生が多いのですか」と聞くと、「米国のアイビー・リーグの大学院がトップ、北京大学、精華大学等の中国の一流大学の大学院卒、続いて韓国のソウル大学などの一流大学の大学院卒ですね」といった。「日本の大学は？」と聞くと、「日本の大学卒は学力が落ちるのでウチの会社では採用していません」とそっけない返事が返ってきた。

日本の大学にも大勢の中国の留学生がおり、日本の学生より遥かに優秀と思う中国人学生も知っている。しかしせっかく日本の大学へ留学しても本国での就職の扱いが悪いのでは、日本へ来る海外の留学生はどんどん減ってしまうだろうと思った。

中国に遅れた日本の大学の質の低下ぶり

一九九〇年代の半ば、新聞社を退職してハワイ大学（ハワイ州立）に研究留学で行ったとき、ハワイ大学の学科主任の教授から同様な話を聞いたことがある。ハワイ大学は日本の関西のある私立大学と学生の交換留学をしていたが、日本へ送り出した留学生の学力が、留学前よりも落ちていることがわかって、交換留学を中止したというのである。「科目の成績が落ちているだけでなく、英語力もなくして戻ってくる学生が多い」と嘆いていたのだ。

そういう若者を育てたのは日本の教育制度の責任だ。戦後の日本はコストをかけない教育の平等化と大衆化路線を突っ走り、大学は受験産業の偏差値で入学が決まり、高等教育の質をキープする教育政策を持たなかった。これは戦後の教育行政の大失敗といえるが、この責任とツケは国民に跳ね返ってきている。

「失われた一〇年」とか「失われた二〇年」というのは、こういう若者を育てた教育政策の貧困にも一因があるだろう。二〇一九年、「失われた二〇年」は「失われた三〇年」へと延長されそうな懸念が高まっている。

中国の先端産業だけでなく、アメリカのハワイ大学でも日本の大学生の学力評価はとても低かったことを付記しておく。日本は世界と競争し闘える知的能力を身に着けた若者を生み出すことができないでいる。「日本の失われた二〇年」とは、高等教育の質を確保できなかったこととも関連していると思われる。

6　天津と北京で実感した中国の躍進

大気汚染か——視界不良で着陸に戸惑った天津空港

北京オリンピックの前年の二〇〇七年に天津や北京を訪ねた。私の人生で四回目の訪中であるこのとき初めて万里の長城にも行った。世界各地からやってくる大勢の観光客と入り口付近に待機していたラクダの一群が目についた。

天津は北京の外港として栄え、かつて英米仏独露伊などの欧米列強や日本の租界があったところで、欧風の建築物や瀟洒な洋風の庭園が、高級住宅街に並んでいる。町行く人々の表情は穏やかで、歴史の町として外国人慣れしているのか、通りすがりの日本人にはあまり関心を示すことなく、淡々とわが道を行く、という感じだった。

天津の中央部では翌年の北京オリンピック会場になるサッカー競技場の建設工事が急ピッチで進められており、サッカー場の周辺も高速道路やホテルやマンション建設のラッシュで、五輪に向けた活力とエネルギーが満ち溢れていた。

三月、まだ肌寒さが残る天津だったが、芽吹いてきた草花や木々の色が淡く霞んでみえたのは、深い霧のせいだった。

天津空港に降りるときも濃霧のためになかなか着陸ができない騒ぎがあった。ようやく着陸した天津空港から、都心の宿舎に向かう道路も霧で視界が悪かった。

それにしても中国側は霧のせいにしているが、こんなに毎日視界が悪いのは、町中がオリンピックの建設ラッシュのために出てくる砂塵とゴミが大気中に舞っているせいではないかと思ったが、PM2・5とか大気汚染はオリンピック以前から問題になっていた。日本に降ってくる黄砂の量も大変なもので、黄砂が多いときは日本の空が霞んで見えることがある。駐車した車のボンネットや窓枠に黄砂がうっすらと積もっていることもあった。

天津を出て北京に出かけたときも同じような視界の悪さと空気の埃っぽさを感じたが、高層ビルと道路の建設ラッシュは予想を超えたすさまじさだった。かつての土塀に囲まれた北京の古民家のイメージは一掃されていた。

超高層ビルが立ち並んだ北京中心部の王府井（ワンフーチン）には、欧米の豪華なブランドショップが軒を連ね、パリやニューヨークやロンドンをも凌駕するのではないかと思ったくらいだ。

天津の宿は、日本商社の中国ブランチＣＥＯのＮ氏の居住するマンションの一室にお世話になった。日本のマンションに比べ広く堅牢な作りで、別室の生活音は全く聞こえてこない。その高層マンションの一室から天津の町を見下ろすと、日本はもう負けている、と思った。何よりも人々の熱気と躍動感があふれ、スケールが大きい。ここの大地には一一億の民のエネルギーが沸騰しているのだと感じた。中国全土の圧倒的なビジネスの熱気を想像するとめまいがした。

三〇年前に初訪問した中国からは想像できない変貌

一九八一年に北朝鮮へ行く前に立ち寄った三〇年前の中国との違いを見せつけられた。歴史としてみて三〇年というわずかな時間の中で、これほどまでに国が変わるものだろうか、と思った。

北京の車のラッシュは日本かそれ以上で、渋滞をくぐり抜けて目的地へ行くのに一苦労する。車の排気ガスもすごい。

おしゃれな北京ダックのレストランで食事をしたが、なかなか美味だった。三〇年前に北京のレストランで味わった甘い料理とは比べ物にならない。これが本当の北京ダックの味で、文化大革命で政治が激動した季節に失われた中華料理は伝統の味を取り戻していた。

食事のあと、王府井にあるスターバックスでコーヒーを飲んだ。当時のコーヒーは中国では日本円で六〇〇円ほどの高価な飲み物なので、中国人はほとんどスタバには入らないということだった。

アメリカのスターバックスも進出

米国のスタバまで北京に進出していることに驚いたが、日本の「吉野家」などの外食チェーン店も続々と進出している。「吉野屋」と紛らわしい名前やロゴのついた地元の牛丼店があった。売れる商品と見たら、外国のものを貪欲に取り込み、取り込まれた側が油断をすると商標を真似して自分たちの商品に変えてゆく。その貪欲な市場へのアンテナの張り方には、かつての七〇年代の高度成長期に汗まみれで働く日本人の姿が重なった。

北京の故宮博物館を見ていたとき、「日本の方ですか」と博物館でアルバイトをしているという若者が近づいてきた。精華大学の学生で日本語や日本文化を学んでいるという。日本のことなら何でも知りたいと話しながら、無料で故宮博物館のガイドをしてくれた。

これは日本語で何と言いますか、と展示物を指さしながら、日本の歴史や文化について貪欲な知識欲に満ちた若者だった。こういう知識吸収にハングリーな若者に日本の大学ではほとんど出会わなくなった。

天津港を拠点とする物流ビジネスを手掛けるN氏は、約一〇〇〇人の従業員がいる日本商社の中国ブランチの総責任者で、ときどき中国人幹部社員を招いてパーティをやっていた。そのパーティに一度参加したが、中国人のサラリーマンたちは、自分の意見を臆することなく主張していた。しかし決まったことは積極的、効率的にこなすようだった。食事をしながらも、新しいビジネスのアイディアをどんどん出して、話題を盛り上げていくのがわかった。

有能な中国人の秘書がいて、仕事の分刻みのスケジュールはもちろん、日本の本社との連絡や中国の役所との折衝、社内の調整、パーティの企画などを仕切っていた。ついでに私の旅のスケジュールの時間管理から行く先のホテルの予約、車の手配までやってくれた。

気配りが行き届いていて、先回りして手を打ってくれる。こんな有能な秘書がいたらビジネスは随分はかどるだろう。「そうですね。日本ではなかなか見つからない人材です」とN氏は話していた。

中国のビジネスの前線の一端に触れてみて、若い知的意欲の旺盛なマンパワーの違い、これこそ今の日本が中国に抜かれた真の理由ではないかと思った。

驚異的な経済成長を遂げた中国に対する警戒感は、アジア諸国や欧米諸国の間で高まりこそすれ、鎮まることはない。近年の中国の太平洋海域進出や東アジアでの軍事力強化に対して、ＡＳＥＡＮ諸国が感じている不安感は増大している。

日本も同様だ。尖閣諸島沖で、中国漁船が日本の海上保安庁の監視船に衝突した事件は、日本のナショナリズムと反中国ムードを高めた。

五輪工事で消えるラストエンペラーの足跡

天津滞在中、私は余暇を見つけて史跡を訪ねて歩いたが、最も関心を持ったのは、満州国皇帝になった清朝のラストエンペラー、愛新覚羅溥儀の足跡だった。

幼少だった皇帝・溥儀は辛亥革命で紫禁城の皇帝の座を追われたあと、天津に移り住んだ。その後、溥儀は日本の関東軍によって、満州国皇帝にかつぎだされ、日本の敗戦で満州国が解体したあと、ソ連軍に捕らわれた。

天津の中心部からはずれた古い町並みの一角に溥儀が住んだといわれる「張園」「静園」の跡が残っていた。しかし天津の観光ガイドには屋敷の名前は出ているものの、溥儀の居留地跡という説明はない。

張園は、赤レンガの高い塔がそびえる立派な洋風建築で、当時、欧米諸国の租界、居留地があった天津の面影をしのぶことができるが、かなり荒廃していた。かつて清朝を倒した中国革命の父・孫文もここを尋ねたことがあったという。

静園は、満州国の傀儡皇帝になった溥儀が日本の関東軍に護衛されて満州へと旅立ったとされる屋敷だった。一九三〇年一一月一〇日夜半、清朝のラストエンペラーは密かに静園を抜け出し、満州国皇帝に即位するために天津を旅立った。溥儀の天津脱出の手引をしたのが、関東軍の特務工作に関わり満州国建設に尽力した甘粕正彦大尉だったといわれる。

屋敷周囲にめぐらされた土塀は、当時の面影をとどめているが、建物は一般の中国人居住用に開放され、アパートとして使われていた。

私が尋ねたとき、静園の建物はすべて解体工事中だった。翌年のオリンピック開催を機に、溥儀の足跡は完全に消滅し、あたりの古い歴史のたたずまいは一変することになるだろう。私は夢中で写真を撮った。これらの建物は現在はもうなくなっているだろう。

張園と静園は通りを隔てて隣接していたが、この地区は天津の下町にあたるところで、近代化から取り残されたような古く小さな商店や住居が密集していた。

日本の手先として満州国皇帝になった溥儀は、中国人から見れば、裏切り者ということになる。建物周辺やガイドブック、博物館などの展示から溥儀の名前はどこにも発見することはできなかった。

唯一、アメリカ資本のアストリア・ホテルのロビーのパネルに、ラストエンペラー・溥儀が宿泊したことがある、という記録を見つけただけである。

中国が溥儀の足跡を消そうとする背景にどんな事情があるのかわからなかった。植民地時代の屈辱の記憶をぬぐい去りたいのかもしれない。あるいは祖国を売った売国奴への憎しみは未だに強いのかもしれない。

南海大学にある周恩来記念館

静園の反対方向に位置し、天津市内の近代化した高層ビルが立ち並ぶ広大な場所に、周恩来が卒業した南開大学（当時は南開中学）がある。

新しい立派な校舎が並んだ大学構内の一角に、周恩来記念館があった。毛沢東の側近でもあった周恩来元首相は日中国交回復の立役者であり、戦前には京大などに留学していた親日家でもある。

日中国交回復時、田中角栄首相（当時）に対して、戦争賠償金を払わせると日本が困るだろうといって賠償金を免責したことでも知られる。国交回復にあたり、領土紛争の火種になる尖閣諸島の棚上げ提案したのも周恩来だった。

しかし周恩来記念館の展示の一部を見てびっくりした。亡き周恩来の指示で展示したのではないと思われるが、「日本帝国主義下の中国」というコーナーがあり、日本軍が行った残虐行為の数々が、モノクロ写真で展示されていた。私も知らない光景が写っていた。

周恩来は毛沢東の信任が篤かった革命中国建国の偉人だから、全土からバスを連ねて小中高の子供たちが見学の遠足でここへやってくる。

記念館ではしゃぎ、大声で話していた子供たちの声がこれらの写真の前でピタリと止まった。固唾を呑んで写真に見いっている。

日本人として恥ずかしく、いたたまれなくなったが、これが歴史の事実であったとしても、日本を知らない子供たちにいきなり見せれば、いたずらに反日感情を植え付けることになるのではないか。それは周恩来の意図とは違うのではないか。日本側の歴史修正主義の高まりと文化外交の怠慢にも思いが及んだ。

その展示のすぐそばには周恩来と親しく日中友好に貢献したという池田大作創価学会会長を南開大学が顕彰した記録が、日本軍の残虐行為のすぐ近くに展示されていた。

日本のマスコミは中国の反日運動やデモの盛り上がりを興味本位に伝えるが、反中国ムードを煽るような真似は慎むべきだと思った。柳条湖事件のような衝突がいつか起こっても不思議ではない火種はいたるところにある。外交をおろそかにして民衆の生の感情を刺激し合うのは国として愚かで危険な行為である。

近寄れなかった天安門広場

北京オリンピックの前、五輪開催を危ぶむ黄色信号が何回か灯ったことがある。チベット自治区住民に対する中国政府の人権抑圧問題で、聖火リレーが世界のあちこちで妨害される事件が多発したこともあった。

北京では、かつて学生たちの民主化闘争の拠点になった天安門広場周辺の警戒は厳しかった。毛沢東の肖像画が見える天安門広場に車がさしかかったとき、車を止めて広場に立ち寄りたいと思い、運転手に停車を求めたが、断られた。

「広場への立ち入りは禁止されており、車をゆっくり走らせるから、窓から広場を見てください」といわれた。大勢の警官が広場を囲むように立っていて、ピリピリして近寄りがたい雰囲気だった。三〇年前に訪中したときは気軽に天安門広場を歩くことができたが、この点では驚異的な経済発展とは真逆な後退である。自由度がなくなっているのだ。

中国の社会主義市場経済は、自由主義経済の資本主義国と変わらない発展を遂げているのに、天安門広場に入ることができないのは、中国政府が思想の自由を嫌い、天安門事件を国民が思い出すことを警戒しているからだろう。

改革開放の市場経済優先と民主主義の抑圧、思想や信教の自由の抑圧との間のアンバランスは、中国の発展にとって、将来、大きな阻害要因になるのではないか。

仏教圏のチベットやイスラム圏の新疆ウイグル自治区などの周辺地域では、宗教の自由が認められていない不満が鬱積している。

社会主義国家の中国では「宗教はアヘンである」として宗教を否定してきた。改革開放政策によって信仰の自由の一部は認められるようにはなったが、宗教の勢力が社会的な影響力を持つことを警戒している。気功の団体である法輪功への弾圧事件も、当局が気功の影響力拡大を恐れたものだろう。

『ジャパン・アズ・ナンバーワン』のボーゲル氏の名刺

「日本の失われた一〇年」が話題になり始めた一九九〇年代の半ば、米国のシカゴで開かれたＡＡＳ

（「国際アジア研究学会」に出席したことがある。

セミナーの終了後、会場のロビーで休憩していると、「やあシバヤマさん」という日本語の声が聞こえた。

知り合いの日本人かと思って振り向くと、顔見知りのエズラ・ボーゲル教授だった。

ボーゲル教授は、戦後の日本の復興を称賛し励ました著書『ジャパン・アズ・ナンバーワン』の著者で、ハーバード大学教授である。日本研究の専門家なので、流暢な日本語で話す人だ。

ボーゲル教授とは日本でインタビューしたことがあり、数年前にもボストンの国際会議で会ったことがあった。彼は新しい名刺をくれた。表には英語、裏には中国語で名前が書いてあった。

かつてのボーゲル氏の名刺の裏には、日本語で名前が書いてあったので、「あれ、中国語に変わりましたね」というと、笑いながら「そうですよ。これからは中国の時代ですからね」といった。

中国の経済発展の勢いは日本でも注目はされていたが、「中国の時代になる」という認識は一九九〇年代の半ばの日本にはまだなかった。

文化大革命や天安門事件の後遺症や余韻はまだ冷めてはおらず、「政治闘争は続く、中国政治は九〇年代も停滞と混乱を繰り返し、経済発展どころではない」という分析が主流だった。「中国は経済大国日本のライバルであってほしくない、いつまでも停滞する中国でいてほしい」、という日本人の身勝手な願望が心の奥底にあったのかもしれない。

しかしボーゲル教授は冷めた目で、やがて日本を抜き、アメリカに迫ってくるであろう中国発展の現実を直視していたのだった。

日本とともに中国研究の専門家でもあったボーゲル教授が、すでに中国経済の現状分析を始めていることに、米国知識人の行動力と先見の明を感じたものだ。あのときいただいたボーゲル氏の名刺は今でも大切に保存している。

当時、私はハワイのシンクタンク・EWC（東西センター）に客員研究員として在籍していた。日本が高度成長で躍進していた一〇年以上前には、日本のビジネスマンや学者、官僚が、東西センターにはたくさん留学していたというが、九〇年代に入ると日本人の数はめっきり少なくなっていた。代わって中国、韓国などアジア諸国からの留学生や研究員が飛躍的に増加していた。

当時の日本は、冷戦終結後のグローバリゼーションとIT化の波に乗り遅れ、「失われた一〇年」といわれた九〇年代不況の真っ只中にあったが、まだ米国に続く世界第二位の経済大国であるという自負心で一杯だったのである。

米ソ冷戦構造が終わり、中国が勃興し、世界史が大きく躍動していることに鈍感だった日本は内部の統治構造改革を怠った。日本の九〇年代の「失われた一〇年」は、二一世紀に入ると「失われた二〇年」へと延長され、二〇一〇年代になると「失われた三〇年問題」が取りざたされるようになった。

海外諸国が日本を見る目に鈍感で内向きになり、ニッポン凄い！の自画自賛をくり返し、夜郎自大になった日本が、近隣の大国、中国に追い抜かれたことは必然の結果だった。

第5章　ベトナム戦争がメディアを変えた

1　新聞の金字塔、第四権力論の誕生

果たしてアメリカの聖戦だったか

一九六〇年代から七〇年代にかけて一〇数年間続いたベトナム戦争は、アメリカの壮大な悪夢の物語であった。米ソ冷戦のさなかにアジアで噴出した熱戦は、アメリカだけではなく世界の悪夢でもあった。戦争の狂気がアメリカ社会に与えた後遺症は、ベトナム戦争の傷跡を描いた多くのアメリカ映画が物語っている。マーティン・スコセッシ監督『タクシードライバー』やフランシス・コッポラ監督『地獄の黙示録』マイケル・チシノ監督『ディア・ハンター』などはベトナム戦争の暗部を描いた代表的な映画だ。ワーグナーを大音響でうち鳴らしながら、メコンデルタの南ベトナム解放民族戦線（ベトコン）兵士や農民に空から機銃掃射を浴びせる兵士の姿は、まさに狂気のすさまじい映像であった。

ベトナム戦争は共産主義から世界を守るというアメリカの正義を訴えた「聖戦」として開始された。

キューバ危機であわや核戦争という危機を乗り切ったケネディ大統領が暗殺された直後の一九六四年、アメリカがベトナムへの武力介入を本格化させた「トンキン湾事件」(一九六四年八月、北ベトナム沖のトンキン湾で北ベトナム軍の哨戒艇がアメリカ海軍の駆逐艦に二発の魚雷を発射したとされる事件。これを口実にアメリカは本格的にベトナム戦争に介入して北爆を開始。アメリカ議会は圧倒的多数で大統領を支持。しかし一九七一年六月『ニューヨーク・タイムズ』が「ペンタゴン・ペーパーズ」をスクープして、トンキン湾事件はアメリカが仕組んだことを暴露した)が起こった。これは米駆逐艦と北ベトナム哨戒艇が交戦した事件だが、この直後、ケネディ暗殺後を担った大統領ジョンソンは北ベトナムへの報復爆撃を命令した。これがベトナム戦争の本格的な始まりである。

このときアメリカ国民の八五%が北爆を支持し、暗殺されたケネディの後任として就任したジョンソン大統領はケネディの影を離れて独自の道を歩み始めていた。彼は北爆によってケネディ以上の人気を獲得するようになり、デトロイトの支持者集会には黒人指導者のマーティン・ルーサー・キング師からフォード社社長にいたる幅広い支持者が結集するようになった。

ジョンソンへの国民的支持によってベトナム戦争はアメリカの「聖戦」として始まった。いつの時代にも、アメリカの戦争には必ず「自由と民主主義のための戦い」というアメリカの大義が寄り添う。国民大衆はその大義を熱狂的に支持する。日本の真珠湾奇襲で始まった太平洋戦争からイラク戦争、シリアの戦争にいたるまで、アメリカが大きな対外戦争を始めるときはいつも似たような大統領を支持する愛国パターンの世論があらわれるのである。

アメリカの自由と正義と安全が脅かされたと感じたとき、アメリカ人は一つになる。リベラルでときとして反米的と見られる『ニューヨーク・タイムズ』ですら、「(トンキン湾事件は)不吉な前途……北ベトナムの共産主義者による暴挙のはじまり」と書いた（ソールズベリー、一九九二）。しかし後にトンキン湾事件は、トニー・オースティンによって、でっちあげられた事件であることが暴露されてしまう。

ハルバースタム記者の活躍

ケネディ政権時代の一九六二年に「南ベトナム援助軍司令部」が設置されたとき、南ベトナムのサイゴンに特派されたニューヨーク・タイムズ記者ディビッド・ハルバースタムはこう書いている。「私は南ベトナムと呼ばれるこの国の実体に疑問を抱かず、アメリカの努力の妥当性を信じていた。……われわれの体制はより優れており、われわれの価値観は輸出可能であり、幸運に恵まれてうまく戦えば、われわれは勝てるのだ」（ハルバースタム、一九九九）。二歳の娘に宛てた手紙にも、「この戦争の目的、そしてそのために戦っている人びとを私は信じていた」（同上書）と書いた。

しかし戦場にいたハルバースタムは間もなく、ベトナムへの介入戦争は失敗すると考えるようになる。一九六四年に出版された『泥沼の生成』（*The Making of a Quagmire*）の中で、戦争のエスカレーションへの悲観的かつ重大な疑念を表明した（同上書）。なぜなら敵方のベトコンは南の親米サイゴン政権よりはるかに強く、大人であり、ベトナム国民の心を捉えていた。さらに北ベトナムは空からの爆撃に脆弱ではなく、もしも戦闘継続が難しいと判断されるような時期にはアメリカは手を引くべきだと考えるようになった。

アメリカは戦争に勝てる、という楽観論は根拠が薄い上に常軌を逸している。やがてハルバースタムは「この介入は失敗する運命にある。われわれは歴史の流れに逆らっている」と書いた（同上書）。「ベトナムでアメリカが直面しているジレンマの根はフランスが植民地を守ろうとして始めたインドシナ戦争時代に発生しており、その当時から成長してきたベトコンはベトナム国民の民族主義を掌握し革命的な勢力として育ってきた」(同上書)。

しかしこの歴史に関する知識に関してアメリカ人は驚くほど無知であり、戦争の帰趨に対して楽観的だと、ハルバースタムは考えた。彼が反戦への傾斜を決定的にしたのは、メコンデルタのヘリの上空から兵士が錯乱して水田で稲を植える農民を射殺した現場を目撃したことだった。それ以来、ハルバースタムは著作『泥沼の生成』というタイトルにあるように、この戦争を「泥沼」に例えて、アメリカとベトナム両者の悲惨を描いたルポをせっせと新聞に書き続けた。この時期のサイゴンには、ハルバースタムのほかに、UPI記者ニール・シーハン(のちにニューヨーク・タイムズ記者)、ベルナール・フォーレ、ピーター・アーネット(のちにイラク戦争開戦を伝えたCNN記者)、ハリソン・ソールズベリーらがいた。

誹謗中傷や赤攻撃を受けながら、『ニューヨーク・タイムズ』はハルバースタムらの悲観的な記事を掲載し続け、やがてそれらの報道の事実がアメリカのニュースメディアに大きな影響を与えるようになる。それまでベトナム戦争はアメリカの正義だと伝えていた新聞やテレビが、徐々にベトナム戦争の不正義を伝えるようになり、テレビ映像は戦争で殺されてゆくベトナム農民や女性や子供たちの生々しい姿を全米の茶の間に届けるようになった。

新聞報道でアメリカ世論は反戦へと傾斜

やがてアメリカのメディアと世論の軸はゆっくりと反戦の側へと回転してゆく。こうしてベトナム反戦運動は東部の名門大学のスチューデントパワーやニューヨークのハーレムの黒人解放運動につながり、ビートルズやジョン・バエズの音楽やフォークソングや映画、デモなどを通じて世界中の若者たちの反戦、反体制文化を作っていった。

しかし戦争遂行に懐疑的だったのは、必ずしも戦場の現場を見たジャーナリストだけではなかった。ハルバースタムらが書き送った戦場レポートの正確さは、現場を知らないアメリカ政府や軍の幹部らにも影響を与えていた。

すでに国務省やＣＩＡの情報担当官たちはアメリカの介入に対して極めて悲観的な見方をするようになっていた。「もし上院外交委員会や報道機関、それに国民一般が、情報当局の当時抱いていた懸念の深さを知りえたとすれば、ベトナム介入に反対する声は圧倒的なものになっていたであろう」とハルバースタムは書いている（同上書）。

そのころ、アメリカの北爆が恒常的になり、「泥沼の戦争」へと巻き込まれてゆく過程で、政権中枢にあって戦争を遂行していたはずの国防長官ロバート・マクナマラは、膨大なベトナム戦争報告書の作成を命じていた。

一九六七年六月、「わが国はベトナム戦争にどのようにして巻き込まれ、どこで誤りを犯したのか、自分の後継者やアメリカ国民に対してその記録を残そう」とマクナマラは考えたのである。マクナマラは同じ過ちを繰り返さないために、過去の失敗に学ぶために、アメリカ国民のための文書記録を残そうとしたのである。

ペンタゴン・ペーパーズのスクープ

これが「ペンタゴン・ペーパーズ」と呼ばれる一連の報告書だった。一年半後の一九六八年一二月に完成した膨大なドキュメントは四七巻、約三〇〇〇ページの記述に約四〇〇〇ページの資料が付され、各ページに「極秘、取り扱い注意」のスタンプが捺してあった。

この秘密報告書のコピーを入手してスクープしたのが、『ニューヨーク・タイムズ』のニール・シーハン記者だった。サイゴンではUPIに所属していたが、ベトナムではハルバースタムと行動を共にしていた。この「ペンタゴン・ペーパーズ」のスクープ第一報は、一九七一年六月一三日付の『ニューヨーク・タイムズ』に掲載された。開戦理由だったトンキン湾事件がでっち上げだったことが暴露され、ベトナム戦争の間違いを認めたこの国防総省の秘密報告書は、全米にセンセーションを巻き起こした。「聖戦」といって国民に嘘をついていたことが暴露されたのであった。この国防総省機密報告書のスクープは様々な経緯曲折をたどってシーハン記者のもとにもたらされたものだが、政権の中枢にあって政策を立案しながら疎外感と良心の呵責に苛まれ、ベトナム戦争の嘘と失敗を実感していたある大物の人物のリークによるものだった。

ニューヨーク・タイムズに最初の記事が掲載された後、司法長官から次回以降の掲載中止命令が出されたため、二回目以降の掲載は差し止めになったが、やがて連邦最高裁判所が継続掲載を認めたことで、文書の全貌が日の目をみたわけである。

当初、国防総省の提訴を受けた司法長官は、「アメリカの防衛利益が損なわれ、国防上とりかえしのつかない損害がもたらされる」という理由から、「ペンタゴン・ペーパーズ」の掲載差し止め命令を出した。しかし連邦最高裁は、「修正憲法第一条の言論の自由」を司法省命令よりも優先し、「ペンタゴン・ペーパーズ」掲載はアメリカ国民の利益になる、すなわち米国の国益に反してはいない、という判決を下したのであった(この裁判の過程で司法省は日本の毎日新聞の西山記者事件に類似するような機密漏洩に関する細部の犯罪容疑を持ち出したが、最高裁はこれらを認めなかった)。三権分立の民主主義システムの中で、アメリカ司法の独立と監視が機能した結果だった。

『ニューヨーク・タイムズ』にとってはすべてがうまくいったスクープだった。権威のある大新聞が政府や軍の権力の嘘を暴露することによって、アメリカの世論に重大な変化が起こったのである。政権の内部からの告発や協力、連邦最高裁の判断の根拠は、創刊以来一五〇数年の長きにわたって『ニューヨーク・タイムズ』が営々と築き上げてきた新聞の自由と信頼性の蓄積に負うところが大きかった。

「プレスの自由」か「国家機密優先」かの判断を迫られた連邦最高裁は、六対三の評決で「修正憲法第一条のプレスの自由」を支持した。「いかなる表現に関してもそれを事前に制限することは、その憲法上の正統性に反するものと確信する」との判決理由が示されたのである。このとき『ニューヨーク・タイムズ』を支持したスチュワート判事は、「自由に取材し報道できるメディアなしには、啓発された国民など存在しえない」と報道の自由を最大限に認める意見を述べている（同上書）。修正憲法第一条「言論の自由」を書いた第三代大統領トーマス・ジェファーソンは「新聞の前に立てない政府は崩壊しても仕方がない」といったが、その憲法理念はアメリカ司法の中に脈々と生き続けてきたのだ。

記者たちは反戦思想の持ち主ではなかった

同じハーバード大学出身の記者ハルバースタムもシーハンも、もともと反戦思想の持ち主ではなかった。むしろベトナムに対するアメリカの正義を支持し限定的な武力介入は必要と考えていた。しかしメコンデルタの戦場の取材を実際に重ねるうちに、戦争が米国の正義から離れている、不正な戦争に堕している、という「悲観論」に傾斜していったのだった。

戦争の現実の姿を見て考えが変わったのだ。「ベトナムではハトもタカもなかった」とハルバースタムはいった。「まず戦争がそこにあった。ぼくらはその取材であそこにいた。論争になったとしても、それは勝ち負けに関することじゃない。嘘についてだ。嘘についてばかり議論していたよ」（同上書）。

ハルバースタムもシーハンも祖国アメリカ政府が国民についた嘘を問題視した。「嘘」はアメリカの正義に反するというただそれだけの理由で、ベトナム戦争への懐疑を強めたのだ。新聞の役割は、政権や政府が国民に対してついていた「嘘」の事実を暴くことだ。戦場を取材し続けたアメリカのジャーナリストたちの思いは、反戦のイデオロギーではなく、この一点につきたようだ。権力がついた「嘘」こそが、アメリカの栄光と国益を損ねる。

2 「第四の権力」の形成とウォーターゲート事件

「大統領が倒れるかもわからない」

ペンタゴン・ペーパーのスクープが『ニューヨーク・タイムズ』紙面に掲載されたとき、ハリソン・ソールズベリー記者は著書『メディアの戦場』でこう書いている。「アメリカの権力構造が変わってしまうかもしれない……まさに機構そのものが揺さぶられているのだ。大統領が倒れるかもわからない。アメリカの憲法政治のバランスに変化が起きるかもしれない。そして、ニューヨーク・タイムズひいてはアメリカの報道機関の役割、さらには世界のほかの大国の報道機関の機能さえ変えてしまうかもしれないのだ」（ソールズベリー、一九九二）。

ソールズベリーのこの格調高い文章には、同僚たちが成し遂げたプロとしての輝かしい仕事を賞賛するジャーナリストの気持ちの高ぶりが表れている。

さらにまたこの文章には、「第四の権力」として、立法、行政、司法に次ぐ新しい民主主義の監視とチェック機構が生まれてきたことへのジャーナリストの自覚が表れている。そこには、第四権力としてのジャーナリズムの出現によって、米国の民主主義の成熟への希望が込められていた。

「大統領が倒れるかもわからない」と書いたソールズベリーの予感は的中した。

ジョンソン大統領からベトナム戦争を引き継いだ共和党のニクソン大統領は、再選されて間もない一九七二年、「ウォーターゲート事件」を引き起こした。ペンタゴン・ペーパーが暴露された翌年のことである。ニクソンは、ニューヨーク・タイムズへの敵意を剥き出しにしてペンタゴンペーパーズの漏洩に怒り、「鉛管工」と称する秘密工作グループを組織した。鉛管工の意味は、〝配管工作〟からきた情報機関の用語で「情報漏れ」を防ぐ秘密工作チームということである。

「鉛管工」秘密工作グループの仕業をスクープ

ワシントンＤＣのウォーターゲート総合ビルの民主党全国委員会本部で押し込み強盗容疑の男五人が逮捕された。三五ミリカメラ、電子装置、小型盗聴器を持っていたが、警察は強盗侵入容疑で片付けようとした。ワシントンポストの警察担当記者アルフレッド・ルイスは、犯人がたくさんの所持金を持ち、身なりも立派であることから、これは単なる押し込み強盗ではないと判断して、本社社会部の応援を求めた。『ワシントンポスト』の若手記者だったカール・バーンスタインとボブ・ウッドワードの二人が事件を担当することになった。なぜ犯人は盗聴器を持っていたのか。ウッドワードは、ホワイトハウス顧問と容疑者たちを結び付ける人脈を発掘して、それを記事にした。

こうして始まったウォーターゲート事件の息の長い追及が、ニクソン大統領が事件の仕掛け人だということが暴露されるまで、全米メディアはワシントンポストを支援する報道を続け、議会による弾劾前のニクソンを辞任に追い込んだ。ニクソンは政敵である民主党本部に盗聴器を仕掛けて相手の情報を探ろうとしていたのだった。

ウォーターゲート事件の取材が核心に近づくにつれ、ニクソン政権はワシントンポストに対して様々な報道妨害工作をし女性社主に圧力をかけた。しかし結局、妨害工作は悉く失敗に終わった。一九七四年、ニクソンは大統領を辞任した。

ニクソン辞任後の一九七五年、南ベトナムの米国傀儡政権は無条件降伏し、北ベトナム軍はサイゴンへ無血入城して一〇数年にわたったベトナム戦争に終止符を打った。

ベトナム戦争時代のアメリカの大新聞は、「ペンタゴンペーパーズの暴露」「ウォーターゲート事件によるニクソン辞任」への調査報道を地道に積み上げるなかで、政府と大統領の「嘘」を暴露するスクープを重ね、第四の権力としての「新聞の金字塔」を樹立していった。

新聞がアメリカ国民をベトナム戦争の悪夢から覚まさせ、アメリカの民主主義を健全なものによみがえらせた。ベトナム戦争は悪夢だったが、新聞にとってはまさに金字塔の時代だったのである。

新聞は新しい権力監視装置となるか

「アメリカ民主主義の三権のバランスに変化が起きる」と書いたソールズベリーの考えは時宜を得たものであった。ベトナム戦争をストップさせたメディアの権力は「第四の権力」として認知されるようになった。「立法」「行政」「司法」にならぶ「第四の権力」という意味である。メディアは民主主義社会の基礎をなす三つの権力を監視するウォッチドッグ（番犬）として、新しい役割と政治、社会的な影響力を持つようになった。民主主義社会のメディアの世論形成能力が、制度的なファクターとして公認された。

六〇年代初頭に誕生したケネディ政権のときからアメリカのベトナム戦争への関与は始まっていた。キューバ危機が起こったとき、『ニューヨーク・タイムズ』は「キューバにソ連が核ミサイル基地を建設しようとしている」というニュースをスクープしたことがあった。ケネディは様々な手を使って「キューバにソ連がミサイル基地を作った」というスクープ記事の差し止めを編集幹部に迫ったが、ニューヨーク・タイムズは「記事掲載の是非、国益については新聞社が判断する」として、結局、大統領の求めには応じることはなかった。のちにケネディは自分が圧力をかけて言論をゆがめようとしたことは間違いだったと、ニューヨーク・タイムズ社に対して謝罪したのである（同上書）。

3　日本人ジャーナリストのベトナム戦争報道とその遺産

西側記者で初めて北ベトナムに入った日本人記者たち

戦争当事国ではなかった日本ではあるが、実は当時の日本の第一線のジャーナリストたちはアメリカ人のジャーナリストに負けないほどの活躍をしていた。敗戦による米軍の占領体制解除からまだ間もない時代だったが、ベトナム戦争の取材は基本的には自由だった。

米軍の三沢基地で働いていた澤田教一は英語が堪能だった。写真のスキルがあった澤田はカメラマンとしてＵＰＩ記者になりベトナムの戦場に赴いた。乳飲み子を抱いて、戦場の川を泳いで渡る二組の母と子の写真が世界に発信され、ベトナム戦争のリアルな本質を伝えた。澤田が撮影したこの写真は日本人初のピューリッツァー賞を取った。しかし澤田はその後、カンボジア戦線取材中に消息を絶った。

澤田の所属は米国の通信社だったが、日本の新聞社に所属するジャーナリストたちも自己責任で戦場取材に入り、比較的自由な報道をすることができた。

現代に比べれば取材規制が少なく、個人のジャーナリストが自分で判断する裁量幅は大きかったといえる。「記者クラブ」はあったが規制機関というよりは親睦団体の要素が強く、今ほど官庁や政府のブリーフィングや発表ものに取り込まれていたわけでもない。

朝日新聞の本多勝一記者や石川文洋記者のように、南ベトナム解放民族戦線（ベトコン）側へと入り、戦場の生活をともにしながら、アメリカに爆撃される側からの戦場取材をする記者がいた。また北ベトナムのハノイに西側記者として初めて入った毎日新聞の大森実、朝日新聞の秦正流記者の二人は、アメリカの北爆が北ベトナム民衆にどのような災禍をもたらしているかをレポートするなどしてアメリカ政府を刺激し、駐日ライシャワー大使の激しい非難を浴びたこともあった。大森はこれがもとで毎日新聞社を退社して、同志たちと『東京オブザーバー』という新しい新聞社を立ち上げたことがあった。私も大学院生の若輩のころ、この新聞に寄稿したことがあった。

新聞だけではなく、テレビのベトナム報道も活躍したが、やがてライシャワー米国大使やアメリカに気を使う政府や自民党によるクレームの嵐が勃発してくるのである。ＴＢＳのキャスターだった田英夫記者は日本のテレビチームとして初めてハノイに入り、「北ベトナム報告」や「ハノイ――田英夫の証言」という番組で戦場レポートを送った。

田記者のハノイ・レポートが共産主義陣営に偏向しているという理由でＴＢＳは自民党からクレームをつけられ、キャスターを降板させられる事件が起こった。テレビ電波は当時、郵政省が許認可権を握っており、自民党政府は偏向報道を禁止した放送法の文言を根拠にしてＴＢＳに圧力をかけた。放送法の条文を盾にテレビ局へ圧力をかける政府の流儀は現代でもしきりに行われている。

しかし言論の自由を憲法で保障された新聞社は、他の企業のような監督官庁もなく、政府や自民党が新聞記事の内容に介入する余地はなかった。ＧＨＱは日本が「大東亜戦争」のような無謀な戦争をやったのは、新聞に自由がなかったからだと考えて、新聞に一〇〇％の自由を与え、日本政府による新聞への干渉を禁止した。

しかし占領統治の都合上、ＧＨＱはプレスコードを作ったり、レッド・パージ等で新聞に干渉しており、ＧＨＱの言論政策は明らかに矛盾していた。

テレビ報道も基本的には憲法が定めた言論の自由に守られているはずだが、電波割り当ての許認可権限を持つ政府のクレームにテレビ局は弱い。もはや占領下ではなかったが、日本政府は米国からのクレームにはすぐに反応する。

米国のクレームでテレビ局を追われた田キャスター

クレームを受け、ＴＢＳはあわてて田キャスターを降ろしたのである。また日本テレビが制作した石川文洋記者らが取材したドキュメンタリー「南ベトナム海兵大隊戦記」は、一九六五年五月九日に第一部が放映されたあと、残酷すぎると自民党からクレームがつけられ、以降の続編は放映中止になった。放映中止はテレビ局側の「自主規制」と見られた。

とはいえ、日本のベトナム戦争報道では、朝日新聞、毎日新聞の二大全国紙がそれなりの活躍を見せ、特にアメリカのジャーナリズムができなかったベトコンといわれた解放戦線や北ベトナム側の取材で優れた記事やルポルタージュが生まれた。アメリカ政府側からの激しい非難やそれを受けた政府・自民党側からの圧力で、一線のジャーナリストが退社したり、番組の放映が中止になるなどのリアクションは起きたが、新聞社の政府に対する抵抗力もあり、彼らのベトナム報道の内容に嘘や間違いがあったわけではなかった。アメリカ政府が日本のベトナム報道にひるんでいたのである。

その後、アメリカの新聞、テレビ等のメディアの力がアメリカの世論を喚起して、ベトナム戦争をストップさせたことを考えれば、戦場の惨劇をいち早く伝えた日本の新聞のベトナム報道の姿勢や方向は間違っていなかった。

むしろアメリカや自民党に追随して、ジャーナリズム精神を見失って第一線で取材する記者を批判し、退社に追い込んだ当時の日本の新聞社やテレビ局幹部の見識が問われる結果になったのである。

本多勝一記者の「戦場の村」

先述した大森、秦、田といったジャーナリストとは別に、独自の戦場ルポの手法を切り開いた朝日新聞の本多勝一記者の記念碑的なルポルタージュとして『朝日新聞』に連載された「戦場の村」がある。「戦場の村」は、「戦争と民衆」というタイトルで一九六七年夏から連載された現地レポートの中の第五部である。「戦場の村」は九八回、そのあと第六部「解放戦線」というタイトルに続いた。このルポが書かれた一九六七年という年はアメリカの北爆が最大規模にエスカレートし、ベトナム戦争が果てしない泥沼に入ってゆく渦中であった。こうした中で、本多記者は朝日新聞の特派員としてサイゴンに赴き、アメリカ軍や南ベトナムのサイゴン政権下の取材からスタートし、その敵地である南ベトナム解放民族戦線の戦場や解放区、さらには北部ベトナムへと取材網を拡大していった。

戦場取材といっても本多の手法は砲弾が飛び交う戦闘場面に直接、飛び込むというやりかたではない。

戦場に近いベトナムの町や村の民家に入り込み、そこに宿を定めて、村人と寝食を共にした生活をするのである。一家と旧正月を一緒に過ごして祝い、土地の祭りや風習を知り、田植えや小作や農業の伝統や仏や神事のこと、市場や便所の利用法といった生活の詳細にまで取材のまなざしが伸びてゆく。漁村では漁師に連れられてカツオ釣りに出かけたりもしている。戦争の中の日常生活が淡々と描かれる。このようにしてベトナム民衆がどんな暮らしと文化を持っているかをレポートしながら、アメリカが行っているベトナム戦争の実像を抉り出し、戦争はいかに無辜の民衆の生活と命を犠牲にするかを描き出したのである（本多、一九八二）。

このような本多のルポルタージュや澤田、石川の写真報道は、「殺される側」のベトナム民衆に対する共感へと向かう。現地の民衆の立場に自分を重ね、悲しみや怒りを共有する。こうした取材態度を貫くことで、本多はベトナム戦争を左右の観客的な視点から見る戦争観から解放し、「侵略される側」から戦争の本質を描いてみせたのである。一九六九年に起こった米軍による民衆虐殺事件「ソンミ事件」の中に、本多はアメリカによる侵略戦争の本質を見出している（本多、一九八二）。

このような本多記者らのジャーナリストの態度は、戦前のように軍部に属して国策に協力する記者しかいなかった時代にくらべ、「戦後日本の報道者たちは、民間の自由人としてなんら権力による制約をうけることもなしに、自己の目をもって大胆に戦争の実態をも読者につたえることができる……わが国の戦後民主主義の生み出した自由かつ新鮮なジャーナリストの姿をみいだしたということができる」と古在由重は書いた（本多、一九八二の「解説」）。

本多のベトナム報告は、ベトナム民衆の側に立ってアメリカの侵略戦争を告発し戦争の災禍を伝えるものだったが、戦争はもうこりごりと考えていた当時の日本の広範な読者に支持された。本多のジャーナリストの視点は、一つの立場を明確に選択することで成立し、戦前・戦中の大本営報道を超えていったのである。

作家・開高健ベトナム戦場ルポ

このような本多の視点や立場と異質なベトナム戦争の報告は、作家の開高健のルポにも見ることができる。

発表当時の開高のベトナムレポートは、あまり好評ではなかった。特に、ベトコンの少年兵の銃殺シーンの描写に非難が集中した。三島由紀夫や吉本隆明は、「何もみていない」とか「何しにベトナムまで行ったのか」などの批判を繰り広げた。戦場で立ち上がれなかったと酷評された。開高はジャングルの奥地まで潜入しているが、執筆姿勢は本多のように解放戦線側に立つものではなかった。少年兵が銃殺される場にいて何もできず、ジャングルで出会ったベトコン兵士を黙って見ているのである。どっちつかずで態度を決めかね優柔不断な姿勢で戦場をうろついているというイメージで受け止められた。

しかし開高は戦場での殺し合いについてこう書いている。「消しゴムのかけらのような良心にしがみつき、誰にともわからず潔白を証明したがっているのではないか。なぜいまになって良心を明るみに引っ張り出そうとするのだ。あの銃座のなかで私は一〇〇メートルかなたの人なら面白半分に殺せそうだと、うずうずして引き金をいじったではないか。引き金をひくなという禁忌の声は何ひとつとして起こらなかったではないか」（開高、一九八二）。

彼は人が人を無造作に殺す戦場の日常を見て、平和な日本から来た傍観者の自分の寄る辺なさにおののくのである。ものを書く人間としてのアイデンティティが根本から破壊される衝撃に立ちすくむ。声も筆もでない。「私は自身に形をあたえたい。私はたたかわない。殺さない。助けない。耕さない。運ばない。扇動しない。策略をたてない。誰の味方もしない。ただ見るだけだ。わなわなふるえ、眼を輝かせ、犬のように死ぬ」（同上書）。

一見、ふがいない作家の態度であるが、評論家・秋山駿は、「持てる力のすべてを賭けた」のが『輝ける闇』だという（開高、一九八二の「解説」）。そして「単なる小説家の情熱ではないもの、なにか人間の必死なものがある。もし書かなければ、あるいは、もっとわるい死、つまり、今日的に人気のある流行作家という作家の屍体、になっていたかもしれない。……ここにある言葉は、……開高氏の、寸断され、ばら撒かれた生の断片である」と激烈な評価をしている。

開高は戦中派の作家である。多感な少年時代に太平洋戦争を体験した。秋山の言葉を借りれば、「戦争という純粋悪」は文学のもう一人の生みの親なのだ。にもかかわらず、日本はあれだけの苛烈な戦争体験を持ちながら、正真正銘の文学作品としては、大岡昇平『野火』と開高のこの作品があるくらいではないかと、秋山はいうのである（同上書）。

確かに開高のこの戦争を見据えた目は正確だった。彼はベトコンが強いのはその背後で北ベトナムが支援しているからであり、この戦争の本質は、共産主義と自由主義の戦いであると考えた。当時は「植民地主義と民族主義の戦い」というベトナム戦争観がジャーナリズムの主流だった。しかし酷評されながら、開高の洞察は現代史の大きな時代のうねりを見ていたということができる。

ベトナム戦争に独自の手法をもって、主体的にかかわったジャーナリストや作家たちが輩出することで、日本のジャーナリズム界は豊かな遺産を残すことができた。

年頭社説で「ベトナムの平和」を世界に発信した新聞

また新聞社としても、一九六七年一月一日、『朝日新聞』は「ベトナム和平と世界平和」を求めた年頭社説を掲載し、世界の有力紙に呼びかけた。イギリスの『ガーディアン』、アメリカの『ニューヨーク・タイムズ』、フランスの『ル・モンド』、ソ連の『イズベスチヤ』、インドの『タイムズ・オブ・インディア』など有力紙への呼びかけで、全紙がこれに応えて同趣旨の社説を紙面に掲載するなど、日本の新聞が世界に向けたベトナム和平キャンペーンのリーダーシップを取ったことがあった。

第6章　外務省機密漏洩・西山事件が隠した沖縄基地の真実

1　西山事件の発端

沖縄返還時は地方のサツ回り記者をやっていた

駆け出しの記者だった私は琵琶湖のほとりの大津支局で仕事をしていた。警察や市役所や名勝事蹟のある比叡山、三井寺、石山寺などを回りながら些末な事件記事を書いていた。たまには比叡山延暦寺の高僧が千日回峰行という歴史的快挙を戦後初めて成し遂げたという記事をスクープし、全国版社会面の一面に載ったこともある。その記事を書いたので当時延暦寺の最高位にあった今東光座主にもインタビューした記憶があり、そのときいただいた直筆の色紙が私の書斎には飾ってある。それなりに楽しい職場だった。

しかし記憶に残る大事件が地元で起こることはなかった。序の部分でも書いたが、当時の全国的な大事件でも記憶にあるのは、支局で記事を書きながら、テレビで見ていた三島由紀夫の市ヶ谷の自衛隊駐屯地での切腹事件と沖縄返還時の毎日新聞西山太吉記者の外務省日米機密文書漏洩事件の二つしかない。とりわけ新聞記者が取材で「国家の壁」にぶつかった西山事件には強い関心を持った。

男女の「情を通じて」と書かれた起訴状

毎日新聞政治部の西山太吉記者が外務省の女性職員を通じて沖縄返還にまつわる日米交渉の機密文書を入手、文書の一部が野党国会議員の国会質疑で持ち出されたことで、返還によってアメリカが日本に支払うべき軍事施設復元費用四〇〇万ドルを、日本が肩代わりするという「密約」が暴露されたのだ。

沖縄は太平洋戦争敗戦後、一九四五年八月以降、本土とともに米軍の占領下にあった。その沖縄は講和条約発効で日本が独立した後も約二七年もの間、米軍の施政権下にあった。沖縄が無償で返還されるのではなく、「金で買い戻されるのだ」という話が広がり、連日のマスコミを賑わせる大事件になった。当時の佐藤栄作首相と政府、外務省は大きく揺さぶられ、世論は盛り上がり、「密約は怪しからん、国民の知る権利に政府は応えよ」と新聞は書きたてた。

しかし事件の展開は「密約」の解明と佐藤政権の説明責任の追及という方向にはゆかず、機密文書がなぜ西山記者に漏れたのか、だれが機密漏洩の犯人か、という犯人捜しとなり、外務省の女性事務官が機密文書漏洩の主犯、西山記者は漏洩をそそのかした共犯として逮捕・起訴されるに至った。

佐藤首相は沖縄返還に政治生命をかけ、首相四選を狙っていたので、マスコミの攻撃には一歩も引かなかった。

佐藤は一九六五年八月に沖縄を訪問、那覇空港で「沖縄の祖国復帰が実現しない限り、我が国の戦後は終わらない」と演説しており、沖縄返還への強い執着を示していた。彼の胸中には首相四選への野望が早期から芽生えていたと思われた。

西山記者と国会質問した社会党の横道議員はこの密約の暴露で佐藤内閣は吹き飛ぶと思っていたようだが、政治はそう甘くはなかったのである。事件の渦中で「ガーンと一発やってやるか」という佐藤の印象的な言葉が残っている。その「ガーンと一発」が西山と女性事務官に襲いかかった。

強硬姿勢を示唆していた佐藤の言葉通り、二人は逮捕され東京地検に起訴されたが、その起訴状には「ひそかに情を通じて」親密になり、男女関係を利用して西山は機密文書の持ち出しをそそのかしたとの動機の記述がある。

「情通起訴状」と業界ではいっていたが、支局で地方版の原稿を書きながら、本紙の社会面やテレビのワイドショーで手に汗しながら事件の顛末を見ていたものだ。「情を通じて」という下品な新聞記事と大見出しの記憶が、事件後、四〇数年経った今でも蘇ってくる。支局の口うるさい上司は、「記者は酒と女に気をつけろ」と説教をたれていたものだ。

西山事件の概要を改めて述べると以下のような内容である。

一九七一年一二月七日衆議院連合審査委員会で社会党の横道孝弘議員が、すでに先月に自民党の強行採決によって衆院を通過し参院へ送られていた沖縄返還協定の中に「密約」があることを政府側に糾した。この委員会には佐藤首相、福田外相、井川外務省条約局長らが出席していた。返還にあたり「軍用地の復元回復費用四〇〇万ドル」は元来米国が負担すべきものだが、返還にあたり米側は一ドルも払わないと主張しており、佐藤政権はこの条件を呑んでいたのだが、これを日本国民には公表できない。そこで金は日本が肩代わりして払うが形としては米側が支払ったことにするという「肩代わり密約」が存在していたのだ。その肩代わり支払いの複雑な方法が密約の中に盛り込まれていた。

一九世紀アメリカでできた古い信託基金法という法律を利用した信託基金を作り、そこへ日本政府が金を振り込む。その金を国務長官の権限で海外から引き出して日本への支払いの財源にするというやり方だが、こうすると日本が振り込んだ金が沖縄返還と関連しないように見せかけることができる。この小細工によって、返還基地の原状回復費用を米国が支払ったことにできるというものだ。

日本政府はこの密約を文書に残さない方法でやるつもりだったが、米国側は議会対策上、問題が表に出たら面倒になると考えた。そこでアメリカが払ったようにみせかけるための密約の文書が存在したのだった。

当初、佐藤は軍用地の復元補償を米側に求めていたが米側は一ドルも払わないといって交渉が難航したため、国民に説明しやすいように、「自発的に支払う」と書くことで妥協に至った。これは実際は日本の肩代わりであるが、米側にはそのように説明するべき事情があったので、協定とは別に秘密文書が作成されたのだった。この経緯は手がこんでいて、かなり複雑だった。

国会で暴露された外務省機密文書

横道議員が衆議院連合審査委員会で質問した内容は、実は毎日新聞政治部の外務省担当霞クラブ所属の西山太吉記者が外務省の蓮見喜久子事務官を通じて入手した機密文書の電信のコピー内容だった。政府側は横道議員の質問を全面否定したが、質問内容は正しかったので、情報が洩れているのではないかとびっくりしたのだ。

翌年の三月二七日の衆院予算委員会で再び横道議員が質問に立った。ここには佐藤首相、福田外相がいた。横道議員は西山記者から渡された秘密文書の電信コピー三通を持っていた。なんと秘密文書コピーを出して見せながら質問したのである。取材源がどこかわかってしまう危険がある無防備なやり方だった。

このとき、交渉の実務を担当した吉野文六外務省アメリカ局長は、「調べさせていただきます」と答弁している。吉野はそれから約三〇年後に密約文書の存在を認めるに至るが、それまではずっと沈黙を守っていた。

二〇〇六年の衆院予算委員会で野党の福島みずほ議員からこのときの密約を追及された当時の麻生外相は認めず、「河野洋平外相のときも似たような話があって、そういうものはないと答えてきた。昭和四七年以後、一貫して私共はそう答弁している」と答えた。私共というのは自民党の考えということでこれを踏襲したということだが、このひと月前に吉野元局長は「密約」の存在を北海道新聞のインタビューで初めて認めていた。しかし当時の安倍晋三官房長官は「全くそうした密約はなかった」と記者会見で主張、これが自民党の〝公式見解〟となって今日に続いてきた。

米軍用地復元補償費と施設移転費を日本が負担する密約文書

麻生外相が答えた河野外相時代の自民党の考えというのは、二〇〇〇年五月に我部正明琉球大学教授と朝日新聞が米国で公開された公文書中に吉野氏とスナイダー駐日公使間に交わされた秘密合意文書が含まれていることを発見したことと関連する。西山記者が機密漏洩事件のときに入手した「米軍用地復元補償費」および「VOA施設の国外移転費」の日本側肩代わりの合意文書のことだ。そこには西山がスクープした四〇〇万ドルの他、VOA移転費用一億八七〇〇万ドルをアメリカ合衆国に提供する密約が記されていた。

VOAとは米国の宣伝放送ヴォイス・オブ・アメリカのことである。この施設移転費は後に米側の要求する基地関連諸経費を日本側が支払う「思いやり予算」の原点になったと西山記者は主張している（西山、二〇一〇)。

この「裏負担約二億ドル」に関する密約記事については朝日、毎日の両新聞が記事にしていた。二〇〇〇年に米国で公開された沖縄返還交渉関連の米公文書を研究した我部教授は、「西山記者の弁護団は、その四〇〇万ドルが返還協定第七条で約束する対米支払い金額三億二千万ドルに含まれていたことを明らかにしようとした。また、同弁護団は、日米最終合意の三億二千万ドル以外に基地改善費に七千五〇〇万ドルの支払いが日米間で秘密裏に合意されたことを証明しようとした」と指摘する(我部、二〇〇〇)。しかし米国が秘密裏に得た利益はこれだけだっただろうかと我部は問うている。

米国側が日本から受け取る金額は返還協定で明示された金額より実際は三億五〇〇〇万ドル多かった(我部、二〇〇〇)。占領下沖縄には米国の金融、公共事業などによる多数のインフラ資産があるし、基地に残る諸施設の買い取りを米国は求めたが、「金で沖縄を買いとる」という印象を国民に感じさせないように、日本の支払い金額を低く見せるために、佐藤政権は覚書そのものを隠さざるを得なかったのだろう、と我部氏は分析している。

この沖縄返還に際しての裏負担に関して吉野元局長への口止めを外務省某幹部が、当時の河野外務大臣(小渕恵三内閣)に対し新聞記者が取材してきたら、「密約はしていない」と答えるよう要請したとされる。また「二〇〇一年の情報公開法施行までの数カ月間に、外務省は一二〇〇トンを上回る文書を一挙に廃棄した」と西山記者は書いている(西山、二〇一〇)。外務省は相当に慌てて密約隠しに奔走していたと思われる。

当初、マスコミは「知る権利」を掲げて西山記者を擁護

西山事件の本格的な始まりは先述した「情を通じて」の下半身スキャンダルの文言が入った起訴状公表の時点からだろう。「知る権利」が「下半身ネタ」に化けた瞬間だが、これこそが佐藤政権の狙いだった。

新聞記者が秘密事項を取材し記事にするとき、取材源を明らかにしないのが鉄則だ。それは取材源の人権とプライバシーを守るためで、内部告発者を守るグローバルスタンダードでもある。取材源秘匿に関しては最高裁の判例が確定している。西山記者はスクープはしたものの、取材源秘匿をどこまで考えていたか疑問の残るところではある。結果として蓮見事務官が取材源であることがわかってしまったからだ。

このとき、横道議員の狙いの中には弱体化し死に体内閣と揶揄されていた佐藤首相だが、それでも四選の野望を抱いていたのでこれを挫き、佐藤内閣を退陣に追い込みたいという思いがあったとみられる。佐藤首相は沖縄返還の実現をしゃにむに任期中に実現させ、次に続く参院選の勝利につなげて自分の手柄にしたいという個人的な政治的野心を漲らせていた。

横道議員が質問した秘密文書の電信コピーの出所はすぐに政権内で問題となり、外務省の内部調査で蓮見事務官であることが特定された。澤地久枝『密約』によれば、西山記者と蓮見事務官は渋谷の山王ホテルでしばしば密会を繰り返していた。その密会の場で秘密文書は西山記者の手に渡っていたのである。

横道議員が国会質問で秘密文書のコピーを示したことは新聞の記事になり、朝日新聞は横道議員が出した電信のコピーの写真を載せた。蓮見事務官は事態が明らかになったことを知り、「こうなった以上、全部安川審議官に申し上げてお詫びをします」と西山記者に電話で伝えたという（澤地、二〇〇六）。蓮見事務官は自ら警察へ出頭する覚悟を固めた。

一九七二年四月四日蓮見事務官は警視庁へ出頭、逮捕された。続いて西山記者が警視庁へ任意出頭、逮

捕容疑は蓮見事務官は「職務上知ることができた秘密の漏洩」、西山記者は「秘密漏洩をそそのかした」容疑だった。

西山事件が起こった当初、毎日新聞は西山記者を擁護し、「知る権利を掲げて徹底抗戦する」構えを見せており、他の大新聞も同様に「知る権利」を主張して密約による沖縄返還を糾弾する政府批判の大合唱が起こっていた。

ところが西山記者が蓮見事務官と「男女の情を通じ、それを利用して秘密文書の持ち出しをそそのかした」という趣旨の検察側起訴状が公表されるに至って世論の形勢は急速に逆転していった。

大新聞は密約に対する「知る権利」や政府批判の矛先を収め、「情通起訴状」が示したスキャンダル報道へと傾斜してゆき、密約の中身については沈黙した。毎日新聞は孤立し、メディア間の連帯は生まれず、大新聞はライバル紙を叩いて販売部数拡張のためにスキャンダルを利用して西山批判に転じた。西山の出身母体の毎日新聞の部数はどんどん凋落した。

この事件をきっかけに朝毎体制といわれていた日本の新聞業界に読売新聞が進出し、名古屋や大阪で部数を伸ばした結果、日本の二大新聞は朝読体制へと変化し、後に読売は朝日を抜いて発行部数日本一となり、あわせてギネスブックに世界一の発行部数の新聞として登録された。西山事件は単なるスキャンダルの枠を超えて、日本のジャーナリズム全体の構造変化を起こさせ、メディアの保守化、右傾化をもたらした。

毎日新聞は西山記者を切り離し、西山記者は毎日新聞を退職した。

西山事件とほぼ同時期に発生したアメリカのニクソン大統領を辞任に至らせたウォーターゲート事件時のような、メディア間の連帯は日本では起こらなかった。

2　西山記者の〝私行〟にすり替えられた機密の中身

紙面で詫びた毎日新聞

西山氏ら二人が起訴されたとき、毎日新聞は次のような「本社見解とおわび」を掲載した。「西山記者の取材に当たっては、道義的に遺憾な点があったことを認めざるをえません」。「蓮見、西山両者の関係をもって、知る権利の基本であるニュース取材に制限を加えたり新聞の自由を束縛するような意図があるとすればこれは問題のすり替えと考えざるをえません。われわれは西山記者の私行についておわびするとともに、同時に、問題の本質を見失うことなく主張すべきことは主張する態度にかわりはないことを重ねて申述べます」（『毎日新聞』一九七二年四月一五日付夕刊）。

要するに、国家機密を取材するのは読者の知る権利に応える新聞のやるべき仕事だが、その取材のやり方に問題があり、西山記者の「情を通じた」取材行為は「倫理違反の私行」として新聞社として謝罪したのだが、西山記者が入手した国家機密はどう扱われるべきかの判断はなかった。倫理的に不正な取材行為で得たニュースは無効であるということなのだろうか。

西山記者らが逮捕されたとき、自作映画『愛のコリーダ』で猥褻表現を問われたことのある映画監督の大島渚は「言論の自由というような抽象的な問題に立戻ってはいけない。問題は、あくまで佐藤内閣が私たちに何をしたかだ。知る権利などというのは自明のことだ。……極秘資料のスッパ抜きに次ぐスッパ抜きを！　今こそ日本中を、スッパ抜きした極秘資料でもってあふれかえさせること……」（『毎日新聞』一九七二年四月一四日付夕刊）と書いた。

しかし「情通起訴状」が公表されてからは、主役の座にいた毎日新聞が機密問題からいち早く撤退したように、日本の大新聞も次々と戦線から撤退していった。沖縄返還の秘密条約は男女の性的スキャンダルに落とし込まれていった。

一九七二年五月一五日、沖縄は喧噪の中で本土復帰を果たしたが、その約一カ月後の六月、佐藤首相は退陣した。退陣表明の記者会見で内閣記者会と衝突し、「テレビ、前に出て下さい。新聞記者とは話したくない」という発言が出たが、佐藤の要求通り、テレビカメラだけ残して新聞記者は会見場から姿を消したこの事件は、佐藤退陣の際の有名なエピソードである。同年七月、佐藤内閣は総辞職した。念願の沖縄返還は果たしたものの、佐藤が狙った四選の野望は潰えた。

スキャンダル週刊誌の独壇場になる

西山事件は、密約による沖縄基地問題の行方を示すことなく、妻と夫がいる中年男女のどろどろした不倫・愛欲のスキャンダルに誘導され、密約の中身もすり替えられていった。スキャンダルを担ったのはテレビのワイドショーと週刊誌だった。週刊誌が何を書きたて、ことの本質の真実を覆い隠していたかは、澤地久恵『密約』に詳しい。

女の弱みを利用して騙した西山記者は悪い、女性職員は哀れな犠牲者で既婚の女――というスキャンダルの構図が日本のメディア社会で独り歩きしテレビワイドショーを席巻した。西山記者は沈黙し、蓮見事務官は職場も追われた上、家庭も破壊された。彼女は男に騙された哀れな女を演じ続け、密約の背後にある沖縄の将来の運命を顧みたり、西山記者をいささかでも擁護する態度をとることはなかった。

このとき週刊誌報道の一翼を担っていた週刊新潮編集部員だった亀井淳氏は回想録で、「新潮社のキャンペーンは極めて好評で、一般読者から無数の激励があったばかりか、毎日新聞社の内情を知らせる情報が次々にもたらされた」という。亀井氏は「この経験で、週刊新潮は言論によるテロリズム効果と、その商業的な骨法を会得したのだと思う」と振り返っている（亀井淳『「週刊新潮」の内幕』など参照）。

この亀井氏の証言は、現代のマスメディア社会の中で権力側への配慮のあまり、腐敗と嘘を追及するジャーナリズムの力量を失いつつある大新聞に対し、「文春砲」「新潮砲」などといわれて政財界の腐敗と嘘を暴き続ける今日の週刊誌ジャーナリズムの成長へと繋がっていったことを示している。スキャンダルを追う週刊誌の取材能力が大新聞や大テレビを凌駕する時代を作っていったのである。

四半世紀も前の西山事件の重い教訓はこのあたりにある。西山記者の取材が正当か不当かの判断はおいて、彼がスクープした沖縄秘密文書の意味した実態は、返還後の「思いやり予算」「基地の自由使用」「非核三原則の嘘と核兵器持ち込み、貯蔵問題」その他の米軍基地の在り方に直結する重大な影響を与えている。しかも真の問題点はこの機密協定が沖縄住民にも本土の国民にもわからない場所で取引されたことにある。西山事件をきっかけに大新聞ジャーナリズムは社会の表舞台で生起している重大な問題への対応力を失い、政治権力への配慮を深めるメディアへと変質していった。そのターニングポイントは西山事件だったのではないかと私は考えている。

ノーベル平和賞の〝最大の誤り〟

沖縄戦の結果、敗北し壊滅状態に陥った沖縄住民たちの農地や土地が米軍に占領され、沖縄全土に飛び地のように広がる広大な軍事基地が作られた。この延長線上に今なお混乱を齎している辺野古基地移転問題が存在する。

逮捕から約二年後の一九七四年一月、一審の東京地裁判決で西山記者は無罪となり、蓮見事務官は懲役六カ月執行猶予一年の刑を受けた。蓮見事務官は争わずに一審の有罪が確定したが、このことが蓮見事務官へのさらなる同情と、西山記者への反発を呼んだ。蓮見事務官は「私は騙された」と主張していたが、西山記者に頼まれて一〇数回にわたり秘密文書コピーの持ち出しをしたとされている。

この年の暮れ、佐藤前首相は沖縄返還の業績を評価され「ノーベル平和賞」を受けている。もしノーベル賞委員会が密約を知っていたら賞はなかったのではなかろうか。沖縄返還の条件として佐藤首相は「非核三原則」を目玉にしていたから、ノーベル賞委員会はこれを評価した。しかし実は「核抜き」は日本国民向けの宣伝で、アメリカ側に対しては密約の中で、有事の場合の核の持ち込みはありうることになっていた。沖縄返還は日米交渉中のダブルスタンダードの中で行われていたのだ。

返還の条件、非核三原則の嘘

佐藤は非核三原則（核を持たず、作らず、持ち込ませず）を日本の国是とすることを国民に約束していたがそれは単なる建前だった。二〇〇一年に米国の公開公文書からわかったことだが、佐藤が「非核なんてナンセンスだ」と米高官（駐日ジョンソン大使ともいわれていた）に述べていたことが発覚し、ノーベル賞委員会の創設百周年記念出版の著者の一人である歴史家オイビン・ステネルソン氏は「佐藤にノーベル賞を与えたことはノーベル賞委員会の最大の誤り」と語ったという（西山、二〇一二）。

「核抜き返還」と日米交渉のダブルスタンダードに関しては、外務省の若泉敬氏が佐藤首相の密使として米国側と交渉していたが、これについては後述する。

高裁で有罪判決が出た西山記者

一九七六年七月、二審の高裁判決で西山記者の判決が逆転し、西山記者に懲役四カ月執行猶予一年の有罪判決が言い渡された。西山記者は上告したが、一九七八年五月、最高裁は上告を棄却し西山記者の有罪が確定した。

しかし西山記者は二〇〇五年四月、「国家による情報隠蔽・操作が容易にできることを裁判を通じて国民の前に明らかにする」として国家賠償請求を東京地方裁判所に提訴した。二〇〇七年三月二七日、東京地裁は「損害賠償請求の二〇年の除斥期間を過ぎ、請求の権利がない」として訴えを棄却、密約の存在には全く触れなかった。西山記者は控訴したが、高裁、最高裁とも敗訴した。

これに対して二〇〇八年九月、学者、ジャーナリスト、作家、文化人ら六三人が「行政機関の保有する情報の公開に関する法律」に基づき、米国で開示された沖縄返還時の日米両政府間で交わされた密約文書三通の開示を、外務省と財務省に請求した。

この裁判では東京地裁杉原裁判長は「密約はあった」と判断し、文書の開示を命じた。西山記者は「ようやく勝った」と思い、報道した『毎日新聞』（二〇一〇年四月一〇日付）は「革命起こった　政府の壁に風穴」という大仰な見出しをつけている。いわば原告団の完全勝利のように見えた。

しかし外務・財務両省は対象文書の「不存在」を理由に不開示を決定した。この杉原判決は確かに画期的ではあったが、「文書が存在する限り開示」という付帯条件があり、文書が廃棄されたり、存在が確認できない場合は原告側がその存在証明をしなければならないのだ。

民主党政権下、外務省に機密文書開示を命令

この間、二〇〇九年には与野党の政権交代が起こり、民主党鳩山政権が誕生、鳩山政権は官庁の情報開示、政治プロセスの透明化を政策課題として掲げていたので、岡田外相を中心に外務省に対して沖縄密約文書の探索と開示を命じるなど、民主党政府も積極的に動いていた。事件から約三〇年後、西山記者は政権交代によって自分が追及してきた密約文書が表に出ることを期待しており、「岡田外相はよくやった」と評価したが、先述したように外務省が密約書類を廃棄、ないしは紛失しており、肝心の中身がいくら探しても見つからない。そこに盲点があったのだ。

先の杉原裁判長の判決が述べたように「文書は存在してない」ので「開示はできない」という外務省が仕掛けた不毛な回路の罠にはまってしまったのだ。如何ともしがたかった。

情報公開法が施行された二〇〇〇年の翌年、外務省は沖縄返還関連機密文書の一二〇〇トンを大量破棄したといわれるが、「東郷外務省条約局長が後任の谷内氏（現国家安全保障局長、元外務事務次官）に最重要な秘密文書に◎をつけて引き継ぎを行ったにもかかわらず、同文書の一部は、昨今の外務省の欠落調査委の調査のよっても発見されず、谷内氏もこの問題で、多くを語らない。東郷氏は知人から、それら極秘文書も、当時の一斉大量廃棄の中で処分されたと知らされた」という（西山、二〇一二）。

しかし官庁の文書は公文書管理法によれば、国民共有の知的財産であり、しかも沖縄返還協定を検証するための第一級の史料のはずだ。この貴重な文書が役人の恣意的な判断で勝手に廃棄されたり処分され、トイレットペーパーに化ける（『朝日新聞』二〇〇九年七月一一日付）など許されることではない。「『密約』という不法文書の意図的な廃棄は、官僚にとって、国家公務員法に違反する重大な犯罪である」と西山は書いている（西山、二〇一二）。

外務省の「文書不存在」という罠

日本では、米国のように明確な保存年数基準と保存と廃棄の線引きが整備されていない。アメリカでは二五年後に情報公開法に基づいて公文書が全面公開されるため、政治家がヘマをやらかしていれば、後世に暴露され、糾弾される。今は逃れることはできても後世の歴史家が許さない。記録することが米国の政治文化だが、日本にはそうした政治風土はこのままでは育たない。

アメリカが公開した公文書から密約が明らかになる

沖縄密約の存在は二〇〇〇年にアメリカで公開された文書から明らかになり、これを我部教授が新聞記事で報道したから国民の知るところとなった。だから密約の内容は米国の公開文書からすでにわかっている。問題はその密約文書を日本政府と外務省が認めないだけだ。そのためにアメリカにある外交文書のコピーが日本にはないという魔訶不思議なことが繰り返されてきた。

かつて私は米国の公開機密文書を探索しにワシントンの国立公文書館に度々出張したものだが、トーラーさんという名物担当官がいて、求めていた外交機密文書を親切に探してくれた。ところが後日行ってみると、「君が探していた文書はあったよ。しかし日米の約束があって、その文書は日本の外務省のＯＫがないと見せられないのだ。日本へ戻って外務省の了解をとってからまた来てくれ」といったことがある。外務省はこんなところにまで手を回して日本の新聞記者の取材を妨害しているのかと驚いた。

3　沖縄人の心に届かなかった西山事件

沖縄のテレビで事件の特集番組を作ったジャーナリスト

沖縄に住む本土出身のジャーナリスト土江真樹子氏は、西山事件三〇年後のドキュメンタリーを琉球朝日放送のテレビ番組で作ったことがある。二〇〇三年のことだ。

土江氏は西山事件をリアルタイムでは知らなかったという。事件が起こったときは幼少で、当時の記憶は全くないという。新聞を調べて当時の記事を読んだが、事件の内容もよく理解できなかった。新聞記事の情報の断片が、「国家機密→知る権利→男女スキャンダル」へと目まぐるしく変化し、肝心の「沖縄返還」が、名詞のように浮遊していたように見えたという。琉球朝日放送の周辺の人に聞いても、「そんな事件があったなあ」という程度だった。沖縄で聞いてもほとんどの人が知らない事件だった。

澤地久枝『密約』を読んで、ようやく事件の概略を掴むことができたと土江氏はいう。

毎日新聞を退職していた西山記者の消息を東京の本社に問い合わせたが、教えてくれる人は見つからなかった。そこで「西山太吉」という人物を全国各地の電話帳登録名で調べたという。やがて九州に住んでいた西山氏が電話の向こうに出てきて、本人に辿り着いたのだという。

西山氏は電話に出た当初、「話したくもないし、会う気もない」と番組に出ることを強く拒んだという。怖いほどの口調で断られたと感じた土江氏は、この事件が尋常の事件ではなかったことを悟ったという。やがて西山氏は土江氏の説得で番組出演に応じることになった。

そのとき西山氏は沖縄までやってきた。彼はすでに日本のマスコミから忘れられた「過去の人」になっていた、と土江氏はいう。

沖縄初訪問で辺野古を訪ねた西山記者

ドキュメント番組の冒頭に普天間の代替地として決まった辺野古の海を見た西山氏が「こんな美しい海を壊して新しく米軍基地ができるのか」と悲嘆の声を上げるシーンがある。西山氏は沖縄訪問がこのときが初めてだった。

西山氏が文書を入手した動機は沖縄返還という大プロジェクトに関わる国家レベルの裏金機密を暴露して国政に影響を与えることだったのは間違いない。しかしそのとき返還される沖縄への思い入れはどれほどあったのだろうか。彼にとって「沖縄返還」とは何だったのか。

西山記者のスクープの動機は「国民の知る権利」というが、そうした抽象概念のテーマの中に、大国の政治に翻弄されてきた沖縄の歴史と今に対する共感がどれほどあったのだろうかと、土江氏はいう。

「西山さんは古いタイプの一匹狼型記者だったと思う。何かネタをつかんだらそこへぐっと突っ込む。知る権利などは後付けの理屈で、今の時代の空気を掴むのが腕利きの記者だと考えていたんでしょうね。空気を掴んで大きな特ダネを取る。国政に影響を与える。今ここに何かあるぞという感じで突っ込む」。狩猟感覚の動物的な勘でネタを取る記者が優れた記者、という昔の新聞記者のタイプのことである。

「本土マスコミが作り上げた西山事件という枠組みの中では、沖縄返還の本当の意味は捉えられない」と土江氏は考えていた。

「西山さんはスクープした密約資料を横道議員に渡したが、もっと他にやり方があったのではないかと思う。あれは稚拙なバトンタッチのリレーだったのではないか。もう少し慎重に蓮見事務官から入手した密約資料の出し方を考えていたら展開は違ったのではないか。また西山事件を単なる『機密漏洩事件』で終わらせてしまった政治家や日本のジャーナリズムにも大きな責任がある」。

確かに西山事件では表向きは「知る権利」という抽象概念が大新聞の見出しで駆け巡ったが、その抽象概念が「情通起訴状」という中年男女の愛欲スキャンダルに変換され変質することで、沖縄返還の歴史的意味の本質と現実がすっぽりと抜け落ち、忘却された。その証拠に本土では大事件になった西山事件が沖縄ではほとんど知られていないのだ。西山事件は沖縄返還によって本土が負うべき沖縄の将来への責任を逆に希薄化してしまったのではないか。

「思いやり予算」の原型が密約の中に存在

西山が主張する「思いやり予算」の原型はあのときの密約の中に存在しているし、現在進行形の「普天間基地の辺野古移転問題」も連続している。さらに「核配備の密約」は沖縄だけでなく、日本全国の運命にもかかわる大問題である。

「機密文書の持ち出し、スクープを正当化する西山さんや毎日新聞の主張の根拠は『知る権利』だった。国民の知る権利を新聞は代弁している。だから取材する特権も与えられているという考えかた。建前としては正しいが、今の日本の大衆世論の中に知る権利という言葉はそれほど溶け込みなじんでいるとは思えない。西山さんが主張した知る権利は〝情を通じて〟といううす汚い言葉にからめ取られて終わってしまった。そこにこの事件の悲劇がある」と土江氏はいった。

その意味で、先述した毎日新聞のお詫びの文章は分裂している。「西山記者の取材方法は間違っているが、記事は知る権利の行使だ」とわけのわからない結論に達している。

しかし当時の朝日新聞、読売新聞などの全国紙にしても、概ね「情を通じた取材」を批判糾弾し、密約文書持ち出しをそそのかすことで、一人の女性の人生を破壊した〝悪いやつ〟という論調に覆われていた。事件の渦中にあった西山を支えることのできた人物は夫人くらいしかいなかった、ということが、澤地久枝の『密約』を読むと痛いほどわかる。西山の周囲には敵しかいなかったのだ。

裁判を記録し続けた澤地久枝著『密約』

裁判を傍聴し続けて『密約』を書いた澤地久枝は、西山がそそのかしたとされる蓮見事務官に関する描写にもかなりの紙幅を使っているが、やはり不明な部分が残る釈然としない事件だったことがわかる。

「アメリカの記者がいうには、これがアメリカならネタの取り方がどうあろうと、ネタの質で勝負できる。スクープはスクープ。アメリカなら西山記者の仕事は大きなスクープとして認められるだろう」と土江氏はいった。もし西山氏がアメリカの新聞記者だったら、運命は逆転していたのではないか。

西山事件から数年遅れてアメリカで起こったウォーターゲート事件は、前章で書いたようにニクソン大統領を議会の弾劾の瀬戸際まで追い詰め辞任に至らせたワシントンポストの二人の新米社会部記者の栄光の物語である。ニクソン大統領が政敵の事務所に盗聴器をつけていたのが暴露された事件だ。ウッドワード、バーンスタインの二人の記者は、当初は孤立し、当局の様々な妨害に遭いながら記事を書き続けていた。そのうちライバル紙の『ニューヨーク・タイムズ』『ロサンジェルス・タイムズ』等他社の援軍が現れ、やがて全米の新聞、三大ネットテレビや週刊誌が友軍として戦線に参加してきた。米国の記者たちは取材の方法がどうかという問題ではなく、大統領の犯罪を細い糸を手繰りながら暴いていった。やがてニクソンは議会で弾劾される前に辞任した。

ベトナム戦争以降、政府の嘘を暴き続けてきたアメリカのジャーナリストたちは、日本のメディアの在り方に大きな疑問を感じていたのは確かだ。土江氏が指摘したように、取材の方法がどうあれ、西山記者がスクープした事実の価値は変わらない。これが新聞記者の世界基準である。

メディアも含め日本中を敵に回して孤独になった西山記者とベトナム戦争やウォーターゲート事件でジャーナリストの連帯を確立して権力監視に立ち向かったアメリカのジャーナリズムを比較すると、天と地の落差を感じざるを得ない。

アメリカのジャーナリズムは「権力の嘘」を暴き、権力を監視するが、日本のジャーナリズムは戦前型の記者クラブを維持し、「大本営」としての権力の提灯を持つ習性が消えない。

4 翁長知事の遺志継いだ新知事の沖縄

「三〇年目の戦後」企画で沖縄取材した原点を訪ねる

翁長知事の遺志を継ぎ、米軍辺野古基地工事の再開拒否を公約し玉城デニー新知事が誕生した直後のこと、新築間もない球新報社の周辺を一台の右翼宣伝カーが走り回っていた。小型の軽自動車で小さな日の丸の旗と星条旗が付いていていた。マイクから流れ出る街宣の声はかなりの高齢者口調を思わせた。「日米同盟は中共への抑止力、沖縄の平和を守るために辺野古工事を再開せよ」と主張していた。

周辺には玉城新知事がいる沖縄県庁があり、『琉球新報』や『沖縄タイムス』という沖縄世論をリードする二大新聞社が踵を接して建っている。右翼の街宣車が走り回るにはうってつけの場所だったのだろう。

私が勤めていた新聞社で「三〇年目の戦後」という連載企画があり、そのチームに参加したことがある。

戦後三〇年目といえば、一九七五年の話だ。

三〇年目の日本の戦後の今を知るために、私は沖縄返還によって本土に復帰したばかりの沖縄の現実を書きたいと思った。取材の準備で調べていると『沖縄タイムス』の記者新川明氏が書いた『反国家の兇区』という新刊本を見つけた。

この本は沖縄返還の文化的思想的な意味と功罪を追求したもので、東アジアの辺境にあって日本列島の南端の島で生きてきた沖縄人たちの歴史と本土日本との関係性とアイデンティティ、民族的、地勢的文化的風土と思想の違い――ウチナンチュとヤマトンチュの本質的な相違を改めて追求した本だった。そして本土の戦争に巻き込まれて悲惨な戦を強いられ住民の四人に一人が戦死したという沖縄地上戦を担わされたあげく、アメリカ世となり、再びヤマトンチュの世に復帰することは、ウチナンチュにとっていかなる意味を持つか、という哲学的考察の書でもあった。とりあえずこの筆者に会いインタビューをしたいと思った。戦争と政治、経済をテーマにした沖縄ドキュメントは山ほど出されていたが、新聞記者が書いたこういう本には初めて出会ったからだ。

「反復帰」を唱えた沖縄のジャーナリスト

新川明氏に会ったのは、一九七五年、「三〇年目の戦後」の連載記事取材のため沖縄を訪ねたときのことだ。沖縄復帰三年後のことで、新川氏は『沖縄タイムス』編集委員をしていたが、反復帰論を主張する著名な記者だった。

沖縄の新聞では、保守、革新を問わず、各論に関しては異論が噴出していたが、総論では復帰を歓迎する論調が際立っていた。そんな中でユニークな「反復帰論」を唱えていた新川氏にインタビューしたのだった。新川氏は、新聞の政治面的な記事ではなく、日本列島の南端の海洋に位置する沖縄諸島の島嶼群とそこで暮らす人々の生活と歴史と死生観を見つめながら、沖縄の日本復帰を考察するユニークな哲学的な記事の書き手だった。

あれから三〇年以上をへて会った新川氏は新聞社で出世して、社長、会長をへてすでに新聞社からは退任しておられた。まず西山事件のことを聞くと、新川氏は「西山事件は沖縄ではほとんど知らないし、私も関心はなかった」と素気なくいった。

「あれは本土東京の新聞記者と外務省女性職員のスキャンダルにすぎない事件と思っていた。気にもしなかった。ほとんどの沖縄人は西山事件そのものをよく知らないと思う」。土江氏と同じ意見だった。

沖縄返還時、新川氏は沖縄返還交渉報道では沖縄ジャーナリズムの第一線にあり、復帰を歓迎する論調が多い中で「反復帰論」の論陣を張っていた。しかし佐藤内閣の沖縄復帰とほぼ同時期に起こった毎日新聞・西山事件のことを、「沖縄タイムス」の第一線記者だった新川氏が「関心もなかったし、よく知らなかったので、記憶にもほとんどない」というのだ。西山記者は沖縄返還密約のスクープで「知る権利」を唱えて逮捕、有罪になったが、なぜ沖縄では関心がもたれなかったのか。その理由は新川氏の著作を読むことで、次第に明らかになった。

沖縄人はなぜ「国家としての日本」にのめり込むのか

「沖縄の側から〈国家としての日本〉にみずからすすんでのめり込み、それとの合一化によって自己完結しようとする意識の態様は、明治の『琉球処分』のあと、きわめて顕著なものとして培養されつづけ、とりわけ戦後沖縄においては、分断支配という異常事態を跳躍台にすることで『祖国復帰』運動という形でさらに強固に形成されてきた。……沖縄人はおそらく日本の他のどの府県人にもまして、もっとも日本国民意識が熱烈な地域集団でありえた」。

「そこで私たちに要請されるのは、そのような沖縄人の情念の内実に鋭く切り込んで、民衆個々の意識のありよう――〈国家としての日本〉にみずから積極的にのめり込んで疑わない精神志向――を、思想的に断ち切っていくというまことに困難きわまりない思想的作業である。……国政参加に応ずるのか否かという、いま私たちに突き付けられている具体的な政治課題も、そのような思想的課題を抜きにして考えることはできない」（新川、一九九六）。

新川氏は同書にある別の論考「新たなる処分への文化的視座」の中で、「沖縄の大衆運動がより強力に国家の拘束をうけたいという願望を推進してきた」と、革新運動の中に存在してきた思想的な問題点を指摘している。大衆運動の中の「反米的視点」にしても、それと同じ役割、つまり沖縄が置かれた歴史的現実とは相反する現存の国家体制を強化する役割を果たしてきたと批判している。

沖縄人は自らを「ウチナンチュ」といい、沖縄人以外の日本人を「ヤマトンチュ」と呼ぶ。この区別は沖縄人と本土人の画然とした区別だ。本土の地域の別なく職業、社会的身分、性別にも関係なく適用される区別だ。形式的な国籍上では同じ日本人であり日本国民なのだが、いくら学理的な説明を施そうが「沖縄人が持つこのような対日本知覚現象は決して消し去ることができない基本的な認識として存在する」と新川氏はいう（新川、一九九六）。

要するに日本人である前に沖縄人であることを自覚する意識構造といえるが、これは沖縄人の本土への劣等意識ではなく、「沖縄人に固有でかつきわめて特徴的な心理現象として歴史性をもって存在している」。

「私は第一次的に琉球人であって、琉球という『わが国』がたまたま国際法的に日本という主権国家に所属しているために、私も『日本国籍人』であるという意識構造をもっているのである。琉球人のこういう意識構造は、正常な『日本人』には、理解に困るものであるらしい」(新川、前掲書)。

たえず蘇る「沖縄地上戦」の記憶

周知の通り琉球は江戸時代に薩摩藩によって侵略された歴史を踏まえ、日本総体が悪代官＝抑圧者を指す言葉である「ヤマトンチュ」に抱合されてきた。薩摩の侵略以降、琉球は明治の琉球処分でヤマトンチュによる筆舌尽くせない圧政、収奪を受け続けた。その集大成こそ太平洋戦争末期の激烈な沖縄戦だった。

沖縄人は地上戦の前線に立たされ、女学生のひめゆり部隊、少年兵らが動員され、満足な武器も持たされないまま住民たちは屈強な米軍陸上部隊に対峙していた。沖縄住民の四人に一人が戦死したといわれる。

戦前、大陸の満蒙開拓団にいかされるのを嫌い、親戚のつてを頼って、移民としてハワイに移住した沖縄出身の比嘉武次郎少年は米軍に徴兵されレイテ島上陸作戦のマッカーサーの部隊に配属され、通訳兵として沖縄戦に動員された。彼は生まれ故郷の島袋への上陸作戦部隊の任務を命じられた。「ラブデー作戦」である。武次郎少年が上陸したのは故郷島袋から約三キロ離れた海岸だった。

その翌日、出撃途中の戦艦大和が徳之島海域で米軍の激烈な待ち伏せ空爆により撃沈された。日本の敗戦が決定的になった瞬間だった。

敗戦が確実な段階でも、日本軍の作戦は沖縄を見捨てた台湾強化方針に移っており、精鋭の第九師団が台湾に出撃して手薄になった。地上戦を前に米軍の空爆掃討作戦で、首都の那覇は壊滅、県庁は普天間に避難したが、泉守起知事は県庁を放り出して本土へ逃げ帰った。日本軍も行政も沖縄を見捨てていた。最後まで沖縄に残り日本軍を指揮した牛島中将は自決する前に「沖縄には格別の配慮を」と大本営に遺言した。

普天間に上陸した米軍は前線司令部を作り沖縄全土を制圧占領した。武次郎少年は普天間に新設された米軍中央司令部に移り捕虜の尋問を命じられた。そこで捕虜になった小学校の恩師と旧友に会い、先生と旧友を尋問することになったのである。恩師が「おう、君か！」といったとき、「まさかこんな形で恩師と会えるとは」と武次郎少年は泣き崩れた。

この他、家族、兄弟が敵味方に分かれて戦闘したという人知れない悲劇はハワイ日系青年に限った話としても、枚挙にいとまがない（柴山、二〇一五）。

沖縄戦を思い出すと狂乱するしかない女性の告白

『沖縄県史』の中にある『沖縄戦争記録』という本について新川氏が紹介している。「大戦時に島の人々が直接その肌と心とをもって体験した惨劇を細かく収録した」本である（新川、前掲書）。

その採録のための座談会への出席をかたくなに拒んだ女性たちがたくさんいたという。「いまなお、当時の惨劇を語るには、個々の体験があまりにもなまなましくてそれぞれの内に息づいているためである。……出席を拒否する婦人のひとりは、『私に戦争の話をさせると、狂人になって、あなた方に乱暴を働く結果も生じる惧れがあります』」と語ったという（新川、前掲書）。

「当時を思い出すと、狂乱するしかない、と語る一人の女の内がわには、およそ筆舌につくしがたい深く暗い情念が、業火のように燃えさかっていることを想像するのに難くない。ことはそれほど左様に、沖縄戦の惨虐は酸鼻を極め、しかもそれは、日米両軍の砲火にさらされて死線をさまよう痛苦より以上に、島のひとびとが『友軍』と呼んでいた日本軍将兵による島人虐殺の、見境ない蛮行にきわまっていたのである。……みずからの内がわの暗黒の淵を、狂乱とひきかえに埋めつづけることで、正気の日常を辛うじて守るしかない姿に、まぎれのない沖縄人のみずからの姿がうつしだされているといわなければならない。……惨虐はたんに、外在的な加害↓被害としてあったわけではなく、みずからの内なる惨虐としても存在したはずであるからである」（新川、前掲書）。

こうした内なる悲惨の完結が「集団自決」として現れたと新川は結論する。

「沖縄戦の戦場において、なお死んでゆく者たちが『テンノウヘイカバンザイ』と叫んだのは、日本人将兵よりもより多かった多くの沖縄人（民衆）であった。……民衆である彼らが、惨虐の中で死に際して、なお『テンノウヘイカバンザイ』と叫ぶその言葉と、その言葉を発するひとりの男（または女）の内がわの世界を、わたくしたちはどのように受けとめたらいいのだろうか。同じく、『陛下の万歳と皇国の必勝を祈って笑って死のう』と確かめ合いながら、集団自決した座間味島や渡嘉敷島をはじめとする沖縄人（民衆）の生き方（＝死にざま）を、どのように考えたらよいのだろうか。沖縄人の、このような生きざま（＝死にざま）をきいた日本の評論家・大宅壮一は、それを『動物的忠誠心』と呼んで揶揄した。その揶揄を聞いたひとりの沖縄人が、憤激のあまり発狂するという事件もあった」（新川、一九九六）。

沖縄のニライカナイの死生観

沖縄人にとって天皇は「異族の神」なのに沖縄人はなぜ「テンノウヘイカバンザイ」といって死んでいったのか。この疑問を新川氏は問い詰めた。

沖縄人に内在する思想観念は「開かれた世界への渇望」に固着し、沖縄に土着するニライカナイ信仰に端を発すると新川氏は考える。ニライカナイとは「海の彼方にあって、島に豊穣をもたらす神の源郷であるが、それは同時に、死者のゆくべき地の底のクニでもある」と。死者がゆくべき地のクニとは、「遥か彼方、空と海が一つになっている水平線の彼方にある幸福と平和な美しい根本の国に行き、ニル屋、ニルスクで祖先たちと一緒に暮らしている」（仲松、一九七六）、そういう沖縄人の世界観、死生観のことだと新川氏はいう。豊穣への渇きとしてのニライ信仰が、「より豊かなイメージをともなって立ちあらわれる中央（＝本土）への楽土幻想を生み続ける。『明治』以来、沖縄人（民衆）を呪縛して駆り立てた、あくことのない日本本土志向（日本国民となるための必死の同化への努力）を支える基盤は、まさにそこに噴出の弾機（ばね）を持っていたのである」（新川、前掲書）。そして沖縄返還にかけようとした沖縄人は、「沖縄戦における惨劇として一応の終局をみずから引き受けながら、その傷口が癒されぬまま——いやむしろ、その傷口を癒す夢を固くする形で、盲目的な『祖国復帰』運動を熾烈に再燃させた素地でもあった。まさに性懲りもなく、みずからすすんで国家としての日本へ身をすり寄せては、手ひどい傷を負いながら、その傷口を癒すつもりで、さらに傷口を押しひろげる生き方を選び取る沖縄人の、愚直な性（さが）のかなしさがそこにある」。

「沖縄人が『テンノウヘイカバンザイ』と叫んで死んでいったのは、『ニライカナイ』思想の持つ二面性であり、天皇制思想が沖縄人（民衆）の内部世界に『侵拠』した理由」と、新川氏は考えた。

そして過熱した七二年の沖縄復帰運動の渦中で、沖縄タイムス記者だった新川氏は立ち止まり、あえて「反復帰論」という異論を新聞紙面で提起したのだった。

沖縄人の屈折した感情は薩摩の侵略と搾取、明治政府の「琉球処分」を経て、太平洋戦争末期の沖縄地上戦という負の歴史をへて「七二年返還が新たな琉球処分を生み出した」と指摘し、新川氏は「反復帰論」を唱えるに至ったという。

辺野古の工事現場を見に行く

「沖縄人はまだ沖縄戦を忘れてはいない」とインタビューの最後に語った新川氏に会った翌日、私は工事再開が伝えられた辺野古を見に行った。交通の便は悪く、レンタカーを借りるか、那覇から一日に二、三度しか出ていない乗り合いバスに乗り、二時間以上をかけて行くしかない。タクシーだと往復三万円かかる距離だ。

しかし基地建設反対の住民たちが共同運航するバスがあるという話を聞いて、住民の方に頼み込みバスに乗せてもらうことができた。

翁長知事が急逝して、後を継いだ玉城新知事誕生の直後のことで、翁長知事が中断させていた埋め立て工事が再開した日のことだ。西側にある辺野古の海は東海岸の海のような輝きを放ってはなかった。西山氏が感嘆した美しく澄んだ海の面影はもうなく、埋め立て工事の影響で大量の泥が混じり、くすんだ青色の海があった。天然記念物のジュゴンの姿はもう見られないということだった。

バスがキャンプシュワブの米軍基地ゲート前に到着するとすでに米軍側、基地を守る日本の警察と工事再開に抗議する地元住民の間で緊張感が漂っていた。

反対運動のリーダーが、集まってきた住民の前で演説をしていた。そのうち工事車両が来るということで、テントの中で待機していた住民たちはゲート前に移動して集会とデモをはじめた。このテントの座り込み風景は本土のテレビでも度々報道されてきたから私もテレビ映像では見ていたが、実際に現地まで行くと沖縄はアメリカの植民地であり本土の植民地でもあることを実感する。

住民の前に二台の巨大な軍用トラックが立ちはだかり、長時間停車していた。運転台には年若い端正な顔立ちのアジア系と思われる女性兵士が乗っており、抗議する住民の側を一瞥もすることなく、ひたすら前方を見つめていた。彼女は何を考えていたのだろうか。その心の中は見えない。

テント裏の山林の入り口には鉄条網が張ってあり、「ここは海兵隊太平洋基地である。立ち入り禁止。立ち入ったり破損したりの行為は日本の警察に通告され罰せられる」と書いた立て札が貼ってある。この山林の奥地には実弾射撃場があるという。

ハワイの小島から撤退した実弾射撃場

実弾射撃場といえば私がかつて滞在したことがあるハワイでは、マウイ島近くの無人島といわれる小島に米軍の実弾射撃場があったが、ハワイ諸島の住民たちの反対運動で撤去され元の無人島に戻っているという。ハワイからの実弾射撃場の撤退で実弾射撃場がなくなり、沖縄に代替されたという話はハワイで聞いたことがある。

キャンプシュワブのゲート裏海岸へ回ってみたら、海岸入り口には鉄条網が張りめぐらされ、にょきにょきしたクレーンが海上に伸びており、工事船らしき船の動きが確認できた。「埋め立て土砂の投入で後戻りはできなくなった」と本土の新聞は伝えていたが、それは正しくなく、すでに辺野古の海は灰色に濁っており昔日の秘境の輝きを持った海ではなくなっていた。ジュゴンの住む辺野古湾の面影はなかった。

辺野古に集まる住民の多くは本土の右翼の人がいうようなプロの運動家ではなく、普通の市民たちだ。私が行ったときも本土から来た人には会っていない。沖縄在住の主婦であり定年で仕事を辞めた高齢者であり、沖縄の置かれた理不尽に目覚めた若者や女性たちだということがわかる。ランチタイムに人々は孫や子供の話や日常生活の世間話が弾んでおり、特に政治的な話をしているわけではない。普通の日常の中に辺野古埋め立てへの抗議行動がある。そこには政治の理不尽に対する怒りがある。

ゲート前にはトイレも駐車場もないので、ボトルの水を買ったりパンやおにぎりなどの食べ物を買うには数キロ離れた駐車場やコンビニまで行く必要がある。テントの近くに送迎の軽自動車が二台待機しており、コンビニに用事がある人を運んでくれる。この軽自動車は住民の方々が交代でボランティア運行しているということで、ガソリン代も提供者の個人持ちということだ。

私もこの送迎軽自動車のお世話になり、コンビニまで連れていってもらった。送迎の軽自動車には高江から来た主婦の方と乗り合わせたが、子供を学校に送り出したあと工事再開の報道を見てかけつけてきたという。辺野古から少し先に高江があり、高江にはやんばるの森という太平洋戦争末期の沖縄戦で日本軍に見捨てられて敗走した沖縄住民たちが米軍の攻撃から逃げ込んだ場所だという。今この地には米軍のヘリパッドが建設されており、毎日、騒音に悩まされているそうだ。三カ月に一度ほどここへきています、と彼女は静かな口調で話していた。

日米地位協定の改定実現の条件

こうした沖縄の現実を見ると、基地に対する住民の要求をもっと反映できるように、日米地位協定は早急に改善しなければならないと思う。

日米地位協定で思い出すことがあるのでここで書いておきたい。私がハワイのEWCの客員フェローのころ、研究生としてハワイ大学院に在学中のM君という青年に会ったことがある。彼はコロンビア大学のジャーナリズム学部を出てハワイ大学で日本研究をやっていた。

その後、M君は日本に来て沖縄の米軍基地の海兵隊の大学でジャーナリズム論を教えていた。私は帰国後、京都の国際日本文化研究センターの客員教員として研究会のスタッフになり、「日本のジャーナリズム研究会」を主宰したとき、関西の大学の専任講師になっていたM君にもメンバーになってもらった。

彼はコロンビア大学を出てしばらく日本のテレビ局のニューヨーク支局で仕事をしたことがあるが、コロンビアで学んだジャーナリズム論が全く通用しない仕事の現場に驚き、三カ月ほどで辞めたといっていた。「どこがどう違っていたのか」聞いてみたら、失笑しながら「日本にジャーナリズムは存在しているのですか」と質問してきた。「そういう問題をこの研究会で話し合いたい」と私はいった。彼のいうジャーナリズムとは事実をありのままに報道すること、言論の自由と反対意見の尊重と反論権があること、少数意見の尊重の問題であり、アメリカの新聞が行っているオプエド（反論）が日本の大マスコミには存在していないことだとわかった。

M君は日本のマスコミにはいつもシビアな問題を提起してきたが、あるとき沖縄の少女暴行事件の話が出て、日米地位協定へと話が及んだことがある。

「日米地位協定が米兵の犯罪を助長しているのではないか。まずは日米地位協定を廃止する必要があると思う」というと彼はこんな反論をした。「地位協定はよくないことはわかっている。しかし日本の司法制度が時代遅れのため仮に犯罪容疑で米兵が逮捕されると冤罪や人権侵害が起こる。また日本の裁判では長期にわたり拘留される。この『人質司法』が一番困ることなのだ。日本に来る米兵はかなり選抜されている。それでも犯罪者をゼロにすることはできない。もし長期拘留で冤罪や人権侵害が起こると兵士の家族たちが黙ってはいない。家族たちは米国の裁判所に訴えて損害賠償訴訟を起こすだろう」。

米側が地位協定改定をしぶるホンネはそこにあるとM君はいう。地位協定改定をするならまず日本側が自国の遅れた司法制度を改革する必要がある。また起訴された場合の有罪率はアメリカなら五〇%だが、日本なら九九・九%だ。しかも取り調べの可視化も行われてはいない。

M君の話を聞いたのは二〇年ほど前のことであるが、二〇一八年末の日産自動車のトップ、カルロス・ゴーン氏が東京地検特捜部に逮捕された事件で、犯罪容疑を国民がよく理解できないまま、司法取引まで行われ、再逮捕に次ぐ再逮捕の繰り返しで長期拘留された事件は「人質司法」と、世界のジャーナリズムの非難を浴びた。推定無罪の原則が働かず、人権が侵害される危険をはらむ日本の司法制度は先進国とはいえないほど遅れているが、欧米の主要メディアの非難どころかフランスの弁護士からも国連人権規約違反と批判された。

地位協定をめぐる議論は日米安保の建前としては出てくるが、それまでこうした裏事情は聞いたことがなかった。「日本人が日米地位協定を改善したいならまず、自分の足元の司法システムの改革が必要だ。推定無罪の容疑者を長期拘留して自白を強要し、人権侵害を行っている。弁護士もつかない密室の取り調べで録音、録画も満足にされていない」と彼はいった。

5　佐藤首相が約束した「核抜き本土並み」の実態

首相四選を賭けたライフワーク

西山事件の沖縄返還に関連する外務省機密文書の「密約」は佐藤首相が「核抜き、本土並み」という約束のもとに、「沖縄は首相の力量で返ってくる」と沖縄民衆と日本国民にみせかけ、「沖縄返還を勝ち取る」という首相のポーズを守るためのものだった。米側の一方的な要求を表にできずに、表向きの返還条約文書と米側との裏の口約束のセットで、「返還にかかわる金は日本側がすべて負担する」「基地の自由使用、緊急時の基地の使用は事前協議なしを認める」「緊急時の核兵器の持ち込み」という「機密の覚書」が生まれたのである。

佐藤は沖縄返還を自分のライフワークのように語っていたが、これを米国側に持ち込んだ最初の人物は佐藤の兄の岸信介元首相だったといわれる。岸はアイゼンハワー米国大統領と会談したとき、沖縄返還の話を持ち出したという。沖縄返還の大事業は岸―佐藤の兄弟のバトンタッチで実現されたのであり、米側はアイゼンハワー、ジョンソン、ニクソンへのバトンタッチで実現された。

日本側は裏約束を文書にすることはしたくなかったが、米側は議会対策上、何らかの文書、覚書、書簡等で残すことを要求した。それが密約となって米側に文書保存されたのである。

核密約と佐藤の密使・若泉敬

密約の中で日本にとって最も重要な部分は「核抜き」に対応する「密約」だろう。一九六九年一一月二一日、沖縄の七二年返還を決めた日米共同声明後の記者会見で佐藤首相は「ニクソン大統領との間にはトップシークレットがあるが、ここでそれをいうわけにはいかない」と語ったという。佐藤のこの発言はおそらく「核密約」への言及だったのではないかと西山氏は推測する（西山、二〇〇七）。

核密約を明らかにした公文書は見つかってはいない。しかし佐藤首相の密使として、「ススム・ヨシダ」名で米国で裏交渉にあたった政治学者・若泉敬がホワイトハウスの別室でキッシンジャーとの秘密の会談による「核密約」を交わしたという記録がある。若泉は著書『他策ナカリシヲ信ジムト欲ス』の中でこれを明らかにしている。

一九六九年一一月二一日発表のニクソン―佐藤共同声明の合意記録（草案）に「……日本を含む極東諸国の防衛のため米国が負っている国際的義務を効果的に遂行するために、重大な緊急事態が生じた際には、米国政府は、日本国政府と事前協議を行った上で、核兵器を沖縄に再び持ち込むこと、及び沖縄を通過する権利が認められることを必要とするであろう。かかる事前協議においては、米国政府は好意的回答を期待するものである。さらに、米国政府は、沖縄に現存する核兵器の貯蔵地、すなわち、嘉手納、那覇、辺野古、並びにナイキ・ハーキュリーズの基地を、何時でも使用できる状態に維持しておき、重大な緊急事態が生じた時には活用できることを必要とする」（ニクソン）。ちなみにこのニクソン声明の中に核兵器貯蔵庫に「辺野古」の名前がある。

これに対して佐藤は「米国政府の必要を理解して、事前協議が行われた場合には、遅滞なくそれらの必要を満たす」と回答している。「核抜き」とは一言もいってはいない。

若泉は「キッシンジャー補佐官と合意した脚本」という、次のような首脳会談の脚本作成をキッシンジャー補佐官と共同制作したと書いている（若泉、一九九四）。

「日本政府は、共同声明についてのドラフト・スリーを挿入することを、修正された秘密議事録と共に、最終的には受け入れるものと了解する。その合意の手続きの最終項目六のなかに、『この会談の最後に、ニクソン大統領は、佐藤首相に対して、オーバル・オフィスに隣接する小部屋にある美術品を鑑賞することを提案する。両首脳だけがその小部屋に入り、ドアを閉め、そこで二人は核問題に関する秘密の合意議事録（同文、二通）にサインする。二人はそれを一通だけ保持する』」（若泉、前掲書）。

このドラフト・スリーの内容はここには書かれていないが、これは先述した緊急事態時の「沖縄への核の持ち込み、核の通過の約束」に関する日米密約文書と推定できる（若泉、前掲書）。

しかし佐藤政権が国民に約束した「本土並み」とは本土の米軍基地と同じ条件のもとでの意味に考えられていた。返還までは沖縄基地を自由に使っていた米側に対して、沖縄住民は、返還によって基地使用の密度が減ることを期待していた。

しかし沖縄基地使用条件が返還によって狭められることを米側は嫌っていた。そこで返還後の基地自由使用をめぐる手の混んだ密約が生まれたのである。

その最たるものが「核兵器に関する密約」だった。先述したように返還前の沖縄基地には核兵器が存在していた。しかし核兵器は返還条件をめぐる取引材料として使われ、米側はこれを撤去するという条件を出していた。このために共同宣言時に、「核の再持ち込み」の密約が生まれた。

「核の再持ち込み」の密約

当時、マイヤー駐米大使から国務省へ送られた電報によれば、「核の再持ち込みは事前協議の対象とされるが、事前協議における日本の回答は、『イエス』だという愛知（外相）の発言と佐藤による『秘密の保証』が、日本から獲得できる最大の答えだ」としている（我部、二〇〇〇）。

要するに、有事の時には、米軍の核兵器の持ち込みを認めるという「密約」で、日本政府は遅滞なく事前協議でこれを認めるというものだ。

上述の合意文書は米国のＮＳＡ（国家安全保障局）に保管されていることが朝日新聞で報道されたことがある（『朝日新聞』二〇〇〇年一一月一一日付）。この朝日報道を裏付けた交渉経緯の記録が先述の若泉の著作の中にもある。若泉はこの時の共同声明の密約に関して、佐藤が「ちゃんと処置した」といい、日本側に存在したはずの密約文書について記録している。

この「処置」が「何を意味するか、不明だ。もしかすると佐藤とニクソンで署名されなかった可能性すらある」と我部教授は書いている（我部、前掲書）。

また佐藤の沖縄返還への情熱が必ずしも純粋な政治的動機ではなく、自分の任期内にやるとか、首相四選を目指していたなどの個人的な野望にも、若泉は気付いていたと思われる。

若泉は佐藤の密使としてこの日米秘密交渉を遂行したあと、学究生活へ戻り京都産業大学教授として、国際政治学の教鞭をとった。京産大ではアーノルド・トインビーを招聘するなど静かで穏やかな学究生活を送った。

一九九四年、『他策ナカリシヲ信ゼムト欲ス』の上梓後、六月二三日付で沖縄県知事・大田昌秀に「歴史に対して負っている私の重い『結果責任』を取り、国立戦没者墓苑において自裁します」とする遺書を送り、同日国立戦没者墓苑に喪服姿で参拝したが自殺は思いとどまった。

その後、『他策ナカリシヲ信ゼムト欲ス』英語版の編集に着手する。完成稿を翻訳協力者に渡した一九九六年七月二七日、福井県鯖江市の自宅にて死去（享年六七）。公式には癌性腹膜炎ということになっているが、実際には自殺だったといわれる。

若泉の失意は、佐藤から依頼された「核抜き」交渉を貫徹できなかった責任感に苛まれていたことだと思われる。

ノーベル平和賞の陰に隠れた記者と学者

西山記者と国際政治学者・若泉氏の二人の知識人が、沖縄返還時の日米密約に関与し、二人とも壮絶な運命に人生を巻き込まれた。しかし二人の運命を巻き込んだ佐藤首相はノーベル平和賞を受けて栄光の人生を全うしたのは皮肉というほかはない。

ここには政治に翻弄された側と利用した側の辻褄の合わない人生のバランスシートがある。人間は生まれながらに平等であるという摂理に反している。沖縄返還をめぐり報われなかった人生と報われた人生がこの世に存在していいのだろうか。そんな思いで私は西山記者と若泉氏がこの世に残した著作を丁寧に読んだ。たとえ現世では敗れても、いつか歴史の中ではバランスシートの変更の必要があるのではないか。その変更の仕事は歴史家の役目である。

そのためには、一定の時間的経過をへたすべての機密公文書は表に公開されるべきではないか。沖縄返還後、四半世紀経っても未だに沖縄の真実は表になっていない。西山・若泉両氏が関与した沖縄返還の密約の悲劇は二〇一九年の今でも、隠されたままだ。歴史として昇華されることなく宙にさまよっている。

本土と沖縄の負担のバランスシートと格差拡大

「本土では米軍基地にまつわる社会問題が減少し『負担』が可視的でなくなったために、『米軍に守ってもらっている』という誤った『受益』意識が強くなりました。他方、沖縄では米軍基地はいまだ領土問題として日常の中にあり、米国と日本政府に一方的に犠牲を強いられているという『負担』意識がますます強くなっていくわけです」と鳩山由紀夫元首相は述べている（鳩山、二〇一七）。

沖縄の米軍基地は太平洋戦争の地上戦敗戦の結果、米軍の占領による既得権益として続いているのだが、今日のように沖縄米軍基地が増えたのは、「朝鮮戦争を機に再編成された第三海兵師団は、昭和二八年（一九五三年）から岐阜県と山梨県に駐留していた。しかし両県では住民たちの強い反対運動に直面して、三一年二月にこの師団は自由に使える演習場を求めて、そのころまだ米軍統治下であった沖縄に移転していった」（鳩山、前掲書）。

安全保障の基地負担を沖縄に押し付け、沖縄の反対運動には耳を貸さないという本土の政策に、沖縄県民の不満と差別感が助長され続けてきた。この思いは反辺野古移転を掲げて本土政府と闘い、故人となった翁長前沖縄県知事が繰り返し表明していたことだ。

辺野古埋め立て工事で、玉城沖縄知事と住民の反対運動が、ホワイトハウスへの署名活動へと繋がり、短期間で目標の一〇万人署名に到達した二〇一八年一二月、アメリカの元米軍最高幹部が、「莫大な経費の無駄使いで、馬鹿げている」という発言をし、米軍の沖縄駐留の強化は「中国側の脅威の増大になるから中国の軍拡につながり得策ではない。しかし日本が手厚い経費負担をするから財政難の米軍は沖縄に駐留し続けている」と発言した。要するに軍事的には中国や北朝鮮ミサイルの射程に入る辺野古は基地としての安全性は低いが、基地予算が日本から支給されるから米軍は離れがたいという意味だ。米軍側幹部から辺野古の真意が明かされたわけだ。

6　辺野古移設、深まった琉球ナショナリズムと本土の闘い

「最低でも県外」は間違っていたのか

これより一〇年ほど前に鳩山氏が首相時代に提起した「普天間移設は最低でも県外」と判断したのは間違っていたのだろうか。

辺野古埋め立てをめぐる本土政府と沖縄の闘いは単なる基地問題を超えて本土と「琉球ナショナリズム」との闘いになっている。先に紹介した新川明氏の「反復帰論」はこの琉球ナショナリズムを発生の起源から解き明かした労作だった。

「近代日本の沖縄政策とは、この琉球ナショナリズムをいかにして封じ込め、日本ナショナリズムに同化させるか、その過程であったと言っても過言ではありません。沖縄返還後、歴代自民党政権は琉球ナショナリズムの封じ込めに夢中になってきました。米国の既得権益に手をつけないで、いかにして沖縄の不満を抑えるか、それが沖縄政策の本質でした。私は、微力でしたが、琉球ナショナリズムを封じ込めるのでなく、琉球ナショナリズムとの共生を目指そうと志しました。」（鳩山、前掲書）。

偽米軍文書を掴まされて失脚した鳩山元首相

「極秘」のスタンプが捺してあるＡ４用紙二枚の文書のコピーがある。「普天間移設に関する米側からの説明」というタイトルだ。平成二二年四月一九日の日付があり、一〇月九日、在京米大（米大使館）で行われた普天間移設の関する説明で、米側出席者は、「ウィルツィー在日米軍Ｊ５部長、ヤング在京米大安

保課長、日本側出席者は須川内閣官房専門調査員、船越外務省日米安保条約課長、芹澤防衛省日米防衛協力課長」とある。

この文書の中身を要約すると、米軍のマニュアルには、「回転翼航空部隊（ヘリ）の拠点と同部隊が（陸上部隊と）恒常的に訓練を行うための拠点との間の距離は『六五海里』（約一二〇km）以内という基準が明記されている。この基準を超える例は全世界的にもない」というもの。このほかヘリの移動のさいの移動時間と給油地の問題が細かく記されている。鳩山氏が考えていた「徳之島」案は約一〇四海里離れているので、米軍の訓練マニュアルから逸脱しているという内容の極秘文書だ。

鳩山氏は二〇一〇年四月に官邸を訪れた外務省、防衛省幹部からこの米軍からの説明文書を示されたという。

「徳之島では米軍ヘリ部隊の訓練が不可能になる」と書かれたこの米軍文書を外務省の担当者から見せられた鳩山氏は、「徳之島」案を断念せざるを得なかった。

文書は「極秘扱い」だったため、県外移設断念の理由説明にこの文書の存在を口外しなかった。

しかしこの米軍の説明文書は偽物だったのである。偽物だったことが判明したのは、極秘指定が解除されてからの話だった。安倍政権下で海兵隊のオスプレイの一部を佐賀県に配備する話が出て、「佐賀県はいいのに、なぜ鹿児島県ではダメなのか」という疑問が持ち上がったのだ。

この疑問のきっかけは上杉隆氏の「ニューズ・オプエド」の番組に、鳩山氏と川内衆議院議員が出演したとき、「六五海里問題は本当に存在するのか」という疑問が提起されたことだった。

国会質問もネグレクト、新聞、テレビも報道せず

そこで外務省北米二課の米側ルートの情報を川内議員が確認し、上杉氏は米軍側の情報ルートへ問い合わせたら、いずれも「ノー」の返事があった。つまり、「『六五海里ルール』などなかったのだ」（上杉、二〇一七）。しかも川内議員が情報公開法で文書開示を要求したら、文書の存在は確認できないという。これは西山事件でも外務省がよく使ってきた手口である。

しかし鳩山氏はこの文書を自分で保管していた。鳩山氏は外務省官房長を自分の事務所に呼びつけて、これを糾したところ、官房長は「確認するまで待ってください」といったが、鳩山氏「待てない」と返事をし、「ニュース・オプエド」に出演して、「これは機密文書なのに確認できないから、ニセ文書ですと話した」（上杉、前掲書）。

要するに、鳩山首相が辞任を迫られるきっかけになったのは偽の外交機密文書だったということになる。しかもその文書は発信元と見られる外務省や防衛省には残っていない。

鳩山政権時代の総務相だった原口一博・衆院議員は二〇一八年二月の衆院予算委員会と同安全保障委員会で、これに関する質疑を政府に対して行っている。この文書の中身の海兵隊の訓練遠隔地の拠点をつないで行うことは妥当かどうかの議論はあるが、示された文書が偽文書かどうかの回答はなかった。原口氏は「いろんな政策を後から検証しなければいけない。何が本当で何が嘘だったのか、あるいは事実関係がどうなのか。これは沖縄の皆さんも国全体も大きく関心を持っている。沖縄の皆さんを愚弄した話であり、許せないことだと思う。ちゃんと調査をして、こんなことを勝手につくって、勝手に報告されるなんてことはあってはいけない」と国会で追及した。

しかし同年四月、原口議員の開示請求に対して、防衛省と外務省はそれぞれの大臣名で、先述の「普天

間移設問題に関する米側からの説明」文書の不開示を通告した。「当該行政文書の存在を確認することができなかったことから、文書不存在のため不開示とした」という、いつもの回答と同じだった。ここでも「文書不存在」が「不開示」の伝家の宝刀として使われている。

伝家の宝刀と化した「文書不存在」のごまかし

この外務省、防衛省の不開示理由は、西山事件で提訴された密約文書の開示請求の裁判で、東京地裁一審杉原裁判長判決で文書開示を命じたものの、「文書の存在が確認されず、存在していないため開示はできない」という不可思議なジレンマ判決になったことと同じである。「機密文書だから開示できない」という理由なら合理性はあるが、役所が文書を廃棄してすでに消失したと主張すれば打つ手はない。しかし当該文書は当事者である鳩山元首相が所持しているのだから、「役所には不存在」というのであれば、逆に「偽文書」が証明されたことになる。

この偽文書問題は話としては広まっているが、「オプエド」以外のメディアではほとんど報道もされず、新聞やテレビはネグレクトしている。

首相が偽文書で辞任に至った事実は、日本の憲政史にとって極めて重大なので、私は直接、鳩山元首相に会って事実関係を確認した。鳩山氏に関する誤った情報がネットやマスコミにも出回っているが、それらが事実ではないフェイクニュースであり、しかもそのフェイクニュースの一端を政府機関が担っていたことを知った。二〇〇〇年の情報公開法施行の前に外務省は約一二〇〇トンの沖縄返還関連文書を廃棄したというが、「機密文書、溶かして固めてトイレットペーパーに、外務省」という記事を『朝日新聞』が書いたことがあった（二〇〇九年七月一一日付）。

日米安保を牛耳る「日米合同会議」の迷宮

また首相在任中も、日本の安保と沖縄基地政策を左右している「日米合同会議」の内容をほとんど知らされなかったという。「日米合同委員会」とは、在日米軍幹部と外務省などの官僚らの合同の委員会というが、もちろん国民はその存在はもちろん、内実を知らないし、会議の結果も公表されない。こうした国家の上にあるような、いわば少数の人間によるインフォーマルな組織が沖縄米軍基地問題や日本の安全保障政策を不透明な形で牛耳っていることは、日本が世界に民主主義国を名乗っている以上、説明不能で困惑する事態といわなければならない。

この会議にたびたび出ていたという元外交官岡本行夫氏は「あの会議は事務レベルの会議でたいした内容はない」とＴＢＳテレビ（「２０１８報道の日」二〇一八年一二月三〇日）で発言していたが、この人物は元首相補佐官として普天間移設にも関与していたという。

二〇〇〇年七月に開かれた沖縄サミットの際には、この五年前の米兵による少女暴行事件で沖縄の反米感情が高まっているときだったので、クリントン大統領は基地問題の解決がない沖縄サミット出席を嫌った。しかし日本政府はどうしても沖縄サミット開催にこだわった。

当時の橋本首相は大統領の出席がないサミットは意味がないと考え、沖縄世論との妥協点を探って普天間の移設問題を考え、代替地にキャンプシュワブ海兵隊基地に近い沖縄東海岸の辺野古を選択した。米側は「沖縄サミット開催と引き換えに、普天間移設を促進することができる」と判断したといわれる。

稲嶺恵一知事（当時）は猛反対したが、「新基地の使用期限は一五年とする。返還後は民間空港として利用する」という条件を付け、政府もこれを了承していた。しかし小渕首相の急逝の後、森、小泉首相へと首相が交代してゆく中で、稲嶺知事が出した二つの要求は破棄されるに至った。

これについて当時の防衛事務次官・守屋武昌氏は、「国と国の約束で一五年の使用期限を認めることはありえない。国際情勢が一五年の間でどう変わるかもわからないからだ」とTBSのインタビューで語っている（上記番組）。

また当時、外交交渉の現場にいたという岡本行夫氏は「あの案（稲嶺知事の要求）は結局、アメリカには伝えられていないはず」と同上の番組で語った。

結局、沖縄は本土政府によって裏切られたのだ。

今や辺野古移設問題は世界の安全保障と沖縄の人権に影響を与える国際的事件になってきた。日本でありながら本土政府が強行工事を続ける沖縄で、玉城知事はアメリカ行脚をしながら米国民に辺野古移転の不当性を訴えている。「本土の米軍基地は最大時から九四％縮小したが、沖縄の基地は沖縄戦直後の状態にある」と『沖縄タイムス』は指摘している（二〇一九年八月一八日付）。

第7章　まだ拉致問題が知られてなかった北朝鮮

1　国交がない国、北朝鮮渡航専用のパスポート

拉致問題はまだ表面化していなかった

日朝音楽交流の使節団に同行して北朝鮮のピョンヤンへ行った。第4章で書いた通りだが、一九八一年のことである。四月の金日成主席生誕記念日のイベントで、マンスデ芸術劇場で行われていた北朝鮮音楽や歌劇の取材のため、関西の音楽家たち数人とともに訪朝した。日本から北朝鮮へ行くには、北京を経由するのが普通のルートだった。

北朝鮮取材は新聞社でも当時は珍しいことだった。私は大阪本社に勤務していたが、大阪の新聞記者の北朝鮮取材は初めてのことだった。私が所属する新聞社でも、東京に一人、北朝鮮取材の経験者がいるだけだった。

当時のマスコミの関心は韓国の軍事独裁政権に集中していて、一九七三年には後に韓国大統領になる政

治家・金大中拉致事件などがあり、韓国政治の混迷は報道されるが、よど号ハイジャック事件帰国運動の日本人妻の問題以外は金日成体制で安定していた北朝鮮への関心はさほど高くはなかった。

当時、横田めぐみさんらはすでに北朝鮮に拉致されていたはずだが、日本ではこの事件は全く知られていなかった。

私の訪朝も政治の話とは関係のない音楽フェスティバルや舞台、芸術祭の取材だった。

ちょうど金日成主席の生誕祝賀祭に合わせて、平壌にあるマンスデ（万寿台）芸術劇場の音楽フェスティバルや文化芸術を見るために北朝鮮政府からの招待による取材だった。北朝鮮取材はこちらの都合ではできず、相手からの招待が必要なのである。当時の日本の新聞は「北朝鮮」の国名を「朝鮮民主主義人民共和国」（北朝鮮）と正式名称を書いていた。

金日成主席時代で息子の金正日氏の主席後継は決まっていたが、友好国の中国や国際世論は主席の世襲を批判していた。

北京の北朝鮮大使館で申請した北朝鮮入国ビザはパスポートにスタンプを押すことなく、別紙で配布された。この別紙のビザは、ホッチキスで私の日本国のパスポートに止めてあった。

パスポートには私が北朝鮮へ行ったという記録は残らない。

中国を出国してどこかのX国へ行き、再び中国へ入国したという記録が残るだけである。

北京からピョンヤン行きの朝鮮航空に乗るとき、中国の出国スタンプはパスポートに押されたが、ピョンヤン空港に着くと別室に案内され、パスポートを出すと、ホッチキスでパスポートに止めてあった入国ビザを北朝鮮側が回収した。

同時に「パスポートをお預かりします」、と北朝鮮の対外窓口である「対外文化協会」の担当者がいい、パスポートを取り上げられた時は人質になったような気分になった。

しかし私たちの歓迎に空港まで出迎えてくれた華やいだ少女たちが花束を渡してくれたおかげで、不安な感情が消えたことを覚えている。

北朝鮮の女性たちは北京で見た中国人のような人民服ではなく、スカートをはいていた。

入国手続きが終わると、北朝鮮ではめったに見ることのない外国製の高級車（ボルボ）に乗って、空港からピョンヤンに向かったが、道の途中で車が故障したということで、停車した。

故障が直るのを待っていると、別の車が後ろから来て、乗り換えるように指示された。車のトランクに入れた荷物はそのまま故障車に残したままだった。「荷物はのちほどホテルへ届けますから、新しい車に乗り換えてください」と運転手がいった。

運転手の日本語は実に流暢だった。どこかで日本語のトレーニングを受けているのだろう。荷物は残したまま別の車に乗り換える、ということは、荷物の中身を調べるためではないか、と推測したが、それにしても念の入ったやり方だ。

招待はしたものの、日本の新聞記者の正体を疑っている。これから帰国までの約二週間、取材には細心の注意を払おう、油断はできない、との思いを強くした。

ピョンヤンの中心部、大同江のほとりのホテルに宿泊

ピョンヤンの中心部を流れる大同江《ポトンガン》という川辺にあるポトンガンホテルが我々の宿舎だった。国会議事堂や革命記念碑などの北朝鮮のモニュメントが並んでいる場所に近かった。

ホテルのロビーでＴＶキャスターから政治家に転身した社民連議員の田英夫氏と楢崎弥之助氏に会った。

やはり金日成主席生誕祝賀祭に招待されて訪朝していた。

私の訪朝の主目的は北朝鮮の音楽・芸術事情の視察だったから、大理石でつくられた豪華なマンスデ劇場で歌劇を見たりコンサートを聴いたりし、音楽大学の授業見学、映画の撮影所見学などのスケジュールをこなしていた。

田氏と楢崎氏は金日成主席に会見を申し込んでいるというので、私も同席を希望し、北朝鮮側の担当者と会見の日取りなどを調整していた。もし金日成主席会見が難しい場合は、後継者の金正日氏が会見する可能性を、対文協の担当者はほのめかしていたので、どちらかというと私は父親よりも後継者の金正日氏への会見を願った。金正日氏は映画や音楽に精通していて、北朝鮮の芸術振興に力を振るっていたからだ。

北朝鮮取材では、私にはもう一つの狙いがあった。カンボジアのポルポト革命から逃れたカンボジア国王のシアヌーク殿下が、北朝鮮にかくまわれているという情報をキャッチしていたからだ。シアヌーク殿下に会って、当時、内戦中のカンボジアの話を聞きたかった。

かなりしつこくシアヌークへの会見を求めると、担当者は少し動いてくれたように見えた。朝鮮労働党機関紙の『労働新聞』の外報部論説委員にも会うようアドバイスがあった。論説委員の記者とは面会もしたが、一般的な会話で終わってしまったと記憶する。

最終的にはシアヌーク殿下がピョンヤンにいることを否定も肯定もせず、会見は実現しないまま、時間だけが経過して帰国の途についた。

田氏らが要求していた金日成主席との会見も実現しないまま、ずるずると時間が過ぎていった。

希望する取材はできず、時間だけが経過

曖昧な返事を繰り返しながら明確な回答はせず、こちらの要求を受け流してゆくのが北朝鮮のやり方なのだと感じたものだ。

突然、担当者が「映画の撮影所見学に行きませんか」、と誘ってピョンヤンの映画撮影所に案内してくれた。この撮影所は金正日氏が設立し、彼の指導で映画を作っているとのことで、撮影所に行くと金正日氏に会えるかもしれない、ということだった。

映画撮影所は広大な敷地に立っていて、設備も立派だったが、撮影中の映画のスタッフや俳優の数はすくなく、撮影所内はがらんとしていてさびしい印象だった。

金正日氏はそこにはいなかった。北朝鮮の取材では、この国が決めた予定に従って動くことしかできないことは当初から聞いてはいたが、その通りだった。こちらの要求はいくらでも出せるが、それが実現されるためしはない。

早朝、ホテルを抜け出して散歩に出ようとしたら、門を出たとたん、どこからともなく人が走ってきて「ご案内します」といいながら後ろを付いてきた。

結局、相手のいうままのお仕着せの取材コースを回り、帰国して記事を書けば北朝鮮の宣伝になるような旅程が組まれていた。

2　横田めぐみさん似の少女の記憶

ピョンヤン近郊のレストラン

これでは取材にならないとふて腐れていたら、人気の高い観光地の名所、金剛山へピクニックに行きませんか、という話になり金剛山へ行った。

途中、ピョンヤン近郊の外国人の招待所のようなレストランに立ち寄って昼食をとった。北京のホテルの料理は貧しかったが、ピョンヤンの料理はおいしく、レストランでは北朝鮮名物で有名な冷麺が出された。麺は太く硬めだったが美味な冷麺で、量が多すぎて食べきれず残してしまったことを思い出す。

当時の北朝鮮は中国に比べれば食生活はよく、経済的にも豊かなように見えた。金剛山のハイキングで通ったピョンヤン郊外の農村の風景を見ても、国内にさほどの貧困や飢餓が進行しているようには見えなかった。

昼食を終えて一服していると、レストランの奥に土産品や煙草の売店があり、日本製のハイライトが置いてあった。

当時の私はかなりのヘビースモーカーで、北朝鮮製の煙草は味が濃いため、ハイライトが懐かしくなっていたころだったので、早速、小銭を用意して売店に向かった。

売店の売り子の少女に、「あれ、ハイライトですね。懐かしいな」と日本語でいうと、うつむいて「クスッ」と笑った。

「あれ、日本語がわかるの」というと、もう一度、「クスッ」と笑った。そして彼女はハイライト一箱を私に手渡してくれた。うつむき加減の姿勢だったので顔はよく見えなかったが、おかっぱ頭の可愛い小柄な少女だった。赤い色のチマチョゴリを着ていた。

記念に写真を撮ろうと思い、カメラをとりにテーブルに戻り、売店のほうを振り向くと少女の姿はすでに消えていた。

あっけに取られたがそれ以降、少女は二度と売店に姿を現すことはなかった。

通訳の人に「あの売店の子は日本語がわかりますね」というと、「そうですか。日本からの帰国子女かもしれません」といって、口をつぐんだ。

在日朝鮮人の北朝鮮への帰国運動は、一九五〇年代から一九八四年まで続いた北朝鮮の国家事業だった。約一〇万人の在日朝鮮人と結婚した日本人妻たちが新潟港から北朝鮮へ移住した。

その後、北朝鮮へ渡った人々の生活は困窮し、日本への帰還を求めて消息が途絶えたり、政治犯となって収容所送りになった人々の悲惨な物語が日本へと伝えられるようになった。

売店の少女とは会話は交わさなかった。私の質問に少女は「クスッ」と笑っただけである。記念写真を撮れなかったのが心残りだった。

北朝鮮訪問から十数年経た一九九〇年代の半ば、横田めぐみさんが北朝鮮へ拉致されたことを知った。

私がピョンヤンを訪問していたころ、北朝鮮拉致問題の存在など思いもかけないことだった。噂のかけらも聞いてはいなかった。日本人拉致が進行中だった当時の北朝鮮を取材しながら、これに気付くことのなかった新聞記者の不明を恥じた。

金日成・金正日両氏の会見が不発に終わったのも、先方には拉致の後ろめたさがあってのことではないかと、今になって推測している。

一三歳の中学生だった横田めぐみさんが、新潟市の自宅近くで下校途中に北朝鮮工作員に拉致されたのは、日本側公式発表によると一九七七年の一一月一五日の夕刻のことである。私がピョンヤンに行ったのは、一九八一年四月のことだ。横田めぐみさんは、このころだと一六歳六カ月の年ごろになる。

「反応を見たのかもしれない」

拉致事件発覚後に、次々とマスコミで報道されるめぐみさんの写真に私は、既視感を感じ続けてきた。私が見た売店の少女に、横田めぐみさんの写真はとてもよく似ていた。彼女の写真がテレビで報道されるたびにそう思った。やはりあの少女は横田めぐみさんだったのではないか。

テレビ朝日のチーフプロデューサー・日下雄一氏に話したことがある。日下さんは「朝まで生テレビ」などを担当した腕利きのテレビ人で、ジャーナリスティックな勘が鋭い人だった。「売店の少女は横田めぐみさんかもしれませんね。めぐみさんの拉致を日本側は察知しているかどうか、日本から来た新聞記者の前に出して反応を見たんじゃないか」といった。

当時の北朝鮮には日本人記者はまだほとんど入っていなかった。もしあれが横田めぐみさんだったとすると、彼女を見た日本の新聞記者である私の反応から、拉致の事実を知らないと北朝鮮側は判断したかもしれない。

なぜ政府は長年、拉致に気付かなかったか

国交がない日本と北朝鮮の戦後の関係はいびつなものだった。近くて遠い国、という言葉がぴったりの国だった。

料金受取人払郵便

山科局承認

1918

差出有効期間
2021年3月
31日まで

郵便はがき

6 0 7-8 7 9 0

（受　取　人）

京都市山科区
日ノ岡堤谷町1番地

ミネルヴァ書房
読者アンケート係 行

◆ 以下のアンケートにお答え下さい。

お求めの
書店名＿＿＿＿＿＿＿＿＿市区町村＿＿＿＿＿＿＿＿＿＿＿＿＿＿＿書店

＊ この本をどのようにしてお知りになりましたか？ 以下の中から選び、3つまで○をお付け下さい。

A.広告（　　　　）を見て　B.店頭で見て　C.知人･友人の薦め
D.著者ファン　E.図書館で借りて　F.教科書として
G.ミネルヴァ書房図書目録　H.ミネルヴァ通信
I.書評（　　　　）をみて　J.講演会など　K.テレビ･ラジオ
L.出版ダイジェスト　M.これから出る本　N.他の本を読んで
O.DM　P.ホームページ（　　　　　　　　）をみて
Q.書店の案内で　R.その他（　　　　　　　　　　）

書 名　お買上の本のタイトルをご記入下さい。

◆上記の本に関するご感想、またはご意見・ご希望などをお書き下さい。
文章を採用させていただいた方には図書カードを贈呈いたします。

◆よく読む分野（ご専門）について、3つまで○をお付け下さい。
1. 哲学・思想　2. 世界史　3. 日本史　4. 政治・法律
5. 経済　6. 経営　7. 心理　8. 教育　9. 保育　10. 社会福祉
11. 社会　12. 自然科学　13. 文学・言語　14. 評論・評伝
15. 児童書　16. 資格・実用　17. その他（　　　　　　）

〒 ご住所 Tel　（　　）
お名前《ふりがな》　年齢　歳　性別　男・女
ご職業・学校名 （所属・専門）
Eメール

ミネルヴァ書房ホームページ　http://www.minervashobo.co.jp/
＊新刊案内（DM）不要の方は × を付けて下さい。 □

当時、北朝鮮のニュースや情報はほとんど日本国民の注目を集めていなかった。帰国運動で北朝鮮へ渡った人々が抑圧されているというニュースも一部の北朝鮮ウォッチャーや研究者、韓国系の団体を通じて伝えられるにすぎなかった。こうした中で左派の政治団体や組織は北朝鮮の金日成の主体《チュチェ》思想を称賛し、北朝鮮の社会主義革命を支持した歴史背景がある。

一九七〇年に日本赤軍の日航機よど号ハイジャック事件が起こり、ピョンヤン空港を目指した彼らは北朝鮮に降りて、保護された。このころから旧社会党は朝鮮労働党との関係を深め、日教組もこれに合わせて北朝鮮との「連帯」を強調してたびたび訪朝団を派遣していた。横田めぐみさん拉致事件は日教組の第四次訪朝の翌月に発生している。

さらに、一九九〇年には自民党の金丸信・元副総理と社会党の田辺誠・副委員長をそれぞれ団長とする北朝鮮訪問団、自民党一三人、社会党九人の与野党議員グループが日航チャーター機で北朝鮮を訪問した。この訪朝は北朝鮮で抑留されていた第一八富士山丸の船員問題を解決し、日本の植民地支配に対する「謝罪」表明で、日朝関係正常化の狙いがあったとされる。

この時期には、戦後初めて外務省などの政府関係者が北朝鮮入りしており、政府間の正常化交渉に道を開こうとしていた。

上述のように表向きは日本と北朝鮮の関係は、緊張緩和の方向に向かっており、拉致問題が発生する根拠があることを日本側はなかなか予想できなかったといえるだろう。

しかしながら、一九八八年に民社党の塚本三郎委員長が「大韓航空機爆破事件および『李恩恵』こと田口八重子さん失踪事件、一九七八年七月から八月に起きた福井県の地村保志さん、濱本富貴恵さん失踪事件、新潟県の蓮池薫さん、奥土祐木子さんの失踪事件などは北朝鮮による犯行ではないか」と国会質問で指摘し、真相究明を求めたことがあった。この塚本発言で、国会で初めて北朝鮮拉致が取りあげられた。さらに同年、参議院予算委員会で共産党の橋本敦氏が、塚本氏と同様の質問をしたのに対し、梶山静六国家公安委員長は、北朝鮮による拉致の疑いが濃厚であることとの見解を示した。

これは北朝鮮による日本人拉致事件の存在を、日本政府が初めて認めた公式答弁だった。私の訪朝から七年後のことである。しかしマスコミの報道はさらに鈍く、北朝鮮拉致問題はなかなか国民大衆の世論とは結び付かなかった。

3 小泉首相電撃訪朝で金正日主席は拉致を認めた

なぜマスコミは拉致に無関心だったか

日本政府が拉致を認めてから約一〇年後の一九九七年、ようやく産経新聞と週刊誌『ＡＥＲＡ』が「新潟で失踪した女子中学生は北朝鮮で生きている」と拉致問題についての報道の先陣を切り、民放各局や新聞他紙がこれに続いて拉致問題を報道した。

以降、日本国内では拉致された人々の奪還と反北朝鮮世論が盛り上がることになり、世論に後押しされた政府は北朝鮮との国交正常化に慎重な態度を取るようになった。

日朝国交回復を射程にしていた北朝鮮外交は、拉致問題の発覚でゼロからの見直しを迫られることになったのである。

さらに二〇〇二年の小泉首相の北朝鮮電撃訪問により、横田めぐみさんらの拉致を金正日主席は認めたが、めぐみさんら数人はすでに死亡したと北朝鮮は公表した。

横田めぐみさんは北朝鮮の病院で神経症のために自殺したという北朝鮮の発表はにわかに信じられなかった。日本国民はこの北朝鮮発表に激怒し、横田夫妻とともにいたいけな少女の死を悲しんだ。

小泉訪朝の結果、拉致されていた蓮池薫さん、曽我ひとみさんと家族ら数人が帰国を果たしたが、これで拉致の問題が解決したわけではなく、その後の北朝鮮の核開発やミサイル発射実験などで、日本国民の反北朝鮮感情に火がついた。

さらに北朝鮮側の発表の死亡説を否定する横田めぐみさん目撃説や生存説は、ことあるごとに出されてきた。北朝鮮は遺骨まで用意して死亡説を証明しようとしたが、遺骨のＤＮＡ鑑定の結果、偽物だったことが判明している。

二〇一一年秋、再び横田めぐみさん生存説が韓国の調査から浮上してきた。これまで北朝鮮の発表した死亡説には多くの矛盾点があるので、めぐみさんが生きているという説は信憑性があると語られ続けてきた。

日本のマスコミはなぜ拉致問題への対応が遅かったのか。韓国特派員を経験し、朝鮮問題に詳しい小田川興朝日新聞元ソウル支局長は、「拉致問題が発生していたころは、北よりも韓国の政治に問題点が多かった。七〇年代から八〇年代にかけて軍事独裁政権だった朴大統領が暗殺で倒れ、光州事件、金大中拉致事件など韓国の民主化を弾圧する事件がたくさん起こった。日本のマスコミはこういう韓国の軍事政権の腐敗に目を奪われて北朝鮮への関心が向かなかったのではないだろうか」と理由を分析していた。

確かに当時の韓国は軍事独裁政権vs.民主化運動の政治闘争の嵐が吹き荒れていて、軍事クーデターの朴正熙大統領の軍事独裁政権と暗殺、光州事件の弾圧や金大中拉致事件等、生々しい民主化運動弾圧事件がたくさん起こった。

北朝鮮も金日成独裁国家ではあったが、当時の韓国のような軍事政権の度合いが薄く、金日成の主体思想で国が統一されているというイメージが作られており、韓国に比べれば平和的であるとの思い込みが日本のマスコミや知識人の中にあった。

そんな日本のマスコミの思い込みを嘲笑うように日本人の北朝鮮への拉致が目が届かないところで着々と進行していたということである。

戦時下日本の負の歴史の再確認

拉致問題の北朝鮮側の釈明は事実確認のしようもなく、わからないことが多いが、北朝鮮社会に戦時下の日本統治下時代への怨恨が深く根をおろしていることは、取材するとわかる。

ピョンヤン宿泊一日目の夜、夕食後に見てもらいたい映画があるといわれた。金正日作・演出の『血の海』という歌劇を映画化したものだ。その内容は、旧日本軍が朝鮮統治時代に朝鮮民衆に行った暴虐の数々を描いたものだという。

内容のおおよその見当はついたので、「日本人としてはあまり見たくはない内容ですね。見なければ日朝友好に支障がありますか。今夜は旅の疲れもあるから休みたい」というと、対外文化協会の幹部はしばらく考えていたが、「わかりました。普通は必ず訪朝した日本人には見ていただきますが、先生（北朝鮮では敬意を払って相手に先生という表現をよく使う）にはお見せしなくても、勉強しておられるから構いません。ゆっくりお休みください」といって去っていった。

この幹部はパリに駐在したこともあるという外交官で、西側の人間の気持ちがわかる物柔らかな人物でもあった。

歴史をひもとけば、日本が戦時中に朝鮮半島で行った行為を日本人は忘れていても、相手は忘れてはいない。過去の歴史に対する日本人の贖罪の意識が、戦後のドイツ人に比べて薄弱だ、と北朝鮮の人は思っている。戦時下、日本に強制連行され炭鉱などの過酷な下層労働に従事させられた徴用工など死亡した同胞への思いも彼らは忘れてはいない。

ピョンヤン入り初日に、歌劇『血の海』を見せようとした北朝鮮側は、そうした負の歴史を日本人にまず再確認させる意図があったのだろう。

それでも一三歳の中学生少女を狙った北朝鮮側の意図は全くわからない。歌劇『血の海』がテーマにしたように、仮に戦前の日本が北朝鮮に対して暴虐の限りを働いたとしても、戦後の平穏な生活の中で夢見る少女だっためぐみさんに何の罪があったのだろうか。わずかな救いは横田めぐみさん、蓮池薫さん夫妻、曽我ひとみさんら拉致された人たちが、北朝鮮で比較的上層部の暮らしをしていたことだ。

横田めぐみさんの娘は金日成総合大学に入学しているが、この大学は北朝鮮の最高学府で高位高官の子弟しか入学ができない。また蓮池夫妻も安定した国家機関に勤め、衣食住に不便のない高待遇を受けていた。

儒教型のタテ社会である北朝鮮は格差と身分差別がきつい国といわれており、帰国運動で祖国へ帰った在日朝鮮人や日本人妻たちが貧困や差別に苦しんでいる、という報告がある。そうした社会的条件の中で、拉致された日本国籍の人が、北朝鮮で経済的には困らない暮らしをしていたことは稀有なことであった。

しかし横田めぐみさんや拉致された他の人々が北朝鮮にとってなぜ必要だったのか、なぜ拉致されたのか。この疑問はいまだに解明されてはいない。横田めぐみさん拉致事件が、日本のナショナリズムの高揚に使われたり、救出活動に関係した政治家たちの自己アピールのために使われた局面も多々あったのではないか。北朝鮮から帰国した蓮池薫さんの兄の蓮池透氏の著作を読むと拉致問題を取り巻いた政治人脈の腐敗と問題点がよくわかる。政治は結果で評価される。いくら努力したと抗弁しても、結果ゼロなら価値はない。

「日朝は国交が回復していないので、戦争賠償金を払ってはいない。北朝鮮は日本と国交を回復させ、日本から戦争賠償金を取ることで貧困から脱する道を考えている」という考え方が今日、流布されている。

4　朝鮮半島第一次核危機の教訓

豆満江開発計画

私がハワイのEWC（東西センター）にいたころ、第一次朝鮮半島核危機が起こった。北朝鮮が核兵器開発を行い、あわやアメリカと戦争一歩手前となり、カーター元大統領特使が北朝鮮に出向いて金日成主席と会談、危機は一時的に収まった。このとき北朝鮮への経済支援プロジェクトをEWCが立案、北朝鮮に経済特区を作る「豆満江開発計画」が生まれた。計画はアメリカが主導し、豆満江流域に隣接する韓国、北朝鮮、ロシア、モンゴルのほか日本も関与する後の六カ国協議のもとになる朝鮮半島和平プロジェクトの国際フレームができた。

EWCは国務省に所属する研究機関で、現職だったアメリカ財務省次官が「豆満江開発銀行」総裁候補として赴任し、銀行設立の資金集めを始めた。私も彼に会ったことがあるが、「金が集まらない。経済大国の日本がもっと協力してくれることを期待している」と話したことがあった。しかし日本はこのプロジェクトに冷淡だったのである。

結局、資金は思うように集まらず、この計画は頓挫した。それから約二〇年後、北朝鮮が長距離ミサイルに核弾頭をつける技術を開発し、再びアメリカを脅かす第二次朝鮮半島核危機が起こった。二度目の核危機はトランプ大統領がとりあえず収めた形になっているが、二〇一九年二月末にハノイで行われた米朝首脳会談の決裂で先が見えなくなっている。

なぜ北朝鮮は日本人拉致が必要だったのか

日朝の間に横たわる歴史認識の深いギャップと日朝間の現実認識の齟齬の中で、拉致問題が発生したと推測されるが、北朝鮮がなぜ拉致というリスクの大きい犯罪をあえて行ったのかは、よくわからない。かりに戦時下の日本の蛮行に対する復讐だとしても、横田めぐみさんのような少女を拉致する正当性はない。

大韓航空機爆破事件の犯人の金賢姫に日本語を教えていたという李恩恵こと田口八重子さん拉致にしても、日本語を教えられる人材は北朝鮮にはいくらでもいるのではないか。訪朝時に通訳をしてくれた女性は平壌外国語大学出身だったが、じつに日本語が上手だった。帰国運動では数万人の在日朝鮮人や日本人妻が北朝鮮へ渡っている。日本語の教師に困ることはないはずだ。

あえて日本から拉致してまで、日本語の教師を育成する必要があったとは思えない。

国際世論は拉致被害を受けた日本に同情はしているが、あまりにも外交能力と交渉力のないアメリカ頼みの日本政府に愛想をつかしてる。

したたかな力の外交を展開する北朝鮮は、こうした日本の弱点をうまく使って、日本人拉致問題に対する国際社会の非難をかわしているように見える。

ブッシュ（子）政権時代には横田夫妻とブッシュ大統領が会見し、「グレート・マザー」と母親の横田サキエさんを褒めて救出協力を約束したが、思わしい進展はなかった。アメリカがどれだけ後押ししてくれたかはわからない。そうした中で救出への国際世論は盛り上がることなく、年を追ってしぼんできた。

かつて北朝鮮ナンバー2といわれながら、韓国へ亡命した元朝鮮労働党書記の故黄長燁（ファン・ジャンヨプ）氏が、作家の深田祐介氏の「なぜ北朝鮮は核保有にこだわっているのか」とのインタビューの質問に対していった言葉が、私にはひっかかっている。

「金正日はいつもこんなことをいっていました。『アメリカは我々に干渉出来ない。仮に干渉すれば、我々は頼もしい担保物を掴んである。南朝鮮の人民であり、日本の人民である』」。

（「私は金正日に『核の秘密』を聞いた」『諸君！』二〇〇七年一〇月号特集）

横田めぐみさんたちは、アメリカの干渉を避けるための「頼もしい担保」のシンボルなのだろうか。

しかし、一見勇ましく聞こえる金正日のこの言葉から聞こえてくるホンネは、「北朝鮮からは決して戦争は仕掛けられない」という意味に等しい、と黄氏は分析している。

さらに黄氏は、拉致問題と国交回復をセットにして日本人は議論しているが、これをしている間は北朝鮮に足元をみられ、拉致問題の解決はないだろうと見ている。

本当に拉致問題を解決したいのなら、日本は国交回復とは切り離して、拉致という不当な人権抑圧問題だけを掲げて正面突破すべき、という論法である。

その場合、北朝鮮内部の政治犯収容所等の過酷な人権抑圧を告発する人道上のアピールを同時に行えば、ていると思う。

国際世論は日本の味方につくだろう。

従来のような日本人だけの拉致問題を単独でアピールする方法では弱い、という黄氏の見解は正鵠を得ていると思う。

小泉訪朝の若干の成果を除けばゼロ回答のまま

小泉訪朝で若干の成果はあったが、以降、経済制裁、六カ国協議、米国の軍事力などを総動員し、国交回復（戦争賠償金）などを餌にして圧力をかけても、拉致問題の本質的な解決はなかった。

結局、最も有効な手段は、黄氏がいう通り、北朝鮮政府内部の人権抑圧を告発する国際包囲網による国際世論の圧力こそが、拉致問題解決の最大の武器になるということだ。

北朝鮮を出国予定の前日、預けておいたパスポートが手元に返ってきた。担当者は笑いながら「やはりお帰りいただくことにしました」と意味不明なことをいって笑った。一瞬、背筋がひやりとしたのを覚えている。訪朝に同行した若い音楽家がしきりにピョンヤンへ残ることを勧められていた。

平壌空港を飛び立ち、北京についたときはほっとしたことを覚えている。このときの北京はピョンヤンより貧しい印象を受けたが、改革開放へ向かう自由の風が吹いていた。公園には春の花々が満開の平和な北京だった。

南北軍事境界線の雪解けはいつ来るか

二〇一八年、米朝首脳会談がシンガポールで行われ、北朝鮮との和解の雰囲気が高まり、二〇一九年二月末には二回目の首脳会談がベトナムのハノイで行われたが、結局、決裂した。アメリカ大統領と北朝鮮の主席のトップ同士が史上初の会談を持ったという歴史的な意義はあるが、本当の雪解けはどうなるかわからない。また拉致問題がどうなるかもわからない。

約四〇年前の初訪朝時、板門店に行き、北側から南北を隔てる軍事境界線を見たことがある。韓国側から北側を見る観光ツアーはあるが、北側から韓国側を見ることができる機会はめったにない。

板門閣の建物の中から韓国側が見え、南北境界線の向こうに「自由の家」が見えた。北緯三八度線を挟んだ軍事停戦委員会本会議場のブルーの色の建物が見えた。

板門閣の前に立ち韓国側を見ると、アメリカ軍のMPと思われる複数の軍人の姿が見えた。彼らは北側に向かってまっすぐに直立していた。折しも米韓合同の大規模な軍事演習をやっており、砲撃の大音響があたりに木霊していた。

北側の案内で軍事停戦委員会の本会議場まで歩いていった。ほんの一〇メートル先は韓国だった。会議場に入って、三八度線の軍事境界線北側の北朝鮮用の椅子に座ってしばらく外を見ていると、韓国兵士や米軍のMPが、私たちがいる会議室の中を覗き込んでいるのが窓越しに見えた。

ドイツのようにベルリンの壁がなくなり、かつては強固に閉ざされていた東西の壁を取り払ったように、朝鮮半島の休戦ラインの北と南を歩いて行き来できる日はいつ来るのだろうか。一〇メートルほど距離しかない軍事境界線をまたいで歩ける日は来るのだろうか。

この軍事境界線は、今では世界でただ一つ残された「冷戦の前線」として存在している。

第8章　湾岸戦争からイラク戦争へ

1　CNNを通じたアメリカの宣戦布告

テレビの戦争報道が与える社会的影響力

ベトナム戦争報道の章で、メディアの第四権力論の誕生の物語を書き、米国の大新聞の影響力と世論をリードする役割について論じた。しかし茶の間に直接、戦場の映像が入り、新聞とは比較にならないほど大きいテレビの影響力は新聞を凌駕するようになる。

新聞記者出身でCBSテレビのイブニングニュースのアンカーマンだったウォルター・クロンカイトは大統領よりも影響力のある男といわれていた。新聞から情報を得て、米国世論が次第にベトナム厭戦に傾斜していることを実感した彼は、「米国の国益と名誉のために戦争をストップすべきだ」とテレビ番組で呼びかけた。その番組を見ていたジョンソン大統領はクロンカイトの支持を失ったことを嘆き、ベトナム停戦を決意したといわれる。そしてテレビの戦争報道が与える社会的影響力の大きさは、ベトナム戦争から約二〇年後の湾岸戦争で証明された。

一九九一年一月一四日の湾岸戦争前夜、ジェームズ・ベイカー米国務長官は、「イラクがクウェートから撤退するデッドラインは一月一六日午前零時だ」とイラク大統領サダム・フセインに告げた。湾岸戦争が始まる四日前のことである。この演説はサウジアラビアのタイフにある米軍基地で行われ、F-111戦闘爆撃機や空軍第四八戦術戦闘航空団の数百人の兵士が長官の前に整列していた。（ヌーマン、一九九八）。

ジャーナリストとして従軍取材していたヌーマンは、このベイカー演説を現場で聞いた一人である。このとき「国際関係の歴史的な転換点にいる」とヌーマンは感じた。なぜなら、演説から一時間も経たないうちに、フセインはCNNを通じてこの場面を見ることができたからだ。電波のスピードの前に外交チャネルは無用になったのである。

ベイカーはCNNテレビの前で話したかったのだ。「我々はこのメッセージをジョー・ウィルソン（バグダッド駐在米国大使）を通じてではなく、CNNを通して送った」とベイカーは説明した（同上書）。テレビのネットワークや電子ジャーナリズムが外交政策の主導権を握るかもしれないという懸念は、現実化した。機密文書をもって敵国へ乗り込み、密かな外交交渉で局面の打開をはかる任務の外交官は、仕事を失ったわけである。

これは〝中抜き〟の構造と呼ばれるが、スピードを至上とする情報革命下のコミュニケーションのプロセスの中では、中間的な情報媒介者はその存在理由をなくしてしまう。生半可なメディアや知識の受け売りしかできない大学教授にしても同じ事だ。産地からの価値ある情報は仲介者を通さずに直接、受け手へと届けられる。

中抜きの構造、外交官は不要になる

ＣＮＮがあれば外交官は不要になる、という類の論議は〝ＣＮＮカーブ〟と呼ばれるが、湾岸戦争はこれを実証した。実際、ベーカー長官の言葉は敵方のフセイン大統領へと正確に届き、開戦直前の外交官は何もすることができなかったのである。

衛星放送時代の幕開け、これが湾岸戦争がメディアに与えた役割だった。フセインへの最後通牒の後、予定通り多国籍同盟軍はバグダッドを空爆したが、開戦を実況中継で世界に伝えたのは、一人バグダッドに残ったＣＮＮのピーター・アーネット記者だった。バグダッドの夜空を米軍の巡航ミサイルや爆撃機が投下する爆弾の閃光が彩り、花火ショーのような映像が世界中の茶の間のテレビにライブで届けられた。アーネットは「今戦争が始まりました」とライブで中継を行った。

ブッシュ（父）、フセインという戦争当事国の大統領もまた、世界中のテレビ視聴者と同様に、ＣＮＮを見て初めて「戦争が始まった」ことを実感したのであった。

アーネット記者は、米国国防総省の退去勧告を無視してバグダッドに残り、戦争開始のスクープ映像を全世界に届けたわけである。多国籍軍が空爆するリアルタイムの映像を世界に送ったのだが、これは戦争の歴史の中で初めてのことだった。戦争開始を実況するリアルタイム映像はこれまでの戦争報道にとって類例をみない。すでに述べたように、このようなテレビ報道はまた外交チャネルをも無力化したことは当然かもしれない。国家間の戦争ならば、衛星テレビを通じて宣戦布告ができるから、真珠湾奇襲のようなことはあり得なくなる。宣戦布告のない奇襲攻撃は国際法違反のテロと断定できることになる。

さらに各国首脳は自国の外交担当官からの連絡を待つまでもなく、テレビ画面から戦況を知ることができた。

二〇〇一年の9・11ニューヨーク同時テロのとき、ツインタワーに飛行機が突っ込んでゆく衝撃の映像を、私は夜の一〇時のニュース番組（テレビ朝日「ニュース・ステーション」）のリアルタイムで見たことを思い出す。太平洋の向こうの国の大テロ事件を茶の間のテレビ中継で見るなどということは、これまでのメディアの常識では考えられないことだった。

湾岸戦争時、イスラエル軍は、攻撃現場を特定したテレビ映像がイラクの攻撃を有利にするのではないかと恐れたほどである。アメリカ、イラク、イスラエルなど戦争当事国の首脳はそれぞれの国でCNNを見ながら戦略をねり、関係者のテレビ出演を通してメッセージを送り合った。テレビは単なる報道の域を脱して、湾岸戦争の帰趨に一役も二役も影響を与えた。

2　メディアを使ったクリーンな戦争か

戦争の虚構化

味方も敵も競ってCNNをはじめとするテレビを利用して情報戦に挑んだ。湾岸戦争は衛星放送時代の幕開けとして、メディアに格好のシーンを提供したのである。報道機関の本来の役割とは別に、衛星によるメディア技術の発達と情報のグローバリゼーションは、国益がぶつかり合うはずの戦争の局面まで変えていった。

ベトナム戦争が悲惨な戦争の実態を伝えたのに反して、逆に戦争の実態を隠すという皮肉な結果が生まれたが、これは電子化された第四の権力がもたらした負の側面だった。

クラウゼビッツが『戦争論』で述べたような兵力や火器に重点を置いた戦争観はもはや過去のものと

なった。湾岸戦争は、コンピューター技術を駆使したハイテク情報戦争となり、戦場の死や破壊や悲惨が見えないために、「クリーンな戦争」といわれた。戦闘機から敵を攻撃するパイロットのボタン操作は、コンピューター画面の中でキーボードをたたくゲームの感覚と酷似してきた。

花火のように夜空を飛び交うミサイル弾、コックピットのボタン操作で発射された爆弾がピンポイント攻撃で目的を破壊する。こうした映像が茶の間でさかんに放映されたのである。

地上では爆弾が炸裂し、人々が死傷しているはずの戦争の実感は希薄になった。テレビ画面にはそのような死者の映像はあまり映されることはなかった。米軍の兵士の死傷者も従来の戦争とは比較にならないほど少なく、人間の死や破壊を見ないですむ戦争イメージが作られた。

「クリーンな戦争」としての湾岸戦争は、戦争の虚構化のイメージと映像をCNNの国際テレビ網を通じて全世界の人々の茶の間に届けた。ベトナム戦争報道のようにジャングルの泥にまみれた血なまぐさい戦争の実像をほとんど伝えなかった。視聴者は空爆する兵士と同じ目線から破壊される目標をテレビ画面上で確認しただけだった。

殺しあうという戦争の本質を正しく理解すれば、クリーンな戦争などどこにもないことがわかる。ファクト（事実）を見れば、どんな戦場にも無残な人間の死と阿鼻叫喚がある。ところが湾岸戦争のテレビ報道はベトナム戦争時とは逆に、人間臭さを排除した戦争のクリーンなイメージを作り出し、戦争のイメージを虚構化させ戦争をテレビゲームの世界に近づけた。

湾岸戦争はなかった——ボードリヤール

フランスの社会学者のボードリヤールは、「戦争のメディア化が虚構化を強めた」といって湾岸戦争報道を批判した（ボードリヤール、一九九二）。爆撃機のコックピット映像はビデオモニターの映像である。テレビはコックピットのモニター映像を映すのだから、映像の映像ということになる。虚構化された映像のコピーを視聴者は見ている。

ボードリヤールは湾岸戦争をハイパーリアルな戦争と呼んだ。「暴力やイメージを奪われた戦争、戦争の技術者によって裸にされてから、彼らによって、エレクトロニクスのあらゆる装置を、第二の皮膚のようにはりつけられた戦争」なのだ（ボードリヤール、前掲書）。

「イラクは、汚い戦争のイメージを信じ込ませるために、民間の施設をアメリカに爆破させた。アメリカは、清潔な戦争を信じ込ませるために、軍事衛星の情報をカムフラージュした。すべてはだまし絵だ！」（前掲書）とボードリヤールが指摘した通り、メディアを通じた情報操作の中では、真実はしばしば犠牲にされる。しかもハイテク情報戦の中の事実は見えにくいだけではなく、事実は隠されてゆく。

一人バグダッドに残って、衛星放送技術から発電機の操作、カメラワークまでこなして報道を続けたアーネット記者は、ペンタゴンに利用されたと世論から批判された。しかしその逆に、アーネットのイラク寄りの報道は反アメリカ的であり、イラクの宣伝機関として利用されたという逆の世論の非難も浴びせられた。

戦争報道の公共性とは何か

ニュースは立場や見え方に左右されるのだから、その批判のどちらの意見も一面の真実を含んでいる。ニュース報道にはそのような正反対の立場がぶつかり合うアンビバレントな契機が含まれている。

しかしジャーナリストの役割は何かと問われれば、誰に何といわれようとも、自分が正しいと信じるファクト（事実）を世の中に伝えることでしかない。その仕事はどこの国のジャーナリストでも同じだろう。事実には記者の価値観や良心の反映が含まれている。

様々な立場と見解がアレーナとしてぶつかりあうメディアの「公共圏」という重要な概念を提起したドイツの哲学者ユルゲン・ハーバーマスは、「公共的コミュニケーションにおける自生的過程と権力化した過程との区別を放棄しないで、……このふたつの観点はどちらも考慮にいれなければならない」といい、「マスメディアによって支配され、正反対の方向の傾向がそこでぶつかるようなアレーナのモデル」について語っている（ハーバーマス、一九九四）。「公共圏」で様々なファクトと見解がぶつかり、しのぎを削りながら、やがては世界の真実が姿を現してくるかもしれない。

マスメディアは様々な立場と試行錯誤の中に投げ込まれながらも、やがては世論や公論をリードして世の中の流れを作ってゆく。もともとフランクフルト学派のマルクス主義者だったハーバーマスはベルリンの壁の崩壊からソ連崩壊にいたる一連の東欧革命を目撃して、西側のテレビが果たした革命への影響力を認め、自由なマスメディアが世論を作る役割の重要性を見直したのである。

メディアの戦場では、正反対の報道が混在し矛盾し合い、統一性を失った混乱を作り出すこともある。しかしそれがマスメディアの本来の姿でもある。そのような言論の闘いの場から生み出された公論や世論が練磨され、よりよい市民社会の世論が作られてゆく。

3　エンベッド取材で失われた戦場の真実

女性兵士救出劇はヤラセだった

しかしながら二〇〇三年のイラク戦争では、軍と従軍記者の一体感が生まれたことを国防総省に評価されるという皮肉な結果が起こった。国防総省はベトナム戦争や第一次湾岸戦争の教訓と反省の上に、記者に自由な取材をさせず、安全な取材および記者と軍の一体感を醸成する「埋め込み型」（エンベッド）取材を考案した。イラク戦争報道で、権力との蜜月を演出誘導されることで、監視の役割を削減された「第四の権力」が失ったものは大きい。またテレビ映像の演出は、数々のフェイクニュースを作り出していった。事実と嘘との判別がしにくくなったのだ。要するに、戦場で起こった事実が犠牲になったといえる。

例えば、戦車に同乗したCNN記者は、戦車のバグダッド進軍の実戦模様をライブ中継し、戦車の司令官の映像を放映し、家族との中継映像も流した。戦争のライブショーである。エンベッドで従軍した野嶋記者はこんな体験を語っている。迫撃弾が敵に命中し、米軍兵士たちが歓声を上げたとき、自分も歓声を上げていたという。「私は中立であるべきジャーナリストであり、攻撃の成功を喜ぶべきではない」。しかし「『やった』という感情は無意識のうちにわき上がった」と書いている（野嶋、前掲書）。

米軍当局としては思うツボだろうが、「不偏不党」を標榜する日本の新聞記者があえてイラク戦争を取材する以上、米軍の視点ではない日本人記者の視点が必要だ。エンベッド取材でこの視点が失われるなら、「日本はこの戦争にどう関与しているか、あるいは巻き込まれているのか」という最も重要な視点が失われたことになる。

イラク戦争のときに一九歳の女性兵士リンチ上等兵が敵の捕虜になり、救出劇がリアルタイムでテレビ放映されたことがある。しかしこれはヤラセだったことが判明した。その前の湾岸戦争のときには、広告会社が演出したというクウェート少女ナイラの虚偽証言や油まみれの黒い水鳥などのやらせ報道があった。戦場のテレビ映像は真実であるよりはヤラセや情報操作の実験場にもなっている。

もう一つの視点、中東初の独立ＴＶアルジャジーラ

湾岸戦争後の一九九六年、中東で初の自由なテレビとして誕生したカタールのアルジャジーラが、欧米メディアによる欧米中心の価値観や視点を伝える戦争報道の中にあって、大活躍した。中東諸国の中では例外的に言論の自由が認められたカタールで、アルジャジーラは中東のＣＮＮを目指すニュース専用チャネルとしてスタートしたものだ。

アルジャジーラが世界の注目を集め、国際テレビとして認知されたのは、アフガン戦争の報道からである。カブールに報道拠点を置けたのは、アルジャジーラとイスラム通信の二社だけだったから、戦場のホットニュースの国際配信はアルジャジーラの独壇場になった。中でも世界に衝撃を与えたニュースが、ビン・ラーディンの録画テープのスクープ映像である。ブッシュ大統領に、「お尋ね者、生死を知らず」と指名手配されたビン・ラーディンの消息がまるで不明なとき、生存を示す彼のスクープ映像は欧米テレビ界で競って報道された。中東の小国の新興テレビ局にすぎなかったアルジャジーラは、中東独自の取材網を駆使して、ＣＮＮと肩を並べる国際テレビ局として世界に認知されたのである。

ビン・ラーディンの映像放映に対して、テロとの戦いを標榜したホワイトハウスは、三大ネットワークやＣＮＮなどのテレビ局にアルジャジーラ提供の映像をそのまま流さないで欲しいと要請した。ビン・

ラーディンの仕草やポーズの中に、テロリストに対する指示が含まれている可能性がある、という理由だった。全米各国が9・11に次ぐテロを恐れていた時期でもあり、テレビ局側は戦時下の特殊事情を考慮してテープを編集して流すことにし、ホワイトハウスの要請を了承した。

しかしこのようなホワイトハウスとテレビ局の姿勢に対して、『ニューヨーク・タイムズ』は社説やコラムなどで憲法違反の検閲にあたるとして反発し、第四権力としての活字メディアの原則論と権威をみせつけようとした。政府の要請はひとえに憲法を無視した言論の自由への介入だというのである。「国益を判断するのは政府だけに任された仕事ではない、我々はジャーナリストの視点から国益を判断している。記事にするかしないかは、政府が判断するのではなく、我々が判断する」(“The War, The Press and bin Laden”『ニューヨーク・タイムズ』二〇〇一年一〇月一二日)と論陣を張った。

4　テロ撲滅と言論の自由

捏造事件に揺れたタイムズ

テレビ報道の多くが、同時テロショックを引きずり、テロ撲滅のためには言論の自由の制限もやむを得ないと考えていた時期に、『ニューヨーク・タイムズ』は言論機関の基本原則を貫くべきという主張をあえて掲げたのである。

世界で最も言論の自由が進化したはずのアメリカですら、同時テロショックの後遺症が蔓延し、原則論の主張が難しい社会的背景が生まれていたことがわかる(柴山、二〇〇二)。

しかし『ニューヨーク・タイムズ』の論説は、活字メディアの第四権力の影響力は依然健在であることを世界に示した。

「タイムズに載らないうちはニュースではない」とケネディにいわしめ、大統領自らが間違いを謝罪したその権威ある新聞社で発覚した記事捏造事件は、アメリカのジャーナリズム界に深刻な打撃を与えた。９・11同時多発テロ以降、七つのピューリッツァー賞を取ったベテラン記者の記事が捏造だったというのだ。

この記者はインターネットを使って事件や人物にアクセスし、あたかも現場に出かけインタビューしたふりをして、記事を書いたという。編集幹部の引責辞任が続き、『ニューヨーク・タイムズ』の深い苦悩がうかがえた。いったいこの名門新聞は立ち上がることができるのだろうか。この事件のあとのＣＮＮの世論調査では、新聞の信頼度は三〇％台に落ち込んだといわれる。

テレビ中継やインターネットを見ていれば、記者が現場に行かなくても詳細なデータを収集できる。バーチャル・リアリティではあるが、現場の疑似体験もできる。だから現場を踏んで関係者にインタビューしてきたような記事を書こうと思えば書ける。現代の情報化社会には、それができるメディア環境が作られている。

「現場主義」というジャーナリストの原点が崩壊しつつあるように見える。現場に行かなくても、ネットとメディアを駆使すればもっと詳しい現場の状況がわかるかもしれないのだ。しかしネットから得られないものは、匂いや触覚と生身の臨場感であり、記者が現場で張り巡らす情報アンテナの緊張感だろう。

しかしバーチャル・リアリティの罠に権威ある新聞社の記者がはまったことは、第四権力としてのジャーナリズムの危機を一層深化させているように見える。

情報革命の進化は、ジャーナリストの古い倫理感や使命感をどんどん飛び越えて腐蝕させてゆくことを、

『ニューヨーク・タイムズ』の捏造事件は伝えた。

情報革命下のジャーナリズムの危機

「情報革命下」のジャーナリズムには、「外部の目に見える敵」と「内部の見えない敵」という二つの敵との戦いの危機が待ち受けている。政府や権力と闘い、事実を追求し、権力の嘘を暴いてゆくのがジャーナリズムの役割と仕事、と単純にはいい切れないジレンマの中に立たされていることは確かだ。

そうした様々なジレンマの中にあって、あえて言論で立つ勇気を持続させることこそ、第四権力としての現代のジャーナリズムに求められているものであろう。監視機構の第四の権力として、マスメディアに対する広汎な認知が生まれたのは、アメリカの新聞が戦争報道の苦難の中で作りあげたものだった。

湾岸戦争、イラク戦争など現代の主要なアメリカの戦争報道を新聞、テレビなど既成メディア他、インターネットが発達した情報革命の面からも見てきた。ベトナム戦争報道がそうだったように、戦争報道の本質には記録するジャーナリズムの真骨頂が詰まっている。誰かが戦場に出かけて戦争の実態を見なければ話にならない。

フランスの作家スタンダールは「戦場は作家にとって最良の教師である。私はナポレオンの戦争から文章の書き方を学んだ」といったし、アメリカのノーベル賞作家、アーネスト・ヘミングウェイは第一次世界大戦、スペイン市民戦争、第二次世界大戦を渡り歩いた作家だが、やはりスタンダールと同様のことをいっている。

ヘミングウェイの戦場体験

戦場では生と死をめぐる人間の単純な事実が存在している。ヘミングウェイはスペイン市民戦争に外人部隊として反ファシストの市民軍に加わった戦場体験を『誰が為に鐘は鳴る』で描いている。作品のモチーフをジョン・ダンの「誰が死のうと自分が死ぬのと同じだ。なぜなら私も人類の一部なのだから」という詩で表している。文豪スタンダールがいったように戦争報道はジャーナリズムにとって最も本質的ともいえる重要な部分だ。

5　イラク戦争、経験の蓄積がなかった日本の戦争報道

日本人記者の戦場取材のあり方

二〇〇三年にイラク戦争が開戦したとき、米軍は西側同盟国の記者たちに従軍取材を許可して、日本の記者も戦場取材ができるようになった。先述したように米軍の方式は「エンベッド」という方式で、寝食を米軍とともにしながら取材を行う、というものだった。ベトナム戦争の教訓から米軍は記者を自由に取材させると、軍の失敗や不祥事、隠しておきたい情報まで出てしまって、政府が窮地に陥ることをさける意図もあった。記者を一緒に同行させるほうが安全と考えたのだ。

しかし日本の新聞社には戦場取材の経験のある記者はもういなかったのである。ベトナム戦争で活躍した記者たちはすでに社を去り、軍事を論評する軍事ジャーナリストはいたが、実際の戦場取材の経験とノウハウが社内には蓄積されていなかったのだ。突然、イラクの戦場取材を命じられた記者が、経験者を捜したが自分の所属する社内には見つからず途方に暮れたというエピソードがある。

毎日新聞記者がイラクの戦場の爆弾の残骸を拾ってヨルダンに持ち込み、アンマン空港でそれが爆発して死傷者を出した事件は、日本のメディアのありかたの一端を垣間見た思いがした。毎日記者が不用意だったのは確かだ。クラスター爆弾は地上の地雷といわれる危険な爆弾で、これによる被害があちこちで起きている。従軍記者がそれを知らないで拾って持ち歩いていたのだから、戦場取材のイロハのトレーニングもできていなかったことになる。戦車部隊などに従軍したアメリカの記者は、最低一、二週間のトレーニングをへたのち戦地に赴いている。

開戦前の三月一七日、バグダッドのプレスセンターが閉鎖された。そのとき、イラク政府が特別に許可した何人かの記者は厳しいコントロールと監視下に置かれる条件で、残留を認められた。フリーランスの渡部陽一によれば、「CNNのチームが数人とアルジャジーラ・テレビのほか、全部で一〇〇人くらいが残った。日本の大手メディア報道陣は全面撤退した」（『SAPIO』二〇〇三年四月九日）という。

バグダッドに残った山本美香記者

日本ではフリーランスのジャーナリストなど若干が残って報道に当たったというが、その中に二〇一二年シリアで亡くなった山本美香記者がいた。米軍が制圧するまでの戦時下のバグダッド市内の様子は、例えばTBSやテレビ朝日のニュース番組に見られたように、フリーランスの同じ記者のレポートに依存していた。いざ開戦となり、生命の危険を考慮して本社からの退去指令が出されたのであろう。大手メディア記者はいっせいに撤退したが、イラク政府から残留許可が降りなかったフリーランスで、どうしても残りたいジャーナリストは、「人間の盾」になってバグダッドに止まったという。事件を起こした毎日記者は撤退組の一人で、米軍が制圧して安全が確保されてから再入国している。つまり戦争の渦中にいて取材した記者ではなかったのである。だからというべきか、戦場の記念になる爆弾の破片を持ち帰ろうとしたのではなかったのだろうか。もしも爆弾が破裂し、人が死傷する現場を見てきた記者ならそんなトラウマをとどめた〝危険な記念物〟を持ち帰る気持ちは起きなかったのではないか。

命を削るフリーランス記者たち

日本の記者の場合、大手メディアとフリーランスのこのような取材感覚の落差は、戦争報道のときに象徴的にあらわれる。日常の取材活動で、大手メディアが記者クラブを通じて情報を独占している現状では、フリーランスが大手メディアにたちうちするには、このような戦場の「空白」を狙うしかない。地雷にいつ触れるかもわからない危険地帯を覚悟して、あえて現場に近づくのである。大手メディアが撤退した「戦場」はフリーランスにとってチャンスの場となる。フリーランスの取材レポートや情報を大手新聞社やテレビ局が買い、短期契約して取材を依頼するのだ。これは過去の様々な戦争取材の中で、大手メディアが行ってきたことだ。大手メディアはフリーランスの命を金で買っているのだ。

シリアのアレッポ取材で銃撃を受けて亡くなった山本美香記者も有能なフリーランスのジャーナリストだった。彼女は日本テレビの看板番組「二四時間テレビ」の取材等でシリア入りしたというが、この番組の放映中にライブでニュースを入れようとした無理が銃撃を招いた背景にあるのではないかとの思いは消えない。

しかし自分が所属するメディア会社の立場以外の立場を持たず、安全圏に身をおいて取材する大手メディアの姿勢は、記者クラブで身についた宿命的な〝安全地帯感覚〟なのであろうか。毎日新聞記者は上司の尽力と大新聞の力で恩赦を獲得して釈放された。朝日新聞の野嶋記者は自分の身に不測の事態が起こったとき、まず「会社の上司」が困るだろうと自著で書いている。だから「会社の撤退命令」に従って、バグダッド陥落の五日前に従軍から撤退するという（野嶋、二〇〇三）。日本の記者は従軍しながら会社を背負っている。

ニュースバリューがあれば何でも貪欲に飲み込むのは、世界のどの国のメディアも同じことだ。しかしこと戦争報道に関しては、それぞれの国の特性、つまり戦争への関与の仕方が映像や記事に表れるのである。濃淡こそあるがアメリカのメディアはアメリカの立場を踏まえながら、ジャーナリズムの限界や可能性に挑戦しようとしているし、フランスのメディアは戦争にノンといったシラク大統領の応援団になった。カタールのアルジャジーラはイラク民衆の立場に立ってその被災を伝えた。会社に従っているわけではなく、職業倫理に従っているのである。

日本は第三の参戦国だった

日本は観客でいられるほど戦争に巻き込まれていないかというと、実はそうではない。中東での日本は英国に次ぐ第三の参戦国と見られていた。小泉首相がアメリカを支持するといったからだ。フランスの週刊誌は、世界主要各国の首脳の戦争への賛否のリストを掲載したが、「アメリカを支持した世界唯一の国、しかし国民の大多数は戦争に反対した」と日本を紹介している（LE NOUVEL OBSERVATEUR, 3-9 AVRIL 2003）。

イージス艦をインド洋に派遣したことは戦争への支持の姿勢の表れと、世界からはみなされるのである。だから、日本のジャーナリストは観客主義を決め込んで、アレーナの見物席に座るわけにはいかない立場にあった。もし立場を自覚しかつ客観的に戦争を見るというのであれば、もっと苦渋の視点が出てくるはずだ。「どっちもどっち」というような言葉は、アレーナの内側にいるジャーナリストの視点からは出てこないはずである。

戦争情報の大部分がアメリカのメディア経由で日本にもたらされ、クウェート少女・ナイラのニセ証言も、油にまみれた水鳥のやらせ映像もそのまま日本に持ち込まれた。

知られざる国際的な大スクープ

湾岸戦争のとき、フリーランスの日本人ジャーナリストが、世界的なスクープをものにしたことがある。イラクの隣国イランにあえて潜入した橋田信介氏が撮影したイラク戦闘機がイラン国境に配備された映像が戦争の開戦を告げる映像として、世界的なスクープとなり、日本人ジャーナリストの評価を高めたことがあった。ベトナム戦争を振り出しに様々な戦場取材の経験を持つ橋田氏は、湾岸戦争の開戦前にイランに入国した。正規の手続きでイラクへ入るのは困難だし、世界から万を数えるジャーナリストが、イラクとクウェートの国境へ集結しているといわれた。それで勘が働いたのだという。

当時、イランとイラクは長年戦争をした間で犬猿の仲とされていたので、イラン経由で陸路イラクのバグダッドへ入ろうと考えた記者はいなかった。しかしアメリカという共通の敵を前にしたとき、イランは隣国イラクを陰で支援するのではないかと、橋田氏は読んだのである。その勘は的中した。

単独でテヘランに潜入すると、高級ホテルにはイラクの外交官が集まっていたのである。さらにロイター電はイラクの戦闘機一二〇機がイランに集結していると伝えた。理由は、多国籍軍がクウェートに入ったとき、この航空機を使って迎え撃つ戦略ではないかというのだ。橋田氏は、テヘラン郊外にあるその空港を捜し出し、イラクの爆撃機が駐機している現場の映像を密に撮影することに成功した。この映像はフジテレビから世界に配信された。橋田の映像はスクープだったというだけではなく、米軍はこの映像を詳しく分析して「砂漠の嵐作戦」を敢行したといわれる（しかし、実際は戦闘のためにイランに集結したのではなく、米軍に破壊される前に旧ソ連製の高価な戦闘機をイランに避難させたのが真相、と橋田は見ていた）（橋田、二〇〇一）。

戦場のジャーナリストの仕事は、意に反して軍部に貴重な情報を提供し戦争に貢献してしまうことがある。しかしそれは真実のファクトを入手する本物のジャーナリストの証でもあるだろう。日本の敗戦と戦後を体験し、ベトナム戦争を取材し、カンボジアからラオス、アフガンなどの戦場取材を重ねた経験と日本人のジャーナリストの視点――あえてイラクに潜入するという手法は日本人の視点から生まれた――がそのようなスクープを生んだといえる。

しかしイラク戦争に関してはこのような異色のスクープもなく、毎日新聞記者の不祥事だけが日本のジャーナリズム界の話題として世界に知られた。恐らく、日本を知る多くの外国人ジャーナリストは、このような毎日記者の振る舞いの原点に、「記者クラブシステムに甘やかされた日本人記者」のイメージを見ていたことだろう。

確かにイラク戦争を報道した日本のメディアは、アメリカに比べればイラクに同情的だった。そのぶんイラク民衆の被害がたくさん伝えられたし、アメリカのメディアが直面した国防総省やホワイトハウスの情報操作からもある程度は免れていた。

イラク戦争の是非を問う各種世論調査結果は、ＡＮＮ（全国朝日放送）が、イラク戦争開戦直後の二〇〇三年三月二二、二三日に実施した世論調査によれば、「戦争を支持しない」は七八・八％、「支持する」は一三・五％だった。また米国を支持した小泉首相を認めながらも、「小泉首相は国民にきちんと説明していない」という答えは約九〇%にのぼった（ＡＮＮ調査、全国一二五地点で一〇〇〇人対象、有効回答率六〇・七%）。

戦争なのにファジーな立場の日本人

小泉内閣を支持するならば、アメリカの戦争を支持する立場である。小泉支持率は下落しながらも、一定の水準を保っていたということには、それをあからさまにしない世論のファジーなバランス感覚がある。日本人としてのアイデンティティに立脚したものというより、この態度はメディアが誘導する観客客観主義の立場に重なるのではないだろうか。さきに紹介した『ル・ヌーベルオプセルバトゥール』の記事も日本のそこがわからないのであろう。世論調査結果から見れば、戦争に反対する日本世論とフランス世論には大差のない数字が出ている。だが、フランスでは反戦デモが国を揺さぶっていたのに、日本ではそのようなデモは起こらず、首相が戦争を支持するといってもそれへの抗議行動も少なかった。

メディア自身もその世論調査結果の矛盾をつくアジェンダ設定をあえて避けていた。アメリカからもイラク国民や中東諸国からも憎まれたくない。だから観客席で戦争を見るという立場をとった日本人の大多数は、イラク戦争を実感として受け止めることができずに、観客席から闘牛を見物するような感覚で戦争を見てしまっていた。しかしその観客席の構造や基盤はいつ崩壊するかもわからないいたって脆弱なものだ。今日の観客席はいつ明日の戦場に変わってしまうかわからないのである。

戦争報道に限らず、日本のメディアを諸外国のメディアと比較するとき、異質な部分が目に付く。ペンタゴン・ペーパーズの暴露によってベトナム戦争をストップさせる契機を作ったアメリカの『ニューヨーク・タイムズ』や、大統領の嘘を暴いて退陣させた『ワシントンポスト』の「ウォーターゲート事件報道」のような際立った調査報道の例が、日本の大手メディアの仕事には乏しい、というかほとんどないのである。

日本のメディアは有事に耐えられるか

日本の戦後政治に大きな影響を与えたロッキード疑獄解明の糸口を作ったのは立花隆氏の『田中角栄研究』（文藝春秋）だし、オウム事件解決への突破口を開いた江川紹子氏の坂本弁護士一家失踪事件の追及は、大手メディアの枠から離れたフリーランスのジャーナリストの地道な仕事の結果である。また立花隆氏による、松本サリン事件の公安当局が流した文書の解明がなければ、オウム犯人説には至らなかったかもしれない。嘘や腐敗を暴き社会に重大な影響を与えた事件解明は、フリーランスによる地道な調査報道の功績が大きい。それが日本のメディア界の常識なのである。

重要な問題であればあるほど報道しにくい。そういう日本の記者クラブ依存体質のマイナス面を抜本的に改革する必要がある。そうでないと、戦後日本が享受してきた「言論の自由」が水泡のように消滅してしまう恐れがある。安倍政権下で起こった言論機関への抑圧はその現実の危惧の到来を物語っている。

日本が戦争に巻き込まれる。これを想定した「有事立法」など日本の戦後の平和憲法体制と平和主義を見直す安保関連の立法措置が行われてきた。北朝鮮の核武装やミサイル発射などアジア周辺に高まる緊張への軍事的な対応が有事立法の目的であろう。論議が軍事的側面にだけ偏りすぎている。イラク戦争でもわかったように、情報化社会における新しい戦争遂行とメディアと世論の動向は緊密に結び付いている。メディアの役割を抜きに、「有事」を語ることはできないのだ。

もし日本がかかわる「有事」が発生したとき、メディアはどのようにそれを報道するのか。政府や軍隊の情報コントロールはどのように行われるのか。海外からのメディアやジャーナリストの取材にはどのように対応するか。記者クラブはどのような役割を担うのか、といった重要な課題に対してメディア側からの論議が全く行われていない。

「有事立法」に対する賛否の論議はあるが、メディア自身の「有事」が捉えられていないのである。敵が攻めてくることだけが「有事」ではない。太平洋戦争時の沖縄戦のときのように、「軍隊」が「国民」を守らなくなり、国民を「盾」につかうような事が起こるかもしれないのだ。そういう事態に対して、メディアは平和時には声高に叫んできた「言論の自由」をどのように行使するのか。

好むと好まざるとにかかわらず、「日本有事」の報道は世界をかけめぐる。「情報革命下」の地球は狭い「地球村」（マクルーハン）だからだ。すぐに世界から多くのジャーナリストが殺到してくるだろう。これまでのような記者クラブがコントロールする発表ジャーナリズムの報道システムではとても間に合わなくなる。

政府は有事にあたってNHKなど一部のテレビ局を動員することを考えているようだが、そうだとすれば有事の日本は、戦前、戦中のような「大本営発表」システムへと逆行し、記者クラブはそれをサポートするだけの情報機関になる可能性が高い。言論の自由は失われ、政府が公認した情報機関以外の情報は国民にも世界にも伝わらなくなる。

有事の報道システムを考えるのは政府や議会の役割ではなく、ひとえに言論機関やメディアの責任だが、有事立法の問題点を報道しながら、有事にさいして自らの行うべき報道の仕組みをどう構築するのかという重要課題は忘却されている。

フリーランス自己責任論の噴出

日本は「有事」に耐えられるのかという疑問を、日本に駐在する外国人記者たちが共有していることは、まことに皮肉なことである。

二〇一八年、フリーランスの安田純平氏が内戦のシリアへ潜入して行方不明となり人質として囚われていたが、無事に救出された。身代金の支払い問題や救出にあたり日本政府に迷惑をかけたとして、世論のバッシングが起こり、「自己責任論」が横行して謝罪を迫られた。安田氏は日本外国特派員協会で記者会見したとき、「なぜ謝罪する必要があったか」という外国人記者の質問を受け、「私の行動にミスがあったのは間違いないのでおわびを申し上げたい」と答えざるを得なかった。

これに対して、パリに本拠を置く「国境なき記者団」は「『紛争下にある国々の現場にジャーナリストがいなくては、世論は偏った情報に頼らなくてはいけなくなる』とし、『(安田さんが)謝罪を強いられたことは受け入れがたい』とするコメントを出した」(朝日新聞デジタル版、二〇一八年一一月九日、一〇時四〇分確認)。

安田氏の事件の前には、二〇一二年八月にシリアのアレッポの取材中に銃撃されて亡くなった山本美香さんの犠牲があるし、ISの人質になった後藤健二氏は二〇一五年に処刑されて亡くなった。

いずれもフリーランスのジャーナリストが犠牲になっている。しかもフリーランスが警告を無視して戦場取材に入ったことは、「自己責任」という世論のバッシングが強いのが日本の特徴だ。

しかし国境なき記者団の声明にあるように、「紛争下にある国々の現場にジャーナリストがいなくては、世論は偏った情報に頼らなくてはいけなくなる」という批判には応えようがない。なぜなら日本の既成のメディア会社は社員の安全確保の理由から、紛争地の取材をしないいからである。禁止ないし避けているからである。こうした日本の特殊な世論構造の中では、危険を伴う紛争や戦争地の情報など必要はないというこことになる。しかしこうしたガラパゴス情報社会の日本にあって「自己責任論」が叫ばれ、いざ「有事」のときに、国民への正しい情報を届けることができるのは誰なのか。的確な情報が届かなくなった日本人は情報難民として、野垂れ死にしてしまうのではないかと危惧する。

第9章　細川政権誕生時の椿事件が語るテレビへの圧力

1　『産経新聞』がスクープした「椿事件」の真相

野に下った自民党悪夢の時代

一九九三年の衆議院選挙で自民党が野に下り、戦後初といわれた与野党の政権交代が起こり、新しい政党の日本新党党首細川護煕氏が連立政権の首相に就任、新政権を担うことになった。日本新党の当選者は三五人に上った。このときの日本新党ブームに乗って当選した議員に海江田万里、前原誠司、枝野幸男氏らの若手政治家がいた。しかし日本新党のブームと政権交代の主導権を握ったメディアは、新聞よりテレビの影響力が圧倒的に強かった。前年参院比例区で当選したテレビキャスター出身の新人小池百合子氏がいた。しかし日本新党ブームは長くは続かず二年半後には解党になり、小沢一郎氏の新進党に合流することになる。政治改革や選挙制度改革の世論の高まりの中ではあったが、共産党を除く野党の離合集散と与党自民党による一党支配の基盤ができた時代でもあった。

期せずして野に下った自民党はテレビが日本新党ブームを煽り、政権交代劇をリードしたと主張、その主犯は「10ちゃん、6ちゃんのテレビだった」と当時の売れっ子芸能人ウッチャンナンチャンを捩って、攻撃の主たる矛先は「ニュースステーション」などのテレビ朝日の報道番組に向けられていた。久米宏、田原総一朗氏らの著名なテレビキャスターが背後で政権交代を煽ったなどの憶測が飛び交っていたからだ。

当時のテレビ朝日の報道局長・椿貞良氏は、選挙後に行われた日本民間放送連盟の会合の席上、「非自民党政権が望ましいと考えて報道した」と発言したというが、放送法のいう「公平であること」を逸脱したとされたこの発言が産経新聞のスクープとなって報道され、テレビ界の一大事件へと発展した。これが椿事件である。

産経の記事はテレビ朝日が与野党政権交代を画策して「偏向報道を煽った」とする告発記事だった。告発の根拠は放送法第四条の報道の「公平」を定めた条文に違反するというものだ。

産経新聞の朝刊一面（一九九三年一〇月一三日付）の記事は以下のような椿・テレビ朝日報道局長の発言内容を伝えている。

椿報道局長は、「非自民政権が誕生するように報道せよ」と指示し、「〝公正であること〟をタブーとして積極的に挑戦することを強調した」。記事の見出しには「非自民政権誕生を意図し報道」とある。椿発言があったこの民放連の会合は、当時テレビのやらせ番組が相次いで発覚したのをきっかけに、民放連が外部委員会として立ち上げたもので、清水英雄青山学院名誉教授を委員長とし、弁護士、学識経験者らに在京キー局の代表らを加えた七人のメンバーによる委員会だった。当日の会合は「政治とテレビ」をテーマとし、椿報道局長は発言者として特別出席していた。

椿氏は「小沢一郎の〝けじめ〟は棚上げしても非自民政権が生まれるように報道するように指示した」

「今回の連立政権誕生は自局の久米宏のニュースステーションや田原総一朗のサンデープロジェクトなどの番組による『久米―田原連立政権』という記事があったが感慨深いことだった」と語ったといわれている。さらに「自民党幹部が視聴者に与えたテレビイメージは悪代官、細川首相はノーブルな印象を与えていた」と話した、とも産経は書いている。

椿テレビ朝日報道局長を国会証人喚問

椿氏が「公正な報道にこだわることはないと語った」とする産経報道を受けて、郵政省放送行政局長の江川晃正氏は緊急記者会見を行い、テレビ朝日報道が放送法に違反する事実があれば電波法第七六条に基づく無線局運用停止もありうることを示唆した。また細川政権への交代劇とは無関係だった自民・共産の与野党両党はスタンスの違いはあったが、国会で公平原則を破ったテレビ朝日を放送法違反で追及した。

同年一〇月二五日、衆議院は椿氏を証人喚問した。椿氏に対する国会喚問では、「今回の発言で、放送の公平、公正に対する信頼が損なわれるのではないか」という石井一委員長の質問に対して、椿氏は「『五五年体制を突き崩すためにテレビ朝日はやった』とか、『反自民党政権を作るために選挙報道を行った』とかいういい方は、現実を見て、結果的にまるで自分の手柄であるかのごとく発言した、明らかなフライングの発言だった」と答え、「私の発言で、放送の信頼性が損なわれるような事態が起きたことを反省している。今回のことで、報道の自由に不当な介入が行われないことを心から期待する」と答えている。要するに椿氏は大筋で「放送法の公平」規定を侵害したことを認めたのだ。

自民党からは谷垣禎一、町村信孝両氏が質問に立ったが、「報道は事実を伝えることではないのか。あなたはイメージ（自民党幹部の悪代官イメージ）を国民に伝えるのが報道だと思っているのではないか」（谷垣）、「放送番組調査会で『公平であることをタブーとして挑戦していかないとだめだ』と発言しているが、認めるか」（町村）などと発言内容をただし、「金丸さん、小沢さんはいずれも郵政省と関係が深い。あなたの上司と一体となって、会社のため、けじめ問題を棚上げしたという指摘もある。テレビ朝日も会社としてその意図において、放送法、公職選挙法に違反している疑いが非常にある」と指摘した。

また共産党の矢島恒夫氏は、「放送番組調査会で『五五年体制を突き崩す』と話したのは、放送の公正と真実からみて重大な問題だと思うが、どう考えるか」「共産党に対して公正な時間を与えようとか公正な機会を与えることはかえってフェアネスでなくなる」と発言しているが、共産党に対して偏見を持っているのではないか」と与党とは全く別の立場からの質問をした（『朝日新聞』一九九三年一〇月二六日付）。

ここには政権交代の果実の分配にあずかれなかった前の与野党が、放送法の公平原則」に違反した椿を相当に厳しく追い詰めている構図が見える。これに対して椿氏は民放連会合での軽率な発言だったと謝罪はしたが、「テレビ朝日は、公正な報道、政治的に中立な報道を行うことを前提として免許をいただいている。そういう意味で、テレビ朝日がその大原則をたがえて放送することはない。今回の衆院選の報道においても、その大原則を曲げて放送したことはない。曲げて放送するようにとか、そういうような指示を報道局長から出したことは全くない。番組を制作するシステムからも、そういうことはない。今回の選挙報道に関し、もちろん公正、中立であることを大原則に、きちんと正確に敏速に報道を行おうということは、報道局員に対しいった。それ以外のことは何もいっていない」と釈明した。

自民の追及で偏向報道を認めた椿局長

しかし自分の発言が「フライングであること」は認め、結果的に放送法で禁止されている「公平」を損なう偏向報道を行ったことを認めた。これにより椿氏はテレビ朝日取締役と報道局長を解任された。

国会喚問とは別に、テレビ朝日は内部調査の結果を郵政省に報告したが、特定の政党を支援する報道を行うための具体的な指示は出されていない旨を改めて強調した。しかし椿発言をめぐる与野党や世論の風当たりはかなり厳しいものがあったが、郵政省はテレビ朝日に対する免許取消し等の措置は行わず、「職員の人事管理等を含む経営管理の面で問題があった」として厳重注意の行政指導を行うにとどめた。これによってテレビ朝日は政府と自民党に借りを作ることにもなり、その後の自民党との関係はギクシャクしたものとなる。なお近年高市早苗総務大臣が放送法第四条違反による電波免許取り消しに言及するなど原点の事件と考えられる。その後のテレビ各局の「忖度」にも繋がったのではないかと考えられている。

テレビ朝日は一連の事件の経緯を整理した特別番組を放送したが、伊藤邦男社長（当時）はテレビ画面を通じて視聴者に謝罪した。

放送法（公平性）に違反、郵政省の圧力強まる

一九九八年、郵政省はテレビ朝日への免許更新をする際に、放送法の公平性に細心の注意を払うよう改めて条件を付けた。椿事件で戦後初めてテレビ局の放送免許更新問題が表面化したとされる。政権政党と電波行政を管轄する政府（当時の郵政省、現在の総務省）とテレビ局側の間でくすぶっていた偏向問題が顕在化し、「放送法第四条」がクローズアップされ、ＮＨＫと日本民間放送連盟は共同で、放送倫理・番組向上機構（ＢＰＯ）を設立した。その意味で椿事件は政治とテレビの関係をめぐるエポックメーキングな事件でもあった。

当時はメディアの雄は有力全国紙とみなされていた時代だが、全国紙から地方紙に至るまで新聞はおお

むねは不偏不党（中立）の編集方針を掲げて偏向報道を否定していたが、産経新聞はすでに偏向報道を是とする「主張する新聞」へと編集方針を変更していた。

偏向もよしとする産経新聞がテレビ報道の偏向を告発したこの椿事件の記事に対して新聞協会賞が贈られたというのも皮肉な話だが、このときの産経新聞の受賞は、有力視されていた朝日新聞のリクルート事件報道を押しのけての受賞だったこともまたエポックメーキングな事件だった。

2　放送の自由と政治権力のバランスが崩れる

テレビジャーナリズムの特性か

椿事件は世間ではあまり注目された事件ではなかったが、戦後のメディアの報道の自由と政治権力の関係、メディアの公正とは何かをあらためて問いかける契機になった。既成メディアがこれまでの報道スタイルの踏襲に安住できない時代が到来したのである。

メディアへの政府の圧力問題は、一九六〇年代のベトナム戦争報道に神経を尖らせていたアメリカからの圧力を受けた自民党広報委員会が「ブラックリスト」を作り、人気キャスターだった古谷剛正、田英夫、藤原弘達氏らの番組を「偏向報道」としてやり玉に挙げたことはある。しかし報道関係者が国会喚問まではされていない。

大新聞には不偏不党の社是（朝日）はあるが、テレビ人の椿氏の脳裏には不偏不党の意識がどこまであったかはわからない。「公平であること、事実であること」を放送するという放送法第四条の規定は知ってはいただろうが、それはあくまで努力目標で、新聞記者のように中立、両論併記の不偏不党の編集理念が頭にこびりついていたわけではないだろう。その意味では国会喚問で自民党の谷垣氏が質問した「事実よりイメージ先行のテレビ」論は正鵠を得ている。テレビの本質は事実性より、面白い絵と視聴率を求めるものだ。

椿氏自身、事件の約一〇年前、一九八二年に日本新聞協会発行の雑誌『新聞研究』で、「これまで報道が公平公正だと思ったことは一度もない」「東大安田講堂事件のときは学生たちに共感していた」と発言していたことを、友人だった読売新聞会長渡邉恒雄氏により指摘されており、椿事件は偏向報道の確信犯と批判し、「日本のテレビ史に汚点を残した」と評している（渡邉、一九九九）。

また「私はこれまで報道した時、公正であったこと、中立であったこと、クールであったことは一度もない」という椿氏の発言に対して、政治記者の田勢康弘氏は「報道の不公正さを指摘されて喜んだジャーナリストを私はついぞ見たことはない」と指摘している（田勢、一九九四）。

読売や日経新聞だけでなく、他の各新聞も椿氏とテレビ朝日の偏向報道を非難し、先述したように、朝日新聞から転出した伊藤邦男テレビ朝日社長（当時）は、自社の幹部が公平性から逸脱した偏向報道を指示したことを深く謝罪した。新聞人から見たテレビはジャーナリズムから逸脱したメディアにみえていたようである。

みつからなかった偏向報道の証拠

椿事件は政界やマスコミ界を揺るがす大騒動に発展したが、本当にテレビ朝日側に偏向報道があったかどうかというと具体的なデータは明らかになってはいない。椿の発言は事実ではあったが、彼の意図通りにテレビ朝日の報道が動いていたという客観的な証拠はどこにも見つからなかったのである。

一橋大学の高田みほ氏の研究グループが総選挙前の三週間にわたってテレビ各社の選挙報道を録画し、政党別の放送内容や放送量を分析したところ、データで確認しうるテレビ朝日の偏向は認められなかったとの指摘がある（柴山、二〇〇六）。

また例えば、テレビ朝日の「ニュースステーション」の久米宏氏は「政権交代の可能性が少しでも出てくる選挙になればいい」などの発言をしたことはあるが、これは椿の指示ではなく、自分の考えとして述べたという。また「サンデープロジェクト」の田原総一朗氏も椿指示説は否定しているが、一九九三年総選挙でテレビが大きな影響力を持ったことは認めている（柴山、前掲書）。

テレビ人の考えの中には、面白い絵を求める習性が存在している。新聞人のように不偏不党、中立主義の枠に縛られてはいない。動きを好むテレビ人の中には、旧態依然の政治を打破する斬新で面白いドラマと視聴率への渇望があっても不思議ではない。その好奇心というかテレビの本能がテレビ・ジャーナリズムの本質を支えている。視聴者もテレビに人畜無害な不偏不党や日常的な退屈を望んでいるわけではない。テレビは非日常の空間を提供するメディアでもある。

新聞が面白くなく、読者の新聞離れと部数の凋落が指摘されて久しいが、新聞の記事（事実）の検証能力の欠如、多様性の欠如、権威主義的な記者クラブ依存体質、記者の不勉強と好奇心の欠如など改革すべき点は多かった。影響力の点で新聞がテレビに追い抜かれることは目に見えていたのだ。

テレビタレント出身の政治家が輩出

政界には海江田万里、栗本慎一郎、小池百合子、高市早苗、蓮舫氏らテレビ界出身の新しいタレント政治家が生まれていたし、政治の流れもテレビの影響力の中で捉えられていた。テレビ局は大学生のあこがれの職場となり、マスコミ志望の大学生の間には、一にテレビ、二に広告、三に出版、四、五がなくて六に新聞という言葉があった。新聞社は３Ｋ職場という陰口を叩かれるようになっていた。

テレビは政治家にとっても魔物だったのである。週刊誌に暴かれた下半身スキャンダルを連日テレビのワイドショーで報道されれば有力政治家でも失脚する。保守的な自民党政治家から見れば、日本新党ブームを起こさせたのはテレビという魔物の力によるもので、その実体のない魔物の代表人物がテレビ朝日の椿報道局長だったというわけである。椿の国会喚問はテレビという魔物に怯えた政治家や権力保持者の魔女狩りのようなものだったのかもしれない。

「テレポリティクス」で高まる政権与党の圧力

知人だった故日下雄一氏は、「椿事件だけでなく、このところ政治資金の規制による政治倫理改革、選挙区や議員数を含む選挙制度改革などの政治改革を求める世論が強まるにつれ、自民党政府からの報道への圧力が頻繁に起こるようになった」と語っていた。

圧力の中身は必ずしも報道内容だけではなく、記者、報道関係者に渡る官房機密費とかテレビ局に対して突然税務査察が入るというような話題も含まれていた。

椿事件の後、自民党内で放送番組への規制強化の声が高まり、監督官庁の郵政省でも問題のある放送番組の規制や是正を議論するために、通信の多チャンネル時代における視聴者と放送に関する懇談会が開催された。

しかし先述のテレビ朝日チーフプロデューサー日下氏の談話にも出てきたように、自民党とテレビ朝日の摩擦は椿事件後も継続してきた。二〇〇三年一一月の第四三回衆議院議員総選挙を控えた「ニューステーション」において、「民主党の菅直人議員の政権構想を過度に好意的に報道した」として自民党の安倍晋三幹事長が抗議するとともに、自民党議員のテレビ朝日への出演を拒否することを決めた事件があった。いわゆる「民主党シャドウ内閣事件」である。

以来、安倍幹事長の下でテレビに対する自民党の介入が頻繁に行われるようになり、二〇〇四年七月の第二〇回参議院議員選の選挙報道に対しても自民党がテレビ朝日に文書で抗議するなど、テレビの政治的公平性をめぐる両者の対立は厳しさを増すようになった。

また二〇〇七年の第二一回参議院議員通常選挙で、「当時の安倍政権に対して朝日新聞が同様の手法を用いた」との指摘（「アサヒる問題」）が行われ、テレビ朝日の系列親会社の朝日新聞と安倍政権との対立が深刻になっていった。

二〇〇八年に発足した麻生政権への批判に対する大手マスコミの報道姿勢が問題化し、「椿事件の再来」を指摘する声も出て、椿事件は政治とテレビの緊張関係の原点のように捉えられるようになった。その緊張と摩擦の根源に存在しているのが放送法第四条にいう「公平」の原則である。

ところで、「放送法の公平原則」とは果たして憲法がうたう「言論の自由」とマッチしているのだろうか。放送法のいう「公平」を判断するのは誰なのか——という問いかけはテレビ局や視聴者や世論の側から行われたことはあまりなかった。

しかし、「日本の報道の自由の危機」の調査で二〇一六年に来日した国連特別報告者デービッド・ケイ氏（カリフォルニア大学アーバイン校教授）は、「『政治的公平性』を判断するのは政府や権力側の仕事ではないのに、放送法では政府が判断して電波停止ができるようになっている。放送法第四条は廃止すべきだ」と指摘した。

日本社会にあっては国民生活全体に及ぼすテレビの影響力の肥大化は他に類例をみない、化け物のように大きな存在になっている。夕方のワイドショーで健康と美容に良い食品、野菜、果物などの紹介番組が流されると、スーパーの食品コーナーから品物がなくなるという社会現象が起こる。テレビは孤独な個人の寂しさを慰める心のよりどころとなり、身寄りのない独居老人の余生の時間を埋めてくれる唯一の道具だった。テレビに遺書を残して死んでいったという老婆のニュースもあった。

テレビ・ワイドショーを研究テーマにした大学院生

一九九〇年代の半ば、新聞社を辞めてから、京都大学経済学部と同大学院でメディア産業論の非常勤講師をしていたが、ある日教室に見知らぬ大学院生が座っていた。「私は大学には来ません。授業がつまらないからです。授業には出ずに自分で事業をやって金を稼いでいます。今日は元新聞記者だったという先生のお話を聞きに来ました。珍しかったからです。でも為になりました。私は新聞は読みませんが、時間のあるときはテレビを見ています。テレビのワイドショーや情報番組が一番、私の事業の役にたちます。テレビを見ていると世の中や世界のことがわかります。大学に来ても世の中や世界が全くわからないから、来ません」といった。「授業には出ずに、事業をやっていて、暇があるとテレビを見ている」といった学生に衝撃を受けたことを覚えている。

テレビが新聞に対して影響力が勝ることは、一九六〇年のアメリカ大統領選挙におけるケネディとニクソンの選挙戦で新人のケネディがベテランのニクソンを倒して以来、広く周知確立されたメディア論である。新聞やラジオの討論を聞いた大衆はニクソンの勝利を確信していたが、選挙戦で初めて導入されたテレビ討論を視聴した人たちは、若くてハンサムで知的に見えたケネディに軍配を上げた。ニクソンは老練ではあったが、古臭い政治家に見えたのである。選挙の結果、ケネディが大統領に選ばれた。そのとき、ニューヨーク・タイムズの記者は「これからは視覚の時代になった」と新聞に書いた。

しかし一九六〇年代の日本ではまだ新聞の影響力が強く、テレビはスポーツや娯楽に向いてはいるが、報道レベルのジャーナリズムではないとする考え方が支配的だった。

先にもふれたが、一九七〇年代の沖縄返還時の首相・佐藤栄作の退任記者会見で新聞記者たちと対立したとき、「新聞記者は出ていけ、テレビは残れ」と佐藤はいい放ち、NHKテレビだけ残して記者会見を続けた事件があったが、佐藤は新聞の影響力を見くびっていたわけではない。逆に当時、沖縄返還協定をめぐる外務省機密文書の漏洩が起きて、毎日新聞の西山記者が逮捕される事件が起こっていたのである。新聞報道に悩まされた佐藤の新聞への嫌悪と逆襲だった。西山記者機密漏洩事件に関しては前の章で詳しく取り上げている。

椿事件は、放送行政と電波の公共性をめぐり、報道の自由が憲法で認められた自由な先進国であるはずの日本の放送制度の根本に欠陥があることを浮き彫りにした。国が電波行政を握り、放送の中身を支配しているのは、社会主義独裁国や軍事独裁国の国営放送なのである。

現行の放送制度下でテレビの自由は守れるか

ベトナム戦争報道でTBS・田英夫キャスターが降板させられたことは、ベトナム戦争の章で書いたが、放送法を盾にして政権に批判的で都合の悪いテレビキャスターを降ろすのは実は、簡単なことなのだ。

政権側は総務省（旧郵政省）を通じて電波の免許更新時の許認可権を手にしている。さらに放送法第四条の「偏向しないこと」（公平原則）という条文を盾にして放送法違反による電波取り消しを匂わて圧力をかけることができる。

また公共放送NHKともなれば年度予算の国会承認が必要なので、多数派与党の顔色を常時気にせざるを得ない。

実際に電波免許取り消しの先例はないものの、総務省から「偏向報道」の指摘を受けるのは避けたいのが、放送局幹部の本音だろう。そこに政権に対するいわゆる「忖度」の余地が働いて、放送内容の自粛や自己規制が起こる。

実をいえば、今のような政府に都合の良い放送システムの下では、放送の自由を守るには政府権力側の配慮こそ不可欠なのだ。権力側は免許を取り消すという〝剣〟を隠し持っている。だからこそ権力者は鎧の下に隠した剣をひけらかすことなく、言論の自由を守る配慮と逆の「忖度」を働かさなければならない。日本の報道システムには「報道の自由」を守る上で、大きな法的欠陥があるのだ。そこを自覚することで、権力を握る側は、言論の自由を守るための十分な教養と配慮、理性が求められている。「忖度」が必要なのは言論機関の側ではなく、政権与党の側である。権力者が近代国家の憲法に無知で、言論の自由の歴史的意味を理解できなければ、民主主義や言論の自由を守ることはできない。自由な市民社会である欧米の国々では言論の自由がどのような苦節をへて近代憲法に書きこまれたかを、日本の為政者はもっと学ばなければならない。

現代にも共通する問題意識

二〇一六年、安倍政権下で高市総務大臣（当時）が放送法の公平原則に違反したテレビ局に対する停波に言及したとき、田原総一朗氏ら七人の言論人が抗議声明を出したことがあった。

当時、朝日新聞社発行のジャーナリズム専門誌『Jurnalism』（二〇一六年四月号）が、「メディアは権力監視できるのか」という特集を行ったとき、私も寄稿したことがあった。この特集のサブタイトルには「放送法発言、キャスターの一斉降板、広がる『忖度』」とあった。「忖度」という言葉は「他人の心を推し量り配慮する」という意味で、二〇一七年の流行語大賞になったが、その前からメディア界では使われていたのだ。「政権に対して過度の配慮をする」という意味合いとして、国会の野党質問でも官僚の答弁に対して用いられるようになった。

また政権に対して批判的と見られていた岸井成格（故人）、国谷裕子、古舘伊知郎、小川彩佳などの有名キャスターが次々に降板したことがあり、メディアと政権間の確執や圧力の存在が報道界の問題になった。これらのメディア界の諸事件に関して、私は朝日新聞発行の『論座』サイトに、「自由の危機に直面する日本メディア」（二〇一六年五月二四日）、「日本のメディアは大丈夫か」（二〇一八年八月二六日）と題する論考を執筆している。

「忖度」とかキャスター降板に関しては憶測をまじえた多様な解釈、見解はあるが、政治圧力との関連が垣間見えた出来事が、時代を経た現代社会でも起こったことは事実である。

したがって、以上紹介したメディアの自由と民主主義に関わる三つの論考の問題意識は、本書の内容にも共通する課題なので、あえてここで紹介した。

3　メディアのクロスオーナーシップの規制

キー局だけでなく地方局も系列子会社に

活字メディアの新聞は理性的に事実を伝え、分析批判するジャーナリズム能力はテレビより優れている。また放送局のように総務省などの監督官庁もない。戦前の日本が無謀な戦争に走ったのは新聞に自由がなかったからだと占領期のGHQは考えて、新聞の政府からの自由を保障した。その意味で、現在の日本の新聞の編集局は政府からの一〇〇％の自由を享受できる立場になった。公正取引委員会から新聞料金値上げで各社が談合したのではないかと、独禁法違反疑惑を受ける以外は、日本の新聞は政府の介入から自由である。

しかし日本のマスメディア界には独特のクロスオーナーシップというシステムがある。新聞社が民放各社のオーナーとなり系列化している仕組みだ。朝日→テレビ朝日、毎日→TBS、読売→日本テレビ、産経→フジテレビなどだ。この系列化は地方の民放テレビ各局にまで及んでいく。テレビ局の所有や経営権だけでなく、人事とニュースの系列化、報道の一元化に及ぶところが、クロスオーナーシップの特徴だ。こうしたシステムは欧米にはない。

欧米ではメディアのM&Aは盛んだが、経営者が編集権にはタッチできない仕組みになっている。英国最古の新聞『タイムズ』がメディア王マードックの会社に買収されたとき、知人のタイムズ記者に聞くと「オーナーが変わっても我々の仕事に変化はない。いつもどおりの仕事を続けるだけ」と話していた。マードックの保守的な考えが『タイムズ』に反映されることはない、と彼は答えた。

財界出身のＮＨＫ会長が就任早々の記者会見で、「政府が右というものを左とはいえない」と露骨に報道内容に口を出して世間を驚かせたことがあった。公共放送会長の発言としては、欧米では到底考えられないことだ。同じ公共放送ＢＢＣの会長がイラク戦争開戦をめぐる政府の嘘を暴き、圧力に対してＢＢＣ職員とともに敢然として闘った歴史を思い出してほしい（原・柴山、二〇一二）。

また東京キー局の放送局を子会社に持つ新聞社は地方テレビ局が新設されるときには、新聞各社が経営権獲得に乗り出して系列化を狙う。かつての新聞社には電波獲得のための「波取り記者」がいたといわれる。「波取り記者」は記事を書くことはなく、ひたすらテレビ電波獲得のための政治工作をする役割だった。新聞社のデスククラスでも地方テレビ局の役員や社長になったりするし、キー局でも新聞社の天下りが社長になる時代が続いた。

日本のようにメディアを系列化して所有するクロスオーナーシップは、国や地域の言論内容の独占と報道内容の一元化をもたらすので、欧米では規制ないし禁止されている。

報道機関の独占支配は欧米では禁止されている

初めての二大政党による政権交代で成立した鳩山政権下では電波制度の改革の試みが行われたことがあった。日本の報道の自由と多様化をもっと促進させるためだった。報道の自由と民主化、多様化こそは、経済発展とともに先進国の条件なのである。当たり前のことだが、経済力だけが大国の条件ではない。

古典的な理論ではあるが、市場経済の自由と言論の自由が車の両輪としてバランス良く発展した豊かな国こそが先進国の条件であり、アダム・スミスのいう「神の見えざる手」とは、神を否定した近代市民社会の導き手としての世論であり、その世論を作るメディアが自由で多様な言論を闘わせることで、世論は人間社会の真実に近づき、政治権力の暴走の誤りを糾すことができると考えたのだ。

この年、日本の報道の自由国際ランキングは世界一八〇カ国中、一一位まで上昇した。この数字は北欧諸国などと肩を並べた世界最高ランクだった。しかしながら序で紹介したように、安倍政権下になって自由のランクは世界七〇位前後に下落してしまった。

メディア幹部と首相の会食、官房機密費をもらう記者

新聞の片隅にある首相の動静欄には、首相が会合し食事をともにした人物の記録がある。その中にメディア会社の会長や社長、幹部、論説委員などの関係者が首相と食事をともにする記事を散見する。こうしたことも欧米のメディアでは考えられない。

さらに欧米で考えられないことは、日本では官房機密費（税金）が一部のメディア関係者に流れているという話が昔からあることだ。これは記者への賄賂にあたる。野中広務元自民党幹事長がこれを認めているから事実だろう。具体的なジャーナリストの名前も一部、明らかになっている。

アメリカの記者の取材先との癒着への警戒感は半端ではないものだ。前にもふれたがスタバの三ドルのコーヒーをごちそうになる取材もダメだといわれている。それさえも記者生命にかかわるからだ。そうした潔癖さの中で、フリーハンドで書く自由を保っている。だから大統領や首相ら権力者の痛いところを突くこともできるし、政権に対する遠慮のない報道ができる。昨夜の食事を共にした人物を、翌日の記事で批判することは人情としてもなかなか難しかろう。首相がマスコミ関係者らと会食を重ねる風景は政権への忖度を生む土壌だ。権力とメディアの編集幹部がこうした癒着関係にあるなど、欧米にはないし、ありえないことである。

「報道の自由の危機」ともなれば、かつてのウォーターゲート事件と同じ構図がアメリカのメディア界には出現する。トランプ大統領の相次ぐメディア攻撃に対して、全米約四〇〇の新聞社が一斉に大統領非難の社説を掲げ、報道の自由への連帯感を示したこともあった。

アメリカでは大統領が独裁的権力を握っているように見えるが、民主主義制度はしっかりと生きている。大統領の行政権は議会と司法が厳重に見張っているので勝手なことはできないし、場合によっては弾劾、訴追される恐れがある。

アメリカの第四の権力といわれるメディアの監視力は強力だ。ウォーターゲート事件のようにいざというときには、全米のメディアは団結して権力の腐敗と戦う伝統がある。民主主義の先進国アメリカでは二重、三重に大統領の権力は監視されている。

国民の電波を民主主義のためにどう使うか

電波は有限なものだから国民の公共財とされ、国民全体のものだ。一部の会社や権力者が自分の私的利益追求や政権維持のために使っていいものではない。

二〇一八年末、ＮＨＫの料金徴収に関して、最高裁は合法の判決を出し、その前提として「放送の自由と国家などの権力機関からの独立」を掲げた。ＮＨＫは国営放送ではなくイギリスのＢＢＣと同じ公共放送だから、これを支えるのは国民の義務という理屈である。最高裁判決に従い、ＮＨＫは国民の知る権利に十分に応え、政府や他の権力組織からも自由な報道を行う義務があるのだ。

4　電波制度改革への諸課題

ヒトラー台頭を防げ――FCCの起源はアメリカ

電波監理を国家が行うと独裁政権の宣伝ツールに使われる危険がある――ヒトラーが台頭していた第二次世界大戦前の一九三〇年代のアメリカで考えられたのが独立行政法人FCC（連邦通信委員会）制度だ。ヒトラーがラジオを宣伝装置に使ったことはよく知られているが、自由の国アメリカの議会はドイツのヒトラーの轍を踏まないために、電波監理を政府から切り離して独立法人化することを考えた。それがFCCの起源である。電波が民主主義のために適正に使われているかを委員会で審査して、電波の許認可を司る行政法人FCCは、政府から独立した組織である。政府もFCCに圧力をかけたり介入することはできない。

政権交代時、日本でも制度化が模索された

日本のテレビ報道の是正の喫緊の課題は、かつて鳩山政権下で審議されたメディアのクロスオーナーシップ廃止と日本版FCCの再検討だ。法案化は見送られてしまったが、法制化への土台はできており、あとは国会審議で法案を通過させるだけだった。

新聞社が親会社でテレビ局を経営、編集両面から支配するクロスオーナーシップは、メディアの独占、寡占にあたり、独禁法の趣旨にも反する。自由な市場と民主主義を標榜する国のメディアの在り方ではない。こうしたメディアの独占形態は言論の寡占を招くとして欧米先進国では禁止されている。

またテレビ電波は国民共有の有限の公共財だ。電波の配分や監視を総務省などの国家直属機関が行えば、政権党による政治圧力によって報道の独立性に歪みが起こりうる。最高裁判決で、「独立した公共放送」の役割を認知されたＮＨＫを含め、今のテレビ報道は先進国のジャーナリズムとしての独立性と質をもっと高める必要がある。それには政権党による圧力をできる限り排除する独立への仕組みが必要である。

そこで求められるのが日本版ＦＣＣ（米国のＦＣＣ連邦通信委員会がモデル）の創設である。ＦＣＣは憲法で報道の自由を掲げるアメリカだけでなく、世界の先進諸国のほとんどが導入している制度で、クロスオーナーシップ廃止とともに放送の政府からの独立にとっては必須の条件だ。韓国も近年、導入している。

実は先述の最高裁判決は「放送の公共性」については指摘しながら、日本の現行の「放送制度の欠陥」については何も触れていないので、判決は画餅になる恐れがある。

日本の放送制度は占領期よりも後退している

実は七〇余年前の占領下の日本では、ＧＨＱの指示で電波監理委員会が作られていた。アメリカのＦＣＣモデルを導入したものだった。総理府の外局に置かれて電波行政を担当していた。ＧＨＱは日本の戦前のメディアに自由がなかったから無謀な戦争をやったと考え、新聞に自由を与えたが、それと同様に、大本営直属の放送局を政府直属からはずしたのだ。

しかしサンフランシスコ講和条約が発効し、占領下の日本が独立国になると、日本政府は電波監理システムを戦前と同じ政府管轄（郵政省）に戻してしまったのである。以降、日本の電波行政は政府に直属し、政府の手中に握られたままになった。

田中角栄時代、田中は電波配分の権限をうまく使って、地方テレビ局の電波利権を新聞各社に分配し、新聞・マスコミ支配に使ったことはよく知られている。しかし田中は直接、メディアに圧力をかけるようなことはしなかった。

ようやく戦後初の二大政党による政権交代が起こり、そのスタート時の最初に鳩山政権が取り組んだのが放送制度の民主化だった。

「通信放送行政独立へ――『日本版ＦＣＣ』創設で政府方針」という記事が、二〇〇九年九月二二日付『朝日新聞』に出ている。鳩山内閣の原口総務大臣が「海外の独立機関を参考にして日本版ＦＣＣの具体的な姿を描く」という記事だ。「通信放送の独立が『言論、報道、放送の自由』を確保する手段になる」と原口氏は記事中で語っている。

衆議院議員（現）の原口氏によれば、メディア業界や旧郵政グループの反発などが強かったというが、「日本版ＦＣＣ」創立の専任の作業チームを作って推進した法案の大要は以下のようなものだった。

原口総務相（当時）が国会に提出した電波改革法案の中身

平成一五年の第一五六国会に「電波法の一部を改正する法律案要綱」および「通信・放送委員会設置法案要綱」が提出された。以下のような法案内容である。

前者は、電波の免許に競争による周波数オークション制度を導入する。その際、電波使用料を国が徴収する。徴収にあたっては電波の経済的価値が適切に反映されるよう総務省令に定める算定基準に基づいて総務大臣が決定する金額を国に納付する。

後者は内閣府の外局として、「通信・放送委員会」を設ける。委員会は有線、無線の通信施設にかかわる規律、電気通信業および放送業にかかわる規律、電波の監理、その他通信・放送分野に関する事務をつかさどる。委員会は四人で構成され、委員長および委員は独立してその職権を行う。委員長および委員は両議院の同意を得て、内閣総理大臣が任命する。この法律は、平成一六年四月一日から施行する。

この法案の適用範囲は民間放送だけでなく、公共放送NHKも含まれている。この法案の目的は、電波制度の近代化である。欧米先進国の制度に倣って電波免許制度の公平・公正性をより高め、合議制の独立した委員会に規制の在り方を担わせる。

電波法に定められた手続きに従って、総務大臣に対して免許申請を行い、審査を受けた上で合格した者だけが電波免許を与えられる。この制度は、イギリス、ドイツなどOECD加盟国三四カ国のうち二七カ国で実施されている。

また電波免許の規制監理（許認可）を政府直轄から外し、独立行政法人の通信・放送委員会にゆだねている国は、アメリカ、イギリス、フランスなどの欧米諸国のほか、アジアでは韓国が二〇〇八年に放送通信委員会（KCC）を設置した。韓国のKCCはアメリカの連邦通信委員会（FCC）をモデルにしている。同法案は「日本版FCC」といわれているが、先述したように、モデルになったアメリカのFCCの歴史は古く、ナチスに対抗するため設置されたのは一九三〇年代だった。

民主党は平成一五年のほか平成一六年にも自民党政権下でこの法案を提出したが、衆院で否決された。その後、鳩山政権は報道の自由、情報開示に積極的でこの法案を推進していたが、鳩山政権は短命で終わり、原口総務大臣の改革の試みは道半ばで挫折した。法案に反対する強い意見は主として新聞社、テレビ局など既成メディア幹部から寄せられたといわれる。既成メディアはメディアの自由より、既得権益を手放したくなかったのだろう。

ほかにも原口氏のもとで「ICT分野における国民の権利保障を考えるフォーラム」が結成され、情報通信技術の推進のもとで「言論の自由の砦」をいかにして守るかを討議する会合が行われていた。座長に濱田淳東大総長、座長代理に長谷部恭男東大教授の他ジャーナリスト上杉隆、弁護士郷原信郎、ソフトバンク社長孫正義、上智大学教授音好宏、日本民放連会長広瀬道貞、NHK会長福地茂雄ら約三〇人の組織で運営されていた。私はオブザーバーとしてこの会に参加したことがあるが、政府管轄とは思えないほど活発な民間主導の議論が行われていたことを思い出す。

会を主宰した原口氏は、総務大臣ブログで以下のようなことを書いていた。「私は民主主義の基本は言論の自由にあり、どんな政治状況でも侵されてはならない放送・報道の自由があると信じています。世界の歴史を見ても、時の政治権力は、自らを正当化するために放送に介入する誘惑を断ち切れず、今までも多くの言論弾圧や抑圧が行われてきました。……誰が権力につこうが、決して侵されることのできない自由。言論の自由を守る砦が必要だと私は思います」。

原口氏は平成二五年、同二六年の安倍政権時代にもこの法案を提出したが、否決された。当時の国会議事録を読むと、実に的はずれのチグハグな議論が自民党側から出されていたことがわかる。法案の趣旨がわからず、逆に言論の自由を奪うものではないかという質問が出されたりしているのに驚いた。まずは国会議員に法案の重要性を知らしめ、言論の自由の意味を教示する必要がありそうだが、日本の国会議論は、議会制民主主義の発祥地イギリス議会の議論に比べて、何百年くらい遅れたレベルにあるのだろうか、と思わざるを得ない。

改革か、市場から撤退を迫られるか

日の目を見なかった法案ではあるが、先進国の条件である放送制度改革であり、日本がいつまでも言論の自由ランク七〇位前後に止まっていていいわけではない。最近、原口氏にこの時の話を聞いたが、「まだ法案成立をあきらめてはいない」と語っていた。しかしこの法案が国会を通過するには、日本の既成メディア界が既得権益を手放し、公共の電波を国民のもとに返還する決意が必要になる。ハードルはなかなか高いだろうが、これが実現しなければ、日本のメディアの明日の希望は見出しにくい。

政府に従順な報道をやっていれば既得権益は守ることはできるだろうが、アメリカの新聞やテレビのように、マーケットで質の競争にさらされることのないメディアは劣化するだけで、読者、視聴者のニーズに応えることのできる質の向上は期待できない。政府の気に入っても、読者、視聴者からはやがて見捨てられ、市場からの撤退を迫られるだろう。

私の取材では、法案に強く反対した既成メディア業界は、既得権益を侵害されることに抵抗したのだ。戦後、割り当てられたまま固定化した電波利権を手放したくなかったのだ。報道の自由と民主化、国民の公共財としての電波の公正利用のための改革が、既成メディアの抵抗で潰されるという話は文明の進歩に逆行する話だ。

同様の問題は記者クラブ改革にまつわる案件でもたえず蒸し返される。ゼノンの逆説のジレンマの連鎖にも似て、放たれた矢はいつも的に当たることなく途中で折れる。既成メディア側が既得権益を手放さない限り解決しない問題点なのだが、その葛藤が繰り返されるたびに、メディアの自由は失われてゆくのである。政治とメディアのレベルは国民のレベルを反映するものだから、これを放置しておいたツケは国民に帰ってくる。

どの政党であろうと、日本が言論報道の自由と民主主義の国として生きてゆくつもりなら、欧米先進国はじめ、韓国でも実施している米国モデルのＦＣＣを早急に導入するべきだと思う。放送行政を政府・総務省から切り離し政府から独立させることが必要なのである。

日本版ＦＣＣと同様、電波監理送法はＧＨＱ占領下に日本の報道の自由を守るためにできた法律で、その基盤は「放送の政府からの自由」である。政府は報道の自由を侵害してはならないという法の理念が、日本が独立国になった時点で、放送事業の管轄が郵政省に帰属し、政府が放送に介入できる法律に化けてしまった。上述したように、日本の放送の自由は占領下よりも後退したことになる。

戦後日本のメディアの歴史はあまりに毀誉褒貶な事件に満ちている。しかしメディアにとって言論の自由の普遍的価値が大切か、既得の利益擁護が大切か、と聞かれれば答えはおのずとはっきりしている。メディアの戻るべき失われたときとは、報道の自由度国際ランク一一位の輝きを放った時期だったのかもしれない。

第10章　オウム真理教と松本サリン事件

1　マスコミが作り出した「河野氏犯人説」

第一通報者が疑われる

一連のオウム真理教による殺人、テロ事件の発端になったのが松本サリン事件である。松本サリン事件とは以下のようなものだった。

「松本市では支部道場建設をめぐって教団と住民が対立し、訴訟となっていた。地裁支部は仮処分で住民側の訴えの一部を認めており、訴訟でも教団が負ける可能性があった。

松本死刑囚は判決直前の九四年六月ごろ、サリンの実験を兼ねて裁判官たちの殺害を決意。教団幹部七人が同月二七日深夜、裁判官官舎から約三〇メートルの駐車場で改造した「噴霧車」から、加熱して気化させたサリンを送風機でまいた。

裁判官官舎で死者は出なかったが、周辺に住んでいた一九～五三歳の住民七人が死亡し、約六〇〇〇人の重軽症者が出た。重症者のうち、河野《こうの》澄子さんは意識不明の状態が回復しないままサリン中毒によって二〇〇八年八月、六〇歳で亡くなり、死者は八人となった」（『朝日新聞』デジタル、二〇一八年七月六日付）。

この事件で長野県警は河野義行氏の自宅を被疑者不詳のまま殺人容疑で捜索したが、会社員だった河野氏が疑われた理由は、事件の第一通報者だったことだ。

オウムの犯行が行われたとき河野氏は自宅庭で農薬の調合を行っている。そこから有毒ガスのサリンが発生したと疑われたのである。サリンを吸入して河野氏の妻が苦しんでいるのに介護を休止して警察に通報したことも警察に疑われた理由だったとされる。

この時点から河野氏犯人説はそれに飛びついた警察とマスコミの連携によって日本中の全マスコミを覆っていった。

警察は執拗に取り調べを行い、マスコミも連日のように河野氏のサリン製造容疑をまことしやかな記事にした。新聞やテレビで報道されるたびに河野氏と家族の人権は奪われていった。兵器にも使われるサリンという神経ガスの恐ろしさと市井の一市民が根拠もなく人権を剥奪され暴風雨のようなメディアスクラムの渦中に巻き込まれていった。その意味で松本サリン事件とは恐ろしい事件だった。

「河野さん、明日にも逮捕か」という見出しが新聞記事に踊っていたこともある。河野氏は意識不明の妻をかかえた上、二人の娘もサリンの障害を負いながら、身に降りかかった冤罪と闘わざるを得なかった。苦境にあった河野氏が逮捕されなかったのは、彼の冤罪を確信していた弁護士の尽力が大きいといわれる。

「入院中は大勢の記者が病院に押しかけ、退院後は毎日自宅を取り囲みました。取材依頼の電話や嫌がらせの電話、脅迫状まで送られパニック状態でした」と河野氏は『週刊女性』（二〇一五年三月三一日号）のインタビューで語っている。

河野氏は様々な手段を講じて無実を訴えた。そして翌年、地下鉄サリン事件が発生し、松本のサリン事件もオウム真理教の犯行であることが明らかになり、潔白が証明された。

河野氏の犯人扱いは約一年も続いたが、マスコミはこれを正面から謝罪したかというとそうではない。新聞社は社会面等の片隅に謝罪文を掲載した程度だし、連日犯人説を流していたテレビは目立たない謝罪しかしていない。日本のメディアが警察発表の根拠を検証もなしに垂れ流し、マスコミが冤罪を作る構造があらわになっていた。自白重視の取り調べとマスコミの合作で冤罪を作る司法の姿は、人質司法といわれ欧米先進国では非近代的な司法と批判されてきたが、河野氏も危うくその冤罪犠牲者になりかけたのだ。

なぜマスコミは見抜けなかったのか

それにしてもなぜマスコミはあれほど執拗に河野氏犯人説を流したのだろうか。素人が市販農薬を庭先で調合する程度の軽作業で猛毒のサリンができるのだろうか。兼業農家の多い長野県では自宅に農薬を置いていた住民はたくさんいる。新聞社には科学部もあるし軍事問題を担当する専門記者もいるのに、そんな初歩的なことすらチェックできなかったのか、という素朴な疑問が浮かぶ。

化学兵器のサリンといえば旧日本軍の七三一部隊やナチスドイツが作っていたというし、米軍もベトナム戦争時に製造していたという極めて危険な神経ガスなのだ。そんなものを素人が庭先で調合して作れるはずはないのに、初歩的なミスを警察やマスコミは見抜くことができなかった。

松本サリン事件がオウムの犯行とわかり、サティアンといわれた大きな工場で、大学院生クラスの専門家がいなければ製造できない化学兵器だということがわかったのは、事件から数カ月も後のことだ。

地下鉄サリン事件が全世界に知れたとき、都心で大規模なテロが起きたことに、欧米諸国の軍事専門家は仰天し、調査のために急遽、来日した。もし外国のテロリストがサリン製法を入手したら大変なことになるのだ。しかし事件当時、この問題に対する科学的な調査が行われた話は聞かなかったし、サリンに対する非科学的な認識が大新聞でもまかり通っていたのだ。

もし松本サリン事件の正確な追及がなされていたら、約九カ月後に起こった悲惨な東京都心の地下鉄サリン事件は未然に防がれていたのではないかと今でも痛感する。あの事件で多くの犠牲者の命が奪われることはなかったのではないか。

しかしながら、河野氏犯人説を疑うメディアは私の知る限り一つもなかった。

河野氏犯人説に便乗したオウム関係者の中には上祐史浩氏のような口が達者なタレント的人物がおり，甘言を弄してメディア対策をやっていた。彼らはマスコミに特ダネを流すことがあった。スクープを得たいと考えている記者たちがオウムの周辺にはたくさんいた。当時はオウムに甘いメディア、という構図があった。

2 「TBSは今日、死んだに等しいと思います」

ビデオテープ閲覧事件

一九八九年一〇月二六日、TBSワイドショー「3時にあいましょう」のスタッフが、坂本堤弁護士がオウム真理教を批判していた放映前のインタビューテープをオウム側に事前に見せたという事件があった。当時から坂本弁護士はオウムの犯罪を追求していた。

その後、坂本弁護士一家がオウム側に拉致され、一家の殺害事件が起こった。この殺人事件はTBSがインタビューテープをオウム側に見せたことが原因ではないかと指摘された。テープをオウムに見せたことに関して、オウムの早川被告の話として、後に「日本テレビ」がスクープとして流したが、TBSはこれを頑強に否定した。衆院法務委員会に参考人招致されたTBSの大川常務取締役も「社内の調査では、見せたという事実は出ていないと確信しておる次第でございます」と否認した。

このビデオテープ閲覧事件は地下鉄サリン事件後の一連のオウム真理教への強制捜査（一九九五年三月二二日）でわかったもので、事件から約七年後の一九九六年三月になってTBSは初めて事実を認めるに至った。一九九六年三月二三日に「早川メモ」の全容が明らかとなり、翌々日の三月二五日にTBSの磯崎洋三社長は坂本弁護士のインタビュービデオをオウムの早川たちに見せたことを認める緊急記者会見を行って謝罪したのである。

TBSが坂本弁護士テープ問題を認めた当日、同局の「NEWS23」の筑紫哲也キャスターは、「TBSは今日、死んだに等しいと思います。今日の午後まで私はこの番組を今日限りで辞める決心でおりました」と番組の冒頭で語ったことが、今でも印象に残っている。

このTBSビデオ事件の隠蔽問題に対しては、海外からも反応が起こり、ハーバード大学が発行するメディア研究専門誌『ニーマン・レポート』（一九九七年春季号）が、「日本のテレビの報道の自由と公正に暗雲がたちこめている」とするヘレン・ハーダカー教授の論文を掲載したことがあった。

大マスコミが報道しない事実を報道する週刊誌

実は、松本サリン事件はオウム真理教が起こした事件であることを明らかに示したメディアは、大新聞や基幹テレビ局ではなく、『週刊文春』だった。

松本サリン事件から約三カ月後に「松本サリン事件はオウムであるとする謎の怪文書」がマスコミ各社に出回ったといわれる。怪文書の全文は『宝島』（一九九五年六月号）にも掲載されたが、この怪文書の出所と周辺を立花隆氏が追求し、「公安当局が流した怪文書ではないか」と『週刊文春』（「オウムとサリンの『深い闇』」一九九五年五月四日・一一日合併号）に書いた。この記事によってオウムとサリンの関係がクローズアップされたが、立花氏は「この怪文書は事件をよく知る人物しか書けない内容。オウムを内偵調査していた公安当局のスパイが河野氏犯人説に集中するマスコミ報道の流れを軌道修正させるために、怪文書を流したのではないか」と推論、指摘した。公安当局は早くから新興宗教団体オウム真理教の行動に注目していたのだった。

このころから大マスコミが報道しない（できない）事実を天下に突き付ける「文春砲」はすでに存在していたのである。

オウム真理教が国家と対決するテロリズム集団になったのは一九九〇年二月の衆院選に麻原ほか教団幹部二五人が立候補して全員が落選したことに端を発するといわれる。のちに朝日新聞は松本サリン事件を起こしたオウム真理教の動機を以下のように説明している。

「教団は『真理党』を結成し、一九九〇年二月の衆院選には松本死刑囚ら二五人の教団幹部が立候補したが、惨敗した。これを機に教団の『武装化』が進んだとされる。松本死刑囚は同年四月ごろ、幹部らを集めて『全世界にボツリヌス菌をまく』と無差別大量殺人の計画を宣言。九二年三月には自動小銃、九三年六月ごろには化学兵器のサリンの製造を始めるよう幹部に指示した。教団は同年八月ごろ、サリンの生成に成功し、上九一色村でサリン製造プラントの建設に着手した。

松本死刑囚はサリンを使って創価学会の池田大作名誉会長を暗殺するよう指示したが思い通りにいかず、九四年五月には教団を批判していた滝本太郎弁護士の車に噴霧したが、狙ったような効果を得られなかった。次に標的となったのが、長野地裁松本支部の裁判官だった」（『朝日新聞』デジタル、二〇一八年七月六日付）。

オウムの犯罪がなかなか表面化しなかった第一原因は長野県警が垂れ流した河野氏犯人説をマスコミが増幅した点にあるが、松本サリン事件が起こった時代はまだインターネットが未発達でSNSもなく、世の中に情報がなかなか浸透しなかったことも原因の一つと思われる。

例えば松本サリン事件から数年後に起こった和歌山毒入りカレー事件では、混入毒物が青酸カリと警察も医療関係者も推定し、マスコミも青酸カリ説を報道していたことがあった。こうした報道の社会的な流れができるとなかなか異説を唱えることは難しくなるのは、松本サリン事件と同様だった。

このとき一人の女子中学生（三好万季）が被害者の容態について、インターネットを駆使して調べてデータを分析し、青酸カリではない別種の毒物事故ではないかと考えた。この女子中学生の書いた論文は『文藝春秋』（一九九八年一一月号）に掲載され、カレーに混入していた毒物は「ヒ素」と修正された。

何の利害も偏見もない無名の女子中学生がインターネットを駆使して毒入り事件の解決に貢献したことは、まことに興味深い。『朝日新聞』天声人語は少女をこう称えている。「ごく初期のうちに、原因がヒ素と見破ることは十分可能だった。適切な手当をすることもできた。だが、医療機関も、警察も、そうした判断ができなかった。マスコミも、責任を果たし得たとはいいにくい」(『朝日新聞』一九九九年七月二七日付)。

しかし、なぜメディアが「ヒ素」であることを解明できなかったのか。それでは松本サリン事件の失敗を繰り返しただけではないか。もしヒ素だと判明しなければ別の冤罪を生んだ可能性すらある。この天声人語を書いた記者は彼女を称えるだけでなく、新聞人としての反省点も語ってほしかった。新聞記者の基本である「なぜ」という疑問からスタートしたこの中学生はインターネットを駆使した取材をし、大新聞の記者を超えるスクープをものにしたのだ。

もし松本サリンの時代にSNSやインターネットが発達していたら、その後のオウムの犯罪はもっと寡少に抑えることができたかもしれない。

3　アトランタ五輪公園の爆破事件

CNNテレビの報道

松本サリン事件の発生と同じころ、一九九六年のアトランタ五輪公園の屋外コンサート会場で爆破テロ事件が起こり、傍にいたガードマンが爆発物を仕掛けた犯人と目されてマスコミがしきりに犯人説を流したことがある。当時、私はハワイの東西センターに在籍していて、毎日のようにCNNテレビが報道していたので今でもよく覚えている。

アメリカの五輪報道はテレビ局一社のチャンネルだけが独占契約しているだけで、他局は報道しない。

CNNテレビは五輪中継の契約局ではなかったので、五輪報道は一切やらなかった。そのせいで他局が報道する五輪といえば、このとき爆破事件の犯人と目されたガードマンのニュースしか出てこなかったのである。ガードマンは連日、テレビカメラの放列にさらされた。まだ逮捕もされず犯人と断定されたのでもない容疑者を追い回すテレビカメラの光景は日本と変わらない。

日本で開催の五輪なら各テレビ局が競って種目別に放映権獲得に走り、どのテレビ局も五輪報道で埋まるが、アメリカはそうではなかった。

全米のほとんどのメディアが警察のリークのままに、ガードマン犯人説を報じていたが、アトランタから遠く離れたユタ州の地方紙がガードマンへの嫌疑は「冤罪」と否定し、確証もないのにそうした報道を行うテレビや新聞を非難した。

やがてFBIは地元警察がリークしていたガードマン犯人説を公式に否定し、ガードマンの疑いは晴れた。

日米両国のメディアが作り上げた冤罪報道は一見、よく似ているが、メディア報道の構造の違いがある。ユタ州の地方新聞のように、多数派の流れに抵抗して独自の調査報道に基づく反論記事を掲げる新聞がリアルタイムで存在していた。メディア全体が一色にはならない。この点の相違は大きい。松本サリン事件では、私の記憶する限り、河野氏犯人説を否定するメディアは存在しなかった。

日本の冤罪事件

私はハワイの東西センターを拠点に、全米のメディア学者やジャーナリスト約三〇人を選んで電子メールを送り、「メディアが関与した日米の冤罪事件」に関する質問をしたことがある。「河野義行氏のような冤罪事件はアメリカでも起こりうるか」と聞いたところ、ほとんどの方々から返信があった。アメリカではこの種の冤罪事件は「カッフ（手錠）・ジャーナリズム」といって、警察発表を鵜呑みにするマスメディアによってしばしば引き起こされるということで、日米とも類似の問題が起こっていることがわかった。

しかしマイケル・シュードソン（カリフォルニア大学サンディエゴ校ジャーナリズム学部）教授からは、「日本の記者クラブの特殊性」を指摘し、「アメリカにおける日本の記者クラブ研究の諸資料」のコピーを郵送で送っていただいた。アメリカの場合と似てはいるが、日本の記者クラブは組織として、警察発表をもとに事件の方向性を決めるので、記者クラブから離れた自由な記事は書きにくいことが、アメリカの専門家の間でも知られていたのだ。

「メディア・スクラム」「発表ジャーナリズム」「横並びジャーナリズム」といわれる日本の記者クラブは、日本新聞協会加盟社以外の外国記者、雑誌記者、スポーツ紙記者を排除して、官製情報の独占をはかる情報カルテルとして、その弊害がつとに指摘されてきたので、ここで詳しくは触れない。日本のマスメディアは社会主義独裁国のメディアのように国家に統制されており、資本主義国のメディアのようなニュースの質の自由な競争がないと評されている。

河野氏犯人説を流したのは長野県警記者クラブである。松本サリン事件報道で最も高い信憑性の優先順位を持つのは県警記者クラブの担当記者が書いた記事（原稿）で、部外者である東京本社の社会部記者が河野氏犯人説に異論を持っていたとしても、それを記事にする権限がない。要するに記事を書く記者には「縄張り」が決まっているということだ。新聞社内部ではおかしいと思っていたとしても、あえて記事にする記者がいなかったことは想定できる。記者クラブに所属する記者は社内的な地位とは関係なく、自分が担当するエリアと組織に関するニューズには強い発言力を持っている。その意味でも、日本型記者クラブは他者を排除するだけでなく、身内の新聞社内部の言論の自由まで奪う結果を招いているのだ。

その後、ガードマン氏は自分を犯人扱いしたNBC、CNNなどの巨大メディアを名誉棄損で片っ端から訴えて、莫大な損害賠償金を獲得した。コロンビア大学が発行するメディア専門誌『コロンビア・ジャーナリズム・レビュー』（一九九七年春季号）によれば、一社で五〇万～一〇〇万ドルの賠償額だったという。総額で一〇億円余にも達する賠償金を受け取ったと見られるこのガードマン氏は、アメリカを離れてイタリアの保養地に移住し余生を送ったという。

日本の場合、冤罪被害者や人権侵害報道などに対してメディアが賠償金を支払う場合、その金額はアメリカに比較して格段に安い。従って有名人のスキャンダルは書き得で、週刊誌は売れて儲かるし、テレビは視聴率が上がる。たとえ裁判に負けて賠償金を支払うにしてもお釣りがくるという話を、元週刊誌編集長から聞いたことがある。

しかし近年、日本でも賠償金額は高騰し始めている。それは冤罪や人権侵害のブレーキになるはずだが、報道被害者といっても、大企業やバックに大資本や権力犯罪が控えていた場合、内部告発した弱小メディアやフリーランスの記者が逆訴訟を受けて、支払い不能な多額賠償金請求訴訟を起こされることがある。これをスラップ訴訟というが、スラップ訴訟を避けるためにも、裁判の迅速化、公正化と腐敗した組織の内部告発者と国民の知る権利を保護する民主的な法制度の確立が望まれる。

河野氏のその後

松本サリン事件で筆舌に尽くしがたい冤罪被害を受けた河野氏の場合は、メディア各社がどれほどの損害賠償を行ったのか、寡聞にして聞かない。『週刊女性』インタビューで河野氏は経済的な被害も受けたと語っている。「例えば治療費。入院から一週間で総額三〇〇万円の請求が来ました。事件から一〇年間の自己負担は、実に二〇〇〇万円を超えていたのです」(前掲『週刊女性』)。

長野県の田中康夫知事時代、河野氏は長野県の公安委員就任を依頼され、冤罪被害の防止や裁判の公正化などの諸問題に取り組んだことがあった。また犯罪被害者を救済、支援をするNPO法人「リカバリー・サポートセンター」の設立に寄与した。

サリン中毒で意識不明のまま亡くなった妻の死後、河野氏は長野県を離れて鹿児島霧島市近郊の海辺に移住し、自分の辛い体験を生かす講演活動にも打ち込んできた。

河野氏は服役を終えた元オウム信者とも交流をし、元幹部の死刑囚とも面会を果たしている。

そして死刑にも反対してきた。事件の全容がわからないまま幹部たちが死刑になれば、一層、事件の解明が難しくなる。

「一連の裁判で最も問題なのは麻原死刑囚の控訴審を打ち切ってしまったことだ」と河野氏は語る。「肝心の首謀者の考えを聞き出さずに、死刑確定だから事件は終わったとするのはあんまりです。なぜ事件が起きたのかを徹底的に探り、それに対して恒久的な対策をしていくことが事件の終わりなんです。今のままだとどんな手を打てば再発防止になるのか、まるでわからない」(前掲『週刊女性』)と指摘している。

二〇一八年七月、麻原彰晃元代表及びオウム真理教元幹部ら一三人の死刑執行が行われた。一三人という大量の死刑の同時期の執行は戦後、前例がない。

一九四八年、連合国による極東国際軍事裁判での判決が東條英機らA級戦犯七人が絞首刑になったが、戦後の日本国内で実施された大量の死刑執行としてはこれを上回る。

オウム真理教が武装集団になる前、衆院選に出馬し政界進出を試みた時期に、渋谷駅付近で選挙演説をしていたオウム信者たちの選挙カーを目撃したことがある。ポップ調の派手な音楽を鳴らし、白い縫いぐるみのような衣装をかぶって演説をしたり、踊ったりしていたと記憶する。一見してカルト宗教集団ぽくもあり、若者中心のイメージが強かった。

当時の渋谷、六本木はバブル経済の絶頂期で若い娘たちはディスコ・ジュリアナに集まり、半裸で踊り狂っていた時代だ。日本経済と円の威力は絶大で、ハリウッドやロックフェラー・センターを買収し、ハワイのリゾート地やホテルを買収し、フランスのブドウ畑を買収し、カンヌ映画祭には日本の銀行マンが出没して、ヒットしそうな映画の買収を狙っていた。日本はアメリカ六つ分を買収できるマネー力を持っているといわれた。

アフリカの草原の飛行場の周りを、日本の自動車、電化製品等のメーカーの広告がタテカンのように林立して並んでいた。

一九九〇年代の前半、松本サリン事件から地下鉄サリンに至った時代は、バブル経済の崩壊期であり、米ソ冷戦が終わって保革の政治的価値観も崩壊し、経済と政治のバランスが著しく崩れ始めた時期でもあった。

アメリカからは、日本がアメリカ経済を崩壊させていると批判され、政府間の日米構造協議（SII）が行われ、日本の不公正貿易の是正を求める外交交渉が展開されていた。『日本権力構造の謎』を書いたカレル・ウォルフレン氏や『日本封じ込め』を書いたジェームス・ファローズ氏ら欧米のジャーナリストたちが提起した「日本異質論」が欧米の論壇を席巻していた時代でもある。

そうした喧噪の背後には、「失われた一〇年」「失われた二〇年」の不況の陰が忍び寄っていたが、政治はもちろんのこと、ほとんどの日本人はそれに気が付かず、バブルの余韻に酔いしれていた。

カルト宗教のオウム真理教が多くの若者を吸収していったのはこのころである。

河野氏をはじめ、オウム信者の青年たちに会ったことのある人の多くは彼らの真面目さを指摘する。

真面目であるばかりでなく、理系を中心とする東大、京大、慶應出身の高学歴の信者がたくさん集まっていた。問題はなぜそうした若者たちがオウムの教祖・麻原彰晃に惹かれて入信していったか、入信しただけでなく、大規模なテロと殺人の実行犯になったのか。そこが謎の本質になる。オウムを巡る謎は二〇一八年夏の幹部の死刑執行後も解明されてはいない。

また偶然にも、オウムの犯罪の被害者になって、今なお苦しみ続けている方々の気持は癒されたのだろうか。死刑執行でオウムの一連の事件に区切りがつけられると、事件そのものが風化することを恐れる。死刑は究極の終わりを意味する報復の概念ではないだろう。恐ろしいオウム事件の風化を防ぎ、再発を防止し、語り継ぐのは国の役割だと思う。

第11章　阪神・淡路大震災から東日本大震災へ

1　阪神・淡路大震災の報道

歩いて神戸まで取材に出かける

一九九五年一月一七日に発生した阪神・淡路大震災は、朝食の時間帯にかかっていたために大規模な火災が発生し、高速道路が倒壊し、神戸のそごう百貨店などあちこちで巨大ビルが崩れた。震度七、被災者数は四万三七九二人、死者は六三四三人という史上稀にみる大規模な地震災害だった。

私は震災の直前に新聞社を退職してハワイ大学等での研究生活に入る準備を進めていたころ、まず直面したのが「阪神・淡路大震災」だった。退職後の荷物の整理をしていたときはまだ東京に住んでいた。早朝のテレビニュースで、高速道路が崩落し、そごう百貨店が倒壊している映像を見て驚愕し、新幹線復旧を待って大阪の自宅へ戻った。大阪は比較的被害は軽かったが、それでも本棚が壊れて本が飛び散り、棚から落ちた食器類が床に散乱していた。

止まっていた阪急電車が大阪から西宮北口まで動くようになったとき、私は西宮北口まで行き、神戸までは歩いて取材に向かった。被災地に住む知人のために水と食物を詰めたリュックも背負っていた。同じように被災地に救援や補給に向かう人々、水や食料を届けるボランティアの人々で細い線路沿いの道は埋まっていた。ザクッザクッという土を踏む足音だけが響き、人々はみな黙々と歩いていた。

このとき書いた記事は、『諸君!』(一九九五年四月号、文藝春秋社)に掲載したので、当時の記事を参考に、私が取材した「阪神・淡路大震災」の一部を以下に引用しておきたい。

砂埃の中を黙々と歩き続ける人々の群れ

「われわれは、この半世紀、水と安全と空気はただで手に入るものだと思い込んできた。しかし計り知れない高価な代償を支払って途方に暮れている。カタストロフに対して人間に何ができるか、という無力感と自問だけが残された。神戸地方は、五〇年前の戦争のときの大空襲で死者三千人を出したが、今回の震災被害はそのときの大空襲をうわまわるものであった。われわれの国の戦争体験はほとんど忘却され、風化していた。しかし活断層大地震は、突如としてタイムトンネルをも破壊し、五〇年前の破壊と焼け野原に酷似した無惨な体験へとわれわれを引き戻した」(前掲記事)。

しかし当然ながら、五〇年前の戦争とは違う部分があった。全ての国民がリアルタイムのテレビ映像で災害の現実を見ていたことだ。国内と海外からの反応が即座に現れた。

さらにまだ黎明期の電子ネットワークもあった。そこから迅速な危機管理、救助の方法、ボランティアなどの情報が次々と発信され、被災地住民に情報がもたらされた。大阪大学の学生が発信した地震情報はすぐにホワイトハウスへ届き、そこからフランス政府へ転送された。日本の大災害はいち早く、ほぼリアルタイムで世界の注視するところとなったのである。

しかし当時の官邸（村山内閣）が情報をキャッチしたのは、世界よりかなり遅れた。従って自衛隊出動が遅れ、震災とともに大火災が発生していた神戸中心部への救援が遅れたことも確かだった。

『細雪』の舞台、風光明媚な芦屋近郊の風景は一変していた

冬の木枯らしが落ち潰された家屋の軒下で悲しい音をたてていた。谷崎潤一郎の名作『細雪』の舞台になった風光明媚な高級住宅地の芦屋近郊は見る影もなく、ほとんどの木造家屋は倒壊してぺちゃんこになっていた。

夕刻の静まり返った小さな空き地で、ボランティアの炊き出しを待つ被災者の列があった。白っぽい瓦礫の粉塵が舞って風光明媚だった夙川や芦屋川近辺の風景の変化は無惨だった。

関東大震災の恐怖から逃れ、移り住んだ谷崎潤一郎が残した屋敷も倒壊していた。

上空はマスコミ各社が飛ばしていた取材ヘリの騒音で、地上の被災者たちの会話やコミュニケーションが邪魔され途切れることがあった。地上の者はその都度、空を見上げてヘリが通過するのを待った。

西宮に住んでいた私の叔母は全壊した家の下に埋もれ、数時間後に救助されたが、救助してくれたのは、近隣や通りすがりの人たちで、警察や消防や役所の人ではなかった。

西宮北口駅構内には手書きの道案内、安否を問う家族、友人、知人たちへの夥しい張り紙や伝言板が道端のあちこちに貼ってあった。震災当初は電話が不通になり、手書き伝言板しか安否情報確認のメディアは存在しなかったのだ。今のように個人レベルのインターネットは発達しておらず、ツイッターのようなSNSもなかった。

神戸は国際都市だから、外国人被災者も多かった。伝言板には英語はもちろん、中国語、韓国語、ヒンディー語、ベトナム語、アラビア語など様々な言葉が並んでいた。

震災現場には東京のテレビ局や新聞が切りとって伝えた被害とは違う巨大災害の実像があった。

東京で見たテレビは地震学者や建築家をスタジオに集めて、「東京は大丈夫か」という話を繰り返していた。対岸の火事である。「関西の防災観念は遅れていたので、こういう惨事を招いた」というコメンテーターがいた。

一〇〇〇億円単位の膨大な国家予算をつぎ込んで始まった「地震予知研究」はこの大震災の予知には役に立たなかったのだ。テレビではそのことは問題になっていなかったと思う。

火災はどんどん広がっているのに、消火の気配はない。テレビ画面に更新される死者の数字がまるで選挙速報の感覚で流れ、その数の増加のスピードに驚くばかりだった。

私が取材した被災者の一人は「やっとの思いで大阪へ逃れると、大阪のホテルは東京から来た報道陣で満杯だった」といっていた。実は大阪も震災を受けたが、神戸のような重度の被害ではなかった。大阪のゼネコン業者が大阪ミナミで酒を飲み、「神戸復興のために明日からゼネコンの時代が来る」と祝杯を挙げたという話も聞いた。

報道にヒューマニズムがない

事実を報道する。それがジャーナリズムの役割だ。しかし震災取材は「湾岸戦争」と同じだった。大量動員されたメディア各社の特派員は外国の戦争を取材する記者のように、災害の局面を切り取ってクローズアップする記事を本社に送り続けた。しかもメディア間の激化したスクープ競争もあった。震災に遭った作家の小田実は「苦しんでいる人への共感がない。報道にはヒューマニズムが欠如している」と批判した。

東京からやってきて無遠慮にマイクを突き出す着飾った女性レポーター、取材のイロハも知らない若い記者は被災地には迷惑な存在でしかない。被災地の貴重な水や食料を消費し、排せつするお荷物となる。ヘリの上空からの空撮シーン、避難所からの中継といった絵になる災害報道のパターンも多すぎた。ヘリの騒音で被災者たちは地上での会話を妨害されたと訴えていた。ヘリを飛ばすなら、せめて水や食料、医薬品も運んでほしいといっていた。

いったい報道各社が動員した記者数はどのくらいいたのか。

ある全国紙A社は東京からの応援を含め社会部だけでも一五〇人の記者が投入されたという。B社など全国紙レベルの新聞社は概ね同規模の記者を送りこんだと見られている。

機材やチーム人数が多いテレビ局は、新聞社よりはるかに多い。NHKは約一〇〇〇人、民放ではTBSが約四〇〇人、他局も三〇〇人程度は動員したといわれている。さらにヘリコプターは一局で一〇数機をチャーターした局があり、全体では数十機にもなる。これに地方の新聞、テレビを加えると、数千から万単位の報道関係者が震災直後の神戸近郊に押し寄せたとみられた。

しかし地域密着の地元の神戸新聞やFM放送は東京や大阪から来た大新聞やテレビより被災者に寄り添った有益な報道をしたと評価されている。

また海外メディアのヒューマン・ドキュメントに心を動かされたという人もいた。例えば中国人の友達を助けられなかったアメリカ人カップルの物語や日本のメディアが触れなかった山口組の救援活動を報道したイギリスの新聞があった。

こうした日本の既成テレビ報道の功罪について、筑紫哲也氏は、「次々と刺激を茶の間に送り込み、やがては虚と実の区別が失せ、実感とは遠いところに人々を押しやってゆく社会ではないのか」と報道への反省を語った（『週刊金曜日』一九九五年一月二七日号）。テレビ報道は被災地の人々の実感から離れて、絵になる映像を追い求めていたのだった。

2　東日本大震災、一〇〇年ごとに襲ってくる大津波

阪神・淡路の教訓が活かされていない

二〇一一年三月一一日に発生した東日本大震災のときは京都で体験した。といっても地震とわかるくらいの揺れを感じた程度だった。東日本に大震災が起こったことはテレビ報道で知った。被災地には津波警戒情報が出ていて、津波が押し寄せる映像をテレビの取材カメラがヘリで上空からライブ中継していた。

仙台の名取川に津波のさざ波が立って川をさかのぼっている。津波の予想では一、二メートルという警戒情報だったが、川の水かさがどんどん増してあふれそうになり、土手わきから流れ込む泥を含んだ黒い海水が、あっという間にあたりの田園地帯一面に広がったのである。

入念に整地された川沿いの農地が流され、幾何学的図面を引いたように整然と並んでいたビニールハウスが、一瞬にして泥水の中へ消えた。

泥水は異世界のインベーダー生物のような不気味な動きで前へ前へと、一面の風景を呑み込みながら進んでいる。波頭が進む向こうに山手の高台を走る道路が見えた。

その道には避難を急ぐ人が走っており、車が走っている。しかしその道を泥の海はなんなく乗り超えて

前へ前へと流れていった。やがて人も道も車も視界から消えた。道の片隅で停止しハザードランプを点滅させていた大型のトラックが消えた。

そのときに見たテレビのライブ映像はあまりに衝撃的だった。まるでコンピューター・グラフィックスで合成された映画のように見えた。やがて恐ろしい津波の映像が続いた。人も家屋も車もすべてが濁流に呑みこまれていくのが見えた。

津波警報はしばしば出るが、甚大な被害を出した大津波に襲われた同時代の経験はなかった。これまでの大地震の津波予想の甘さに打ちのめされたという他はなかった。津波の高さ、押し寄せるスピードの速さに対応できず、瞬時に夥しい人命が失われた。

海抜の高い山側に逃げるべきところを逆に海側に逃げたり、学童たちが集団で逃げる方向を間違えて津波が到来する側に逃げて全員が犠牲になり、後に訴訟にも発展した。今生きてきた目先の時代には大地震による津波もなかったので、災害は起こらないという錯覚にとらわれていたのだろうか。

しかし一〇〇年の単位で見れば東北地方には規模の大きな地震が起こっているし、巨大な津波の被害が記録されている。災害の大きさに現代の文明が対応できなかった、つまり備えがなかったのだ。この地域は過去に何度も大津波に襲われてきた歴史がある。山側には過去の津波の到達点を示す苔むした石碑や地蔵がいくつか点在しているのだ。

小学校の社会科の時間に三陸海岸はリアス式で、津波が増幅して大きくなり、しばしば大津波の被害が出てきた歴史を習ったことがあり、東北地方は津波に襲われやすいという知識もあった。三陸大津波の教訓もあった。

先述した阪神・淡路大震災時、当時の村山内閣の指揮系統の機能不全があり、自衛隊の出動が遅れた苦い経験がある。しかし、前にも書いたように大阪大学の学生がインターネットを使って世界発信した情報が、ホワイトハウスへ届き、日本政府よりホワイトハウスのほうが早く阪神・淡路大震災の情報を掴んでいたのだ。

当時政権交代した菅政権のリーダーシップは大丈夫か。村山政権の失敗を繰り返す恐れはないか。そんな心配がよぎった。

災害の危機管理と陣頭指揮が最大レベルで求められる大惨事が起こったとき、日本は二度ともに政権交代の節目にあった。リスク管理の指揮系統とノウハウが脆弱になった時期を、まるで天変地異までもが狙っているかのようだった。警察庁がまとめた犠牲者数は以下の通りだった。

二〇一八（平成三〇）年九月一〇日時点で、東日本大震災の死者は一万五八九六人、行方不明者は二五三六人。日本国内の自然災で死者・行方不明者合計が一万人を超えたのは戦後初めてという。明治以降でも関東大震災、明治三陸地震・大津波に匹敵する人的被害だった。

悲劇がまた生み出された。洪水が引いた川辺に戻り、流された家の跡にしゃがみこんで、子供の名を呼び続ける若い母親の映像が、記憶に焼き付いて離れない。

被災地には食糧、水が届かない。電話も携帯も使えない。電気がなく暖もとれない。薬もない。テレビも新聞も届かない。家族、友人の安否情報すらわからない。これも阪神・淡路大震災のときに叫ばれたことだった。

連日のマスコミ報道が被災者救出に役立つことはほとんどなかった。上空のヘリ取材、パターン化した避難所取材が多く、被災者の目線に立つ報道が乏しかった。取材拠点とする役所が流され倒壊しているので、記者クラブの置き場所もない。ＮＨＫはＥテレで行方不明や安否情報をアナログで流してはいたが、携帯電話や固定電話が通じない現地からどうしてリアルタイムの安否情報をＮＨＫまで送ることができるのか。せっかくの安否情報だが双方向通信ができないアナログ手法でしか扱えない。電波があれば個人の連絡ツールのツイッター、フェイスブックなどがマスメディアに代わる社会的コミュニケーション機能を果たし、救援情報、避難情報、安否確認には役に立った。

東日本大震災時にはネット社会に移行していた点が、阪神・淡路大震災とは異なっていた。しかしネットから発信されるデマは役にたつどころかパニックを増幅する結果も生んだ。

報道ヘリが飛び回りビルの屋上で救助を求め、水も食糧も毛布もない人々が手を振る姿を捉えながら、ヘリはライブ映像を届けはするが、被災者たちを救助することはできなかった。

テレビ局の上空取材のヘリから孤立した病院の映像を流したとき、屋上に避難した人々が手書きの横断幕を掲げて水、食糧、医薬品の救援を求めて、手を振っていた。ヘリはぎりぎりまで近付き、助けを求める人の顔も確認できる距離まで近づいていた。

しかしテレビは絵だけ本社に届ければ役割は終わる。その後、この病院がどうなったか、無事に救援が行われ被災者は救出されたのか、取材の後をフォローするニュースはなかった。

原発事故の同時発生のパニック

また政権交代した民主党の菅内閣と政府の取った対応は緩慢で、地元の役所の多くも被災して、救援どころか、被害の実態すらつかめない情報不足の有様だった。

菅内閣の手際の悪さや官僚主義的な対応もあるが、このときチェルノブイリ事故と同レベルの「福島原発事故」が同時発生したことが最大の原因だったともいえる。政府は先例のないダブルの大災害を前に、どう対処したらよいかわからず、パニックと思考停止に陥っていたことが窺える。

実際、福島第一原発の炉心はメルトダウンしており、同時に情報もメルトダウンしていたのだ。ところが、原発事故後二カ月以上を経た五月中旬、東電は原子炉のメルトダウンを初めて認めた。

また福島原発事故は当初ＩＮＥＳレベル４程度（放射性物質の小規模な放出や燃料の溶融など）と言われていたが、チェルノブイリと同じ最高レベル７に引き上げられたのは、事故から一カ月後の四月一八日のことだった。

震災直後の二〇一八年三月一三日朝日新聞は朝刊紙面で「炉心溶融」を指摘していたが、以後の紙面からトーンダウンさせた。その理由を、四カ月後の紙面で検証している（「原発報道『大本営』か」（二〇一八年七月二二日付）。

朝日新聞の三月一三日朝刊の「炉心溶融」の記事は周辺取材の結果、記者が心象で状況判断したもので間違ってはいなかったが、原子炉の中の炉心を見た者はおらず、政府・東電の正式な裏付けが取れなかったためにトーンダウンせざるを得ず、結果的に東電や保安院のいいなりの「大本営発表」記事になってしまった、と朝日は釈明した。

またＮＨＫの原発担当の科学部・水野記者は、原発事故発生の当初から、「放射能の相当の危険性」を指摘していたが、いつの間にか画面からその姿が消えてしまった。

しかし東電は３・11の夜にはすでにメルトダウン情報をつかみ、保安院もこれを知って官邸には連絡したとされるが、「情報は届かなかった」と菅氏は退陣後の九月上旬、ＴＢＳテレビのニュース23のインタビューで自ら語っていた。

しかし菅首相もメルトダウンを知らなかったのだろうか。水蒸気爆発という悪夢のシナリオを想定していたという菅氏は、「三〇〇〇万首都圏の人はどこへ避難するか」「首都圏に人がいなくなる。国がなくなる」という最悪の事態を想定していたと告白している。

「危ない」と首相が一言いえば、少なくとも福島原発周辺の住民や子どもたちはもっと遠隔地へ避難できたし、甲状腺癌予防の安定ヨウ素剤を子供に配布することもできたはずだ。また、政府が作成した福島第一原発から流出する放射能汚染の流れが風向きで変化するＳＰＥＥＤＩの情報を隠して公開されなかったので、避難住民の役には立たなかった。このため放射能汚染がより酷い地域へと逃げてしまった被災住民もいたのである。

首相に情報が届かない——危機管理の脆弱

なぜ首相のもとに放射能汚染の最重要情報が届かなかったか。日本国の危機管理の脆弱さはここに極まっていた。

これについては上杉隆氏の次のような指摘がある。

「不幸なことに、この圧倒的な大津波の映像が、かえって政府の判断を麻痺させてしまうことになる。すでに官僚になっていた菅内閣は、震災後、さらに官僚的対応に終始することになる。それは思考停止に他ならない。……前例のない自然災害を前にして、前例のない指示は出せないという愚挙を繰り返すことであった。それはさらに、地震から二四時間経っても、的確な救援活動や海外の支援要請への指示が出せないという、信じがたい『悲劇』が被災地を襲うことになる」（上杉、二〇〇七）。

多くの海外メディアが被災地に取材に入っており、日本のフリーランス記者も入っていた。政府に正確な情報がなくても、彼らがもたらす報道や情報にもっと耳を傾けて分析していれば、もっと迅速な救援体制が構築できたはずだった。
しかし日本国民に届けられた情報は、当時の枝野官房長官が「ただちに放射能が漏れるということはありません。現時点で原発はコントロールされている」と繰り返し述べ安全性を強調していた。これは事実とは違う〝大本営発表〟だった。

「官邸と記者クラブメディアのいつもの共犯関係が成立した。しかしこうした不健全な癒着関係が、東京電力、経済産業省、原子力安全・保安院、そして記者クラブメディアの情報隠蔽を官邸が見抜けない事態を招くことになる。官邸には見込みのない甘い楽観的な情報ばかりが入ってくるようになる。さらにテレビ・新聞による根拠のない楽観報道も、菅官邸に悪影響を与える。都合のよい情報ばかりに耳を傾けることで、結果、真相を知らずに政治判断を誤りはじめるのだ。とくにそれは原発事故において顕著であった」（上杉、前掲書）。

また日本の大手メディアの記者は福島第一原発から三〇～四〇キロ圏外への記者の避難を本社から指示されており、取材するのも圏外の避難所や病院だった。圏内の被災地まで入って取材した日本人記者は一部のフリーランスだけだった。

地元紙「石巻日日新聞」の手書き新聞

全国紙ではなく、地元の「石巻日日新聞」が震災翌日に発行した話が海外では話題になった。社屋を失った記者たちの手書きで発行された「石巻日日新聞」だ。この手書き新聞は新聞の原点として世界の新聞人の感動を呼び、ワシントンの新聞博物館にも収められた。社屋を津波で流され印刷設備も水没し記者たちも被災したが、読者に翌日の新聞を届けるため、手書きで新聞を発行したのだ。

新聞を配られた地元の被災者たちは大いに励まされ、彼らの記者魂に感動しながら新聞を食い入るように読んだ。東日本大震災は期せずして新聞の原点の姿を世界に見せつけた。

しかし例外を除き、個人の記者の力量が重視される外国メディアと違い、集団で動く日本のマスコミでは個人の記者の発信力が弱く記事のインパクトが薄まる。

日本のメディアやマスコミは総じて「被災地」や「避難民」というステレオタイプの中に押し込めて、辛い、悲しい、悲嘆にくれる形のイメージを作り上げる。被災者はこうあるべきなのだと命令するかのような、上から目線の取材が横行するのである。

被災者の冷静な行動を海外メディアは称賛

外国メディアの報道は、上から目線ではなかった。リビアにいたニューヨーク・タイムズのピューリッツァー賞受賞のニコラス・クリストフ記者、CNNのアンダーソン・クーパー記者ら著名な米国ジャーナリストたちが日本の震災取材に来て、被災地に入った。

リビアからツイッターを駆使して内戦報道を送っていたクリストフ記者は、早速、「あれだけの災害に遭いながら、日本人の被災者がパニックを起こさず、じっと我慢しながら助け合う姿に感動した」とツイートしていた。

災害復興への足場を壊した原発事故の責任

原発事故は大震災復興への足場を破壊してしまった。しかも原発を維持する政策の暗黙裡の了解と震災への対処とは「絶対矛盾の自己憧着」ともいうべき矛盾した政策を内包してしまった。政府がパニックに陥っていた。

しかし被災住民はパニックを起こさず、じっと耐えて災害を受け入れ近隣が助け合い、国民も団結して支援していた。そういう日本人の姿は、個人主義的な欧米人の目には立派に見え称賛もされていた。

しかし原発建屋の水素爆発などで原発事故が悪化し、東電と政府が情報を隠して住民の被害を拡大させていることが報道されると、海外メディアは日本人への善意を取り下げてしまったように見えた。

AP通信のハマー記者は一五キロ圏内の立ち入り禁止区域に入り、放置され腐敗の進む遺体の傍に立っているピンク色の旗の記事を世界に発信した（AP、二〇一一年四月三日）。

3　死への直面を避ける日本の報道

三島由紀夫自決事件の新聞写真が契機か

災害報道はキレイゴトにはならない。残酷で悲惨に人命が失われる現場があり、それは戦場と同じことだ。普通の生活者が突然、予想もしない一瞬の間に、命を奪われるという意味では、戦場よりも惨い。防御不能な事態なのだ。

そんな現場のタブーの一つが、遺体をどう表現するかである。

日本のマスコミは遺体を避ける。死という現実を見ないようにして隠す。そして死や人間生活の暗部や闇を消去した明るさを演出する。いつのころから、死を避け、忌み嫌う文化ができたのだろうか。特に現代の新聞やテレビには死生観の報道を避ける文化がある。

一九七〇年代の初めに、作家の三島由紀夫が「憲法改正」を訴えて陸上自衛隊の市ヶ谷駐屯地にたてこもり割腹自殺するという事件が起こった。「楯の会」という三島に心酔する若者たちが三島と行動を共にした。三島が割腹自決したあと、楯の会の一人が介添え役で三島の首を刎ねたといわれる。

一九七〇年一一月二五日午前一一時前に事件は起こった。私は支局勤務だったが、夕刊に間に合う時間帯だったので、夕刊一面トップに記事と写真が載った。早版では現場に三島の首が転がっている写真が載っていた。しかし残酷すぎるという判断が出され、次の版から差し替えになり、首の写真は紙面から消えた。

七〇年代の始まりで高度成長経済が加速しはじめており、経済の時代が到来し、大衆は三種の神器のカラーテレビ、クーラー、カーの3Cを求めて朝から深夜まで働いた。「明るさ」がすべて、という時代が到来していた。三島事件以来、新聞からは意図的に遺体の写真が消えた。以降、メディアが遺体を映すことはタブーになったのだ。都合の悪い事実を消す日本マスコミ特有のモザイク文化の始まりである。

東日本大震災では、遺体が転がって折り重なっている津波直後の現場海岸の写真がネットに掲載されており、外国メディアなどでも報道されていた。津波の引いた海辺にマネキン人形が折り重なっているように見える映像があった。

人の無残な死という現実や遺体を隠す一方で、震災時の美談を作り上げることに日本のマスメディアは腐心しているように見えた。災害のむごたらしい現実を被災地から離れた国民にも知らせるのが、ジャーナリズムのやるべき仕事の一つだ。例えば、道府県別で犠牲者数が最多だった宮城県では火葬の限界を超えたため、仮埋葬（一時的な土葬）が行われ、それを撮った写真もある。しかしこうした災害時の事実はあまり知られていない。

災害の事実を正確に伝えることで、次の大災害に対する教訓が生まれ、失敗を繰り返さない英知が生まれてくる。事実を隠しておくと教訓は生かされず、いかに悲惨な体験であっても後世に伝わることなく風化する。

現実に起こったことを理性的に伝える必要がある。それをしないと、報道が嘘っぽくなり「頑張れ東北、頑張れニッポン」という類のテレビの公共CMに見られた嘘っぽいジャーナリズムに変質してしまうのである。報道からは現地で苦しむ人々の本当の顔が見えにくかったのだ。

津波が防波堤を乗り越え、巨船が高層ビルの屋上に乗り上げている映像は頻繁に流れる。センセーショナリズムを嫌うはずの大新聞の紙面が、津波の凄さのレベルで競い合っているようにすら見えた。津波が凄かったのは誰でもわかる。

しかしニュースの衝撃に驚くだけがプロの新聞記者の仕事ではない。凄惨な現実を切り取った写真に見合った人間の悲劇をどう表現するかが、本当のジャーナリストの仕事である。ニュースへの驚き、衝撃のあと、記者は昂ぶる感情を鎮めて考える人にならなければならない。そうしたプロセスをへない記事や報道では、大規模な人間の悲劇の厚みが見えてこない。

個人としての人間の姿を見つめるヒューマニズムが欠如した無感覚、無感動な取材を続けているうちに、記者たちは伝えるべき事実の重みを見失う。

「死の町」は差別用語か

鉢呂元経産相が、福島原発周辺を視察した後、「まるで死の町だった」という発言をしたことが、被災地を傷つけたと経産省記者クラブで問題になり、大新聞各紙とテレビが横並びで糾弾し大臣を辞任させたことがあった。この記者クラブ記者たちの反応は、被災地の本当の事実を見ないで隠そうと情報操作する記者たちの無意識的反応だったと思われる。もし原発事故がなければ、被災者たちは、三月一一日の翌日からでも地元に止まり、復興への道を歩み始めていただろう。原発事故が復興への歩みを止め、心ならずも被災者を離散させたのではないか。なぜ被災地から人が去り「死の町」のようになってしまったのか――鉢呂経産大臣の「死の町」発言を糾弾した記者クラブ記者たちは、その言葉の重みを感じていたのだろうか。

遺体の写真を隠さないニューヨーク・タイムズ

ニューヨーク・タイムズ電子版を始め、欧米諸国のメディアは大地震と大津波の実態を報道するにあたって遺体の写真は隠さず、火葬ができなかった遺体を住民の手で花と線香をたむけ、「野辺送り」する様子を電子版写真で報道していた。野辺送りで、花と線香をたむける人々の行為は、生ける者と死者の間の厳粛な儀式だったことを、一枚の写真が物語っていた。

嘘をつくのが常態となった日本の記者クラブの新聞記者たちは、真実に触れると逆上する。それが「言葉狩り」を生んで、発言した人間を集団で叩く。いわゆる差別用語を糾弾するのと同じく、そのような瞬間的でヒステリックな反射運動を起こすのである。

記者たちは「死の町」が事実を伝える言葉ではなく、差別用語だと思いこんだのだ。新聞記者は劇作家でも文学者でもない。しかし言葉を駆使して人間社会の事実の意味を伝える人間であることに違いはない。「死の町」という表現で、「そういう悲劇を端的に語る言葉がなぜ新聞記者にはタブーになったか」、この事実にこそ、関心が集まるべきだった。

近年の『新聞用語辞典』では差別用語とみなされた言葉を言い換える。めくら＝目の不自由な人、いざり＝足が不自由な人、つんぼ＝耳が不自由な人、おし＝話ができない人など。床屋、産婆、女中、スチュワーデスなどの職業を表す言葉も差別用語になっている。

言葉を言い換えて安心し内実の差別感を温存したまま、タブーに踏み込まずして、果たしてジャーナリストは真実を語ることができるのか。

記者が後生大事に取材した5W1Hをいくら並べ立ててみても、巨大な人間悲劇を映すヒューマン・ドキュメントにはならない。言葉には人の五感を揺さぶる情念、つまり言霊がこもっている。脈絡もなく事件を羅列して無味乾燥に見える新聞記事には魂が入らない。

報道には記者の魂が必要だ。警察や市役所や県庁や霞が関の役人たちが、日常のルーティンワークのようにして、災害データを逐一発表してくれるわけではない。記者クラブの椅子に座っていれば、警察や役所からおのずと事件のファクトや情報が入ってくることに慣れた記者たちが大災害時に狼狽するのは無理からぬことだ。

それに地元の警察、市役所、消防などの公的機関の多くも被災して機能マヒしている。だから情報は自力で取りに行かなければならない。実は、日本の新聞記者にとって自力でニュースを取りに行くことほど苦手はないのである。

日本の新聞記者は「養殖池のアユ」といっていたジャーナリストがいた。養殖池のアユは豊富な餌を与えられているので、天然アユのように自力で餌（ネタ）がとれないという意味だ。

役所の発表ネタや記者クラブ情報に頼ることなく災害の断面を切り取って意図した物語を組み立てる調査報道は、記者が自前で取材した一つひとつのファクトを丹念に発掘し、発掘した事実の断片を集めて積み上げて事件の全体像のイメージを作りあげ、人間の物語を構成しなければならない。

しかもそれは嘘や偽物であってはいけない、という検証つきの難しい仕事なのだ。

人間の死や遺体を見て狼狽するようではプロの医者とはいえない。それと同じで取材先にどんな修羅場が待っていようとも、現場に真摯に向き合うことができないジャーナリストには報道の仕事はできない。

『ニューヨーク・タイムズ』写真特集の衝撃

『ニューヨーク・タイムズ』電子版の写真特集は文章をつけず、被災地の写真だけのページを作っていた。この写真特集は元ニューヨーク・タイムズ東京支局長マーティン・ファクラー記者たちが作ったものだった。

震災直後から始められたフォト・ルポルタージュだったが、写真ですべてを表現していた。撮影日時、撮影場所だけが書いてあるが、キャプションや文章は何もない。

津波の引いた海を見て立ちすくむ人、遺体に手を合わせる人、屋根も壁も流されて床だけが残った家に佇む幼い少女、泥だらけの自宅跡の写真を食い入るように見つめる若い女性、荒野で泣き崩れているお年寄り、悲しみの深い皺、黙々と遺体を運ぶ自衛隊員の重苦しい顔、瓦礫を片付ける自衛隊の若者、炊き出しの食事を待つ人々の我慢強い列、地面に掘られた穴に並ぶ棺、無造作に置かれた棺の前に座って線香をあげる家族、瓦礫の中の遺体の写真もあった。

家主なき家の瓦礫の中で微笑む人形のアップの写真には思わず衝撃を受けた。屋根が吹き飛んだ福島第一原子力発電所の建屋の無残に破壊された写真は、一連の災害の無限大にも近い大きさを表現していた。

遺体は自らの口で語ることはない。しかし遺体に宿る人の魂は沈黙して語る。その無言の写真の一枚一枚には、死者への鎮魂がこめられ、生き残った者たちの深い悲しみと喪失への共感とともに、生きている者の希望の根拠をも与えていた。これらの写真が放つ強いメッセージは、文章や言葉では表せない人間の悲劇の深さを表現してあまりあるものだった。

写真は国境を超える。言語の壁に隔てられ、言葉が通じにくい外国メディアならではの報道スタイルだった。戦場でもそうだが、大災害を訴えるのに言葉はしばしば無力な存在と化す。

ファクラー記者はいう。「日本の新聞やテレビは、遺体の写真を一切、報道しようとしなかった。だが、『一万人死亡』と数字だけ見せられただけでは、現場で何が起きているか読者には伝わらない。私たちは、遺体の写真を報道することに大きな意味があると考えた」(ファクラー、二〇一二)。

3・11以降、テレビ、新聞、雑誌などで大量の震災報道が生み出されたが、日本のマスメディアの報道はセンセーショナルな割には空疎で饒舌であり、ジャーナリスト魂が不足していた。

そこには阪神・淡路大震災でも指摘された日本のマスメディアの記者クラブ的横並び、慣れ合いの構図、大本営化したステレオタイプの報道スタイル、上から目線、集団主義、ヒューマニズムの欠如、尊厳の欠如、ジャーナリスト魂の欠如など多様な欠如が露呈していた。

イラクで死んだ橋田信介氏の戦場ルポ

イラクの戦場で死んだ戦場ジャーナリスト橋田信介氏の著作を読むと、戦闘で死んだばかりの兵士の遺体は草原の匂いがすると書いている。彼はその遺体の尊厳を感じて、一瞬、取材の手を休めて遺体に付き添い弔ったそうである。

戦場の死にも人間の尊厳を表す匂いがあるのだ。この事実を書き残した橋田氏の感性は、人間への究極の愛を表現した本当の戦場ジャーナリストだった。

三陸地方の津波の記録を書いた吉村昭『三陸海岸大津波』は、明治二九年の大津波の記録や詳細な聞き書きだ。海岸に流された遺体を食いに来て跳ねる魚の群れの話があった。背筋が凍る。人が死んで魚に食われる自然界の冷厳な摂理をも、ひるむことなく描かねばならない。藤原新也『メメント・モリ』というインド紀行に「人間は犬に食われるほど自由だ」というフレーズがあったが、まさに文明の力を剥ぎ取られた自然界における人間はとはそういう存在なのだ。

災害報道では、こうした人間のはかなくも唐突な死を扱うことは避けられない。無慈悲に見えようとも、人間の死から逃げずに立ち向かうのが、本来のジャーナリズムの姿ではないかと思う。

4　大災害が生んだ新しいメディアとＳＮＳ

震災前から二倍に増えたツイッター人口

阪神・淡路大震災で特記すべきは、黎明期にあったインターネットの登場であることを先に書いた。大阪大学の学生が発したＳＯＳのメッセージをホワイトハウスがキャッチし、米国はすぐに支援体制を整えた。しかし日本政府の官邸には遅れて情報が入った。

東日本大震災では当初からＳＮＳやインターネットが活躍したが、中でも災害情報を個人レベルで送受信できるツイッターの活躍が目覚ましかった。

３・11前の日本のツイッター文化は、個人の私生活的つぶやきや友人・知人間のコミュニケーションツールの意味が大きかった。米国ではツイッターが若者の政治参加を促し、オバマ大統領誕生の原動力になったが、日本ではそうした社会変革のツールとして使われたことがほとんど見られなかった。

原発事故をきっかけに官邸前で起こった「金曜デモ」が象徴したように、３・11はこういう日本の政治状況を一変させた。福島第一原子力発電所事故の深刻さを東電、政府は隠蔽して正確な事実を発表せず、マスコミも東電や政府発表に追従して大本営化したので、事故の実態が全く国民に伝わらず放射能汚染は拡大の一途をたどる中で、国民は正しい情報源をツイッターに求めるようになった。

ツイッター人口は震災前の約八〇〇万人ユーザーから二倍の一七〇〇万人ユーザーに増加したとの統計がある。

この間ツイッターは既成の大テレビや大新聞にできない草の根の報道メディアとなり、社会的影響力を持ちつつ成長したのである。デマの拡大生産という負の側面もたくさんあったが、使い方次第でツイッターは世界中のどこの地域・場所、組織、家族、避難所、車の中からでも、電波さえ届いていれば受信・発信ができる。情報はリアルタイムで交換でき、災害情報を広範に共有することができた。

紙の掲示板からＳＮＳへ

阪神・淡路大震災時にはささやかな駅や電柱に貼り付けた紙の掲示板に過ぎなかったものが、現代では

SNSという強力な電子発信ツールを得たことで、安否情報の確認のメディアになった。

もちろん新聞やテレビのように編集部が情報の確認や信頼度を判断して流すのではなく、あくまで個人ユーザーの判断で投稿するので、間違いや判断ミスがある。意図的な情報操作や誤報もあるし、愉快犯的な誹謗中傷もたくさん含まれている。

しかしそれでもツイッターが届けてくれる情報は、情報の真空地帯におかれた人々にとって、藁をもつかむほど有り難いものだった。

また桜井勝延・南相馬市長が「兵糧攻めの状態です」と世界中に救援を求めたSOSのユーチューブの動画は有名になり二五万回のアクセスがあったという。CNNなど世界の有力報道機関がこれを見て、桜井市長への取材を行い、彼は時の人になった。このユーチューブによって日本の大地震に対する世界的な救援の手が差し伸べられるきっかけとなったといわれる。

5　阪神・淡路大震災から何が変わったか

国民の苦しみを救えない国家は存在意義はない

阪神・淡路大震災で私たちが目撃した阪神間を覆ったあの荒野。都心の高速道路の橋梁がひん曲がって地面に落下し、巨大ビルが崩落して人々が悲嘆に暮れている風景だった。

もう決して繰り返し見たくはなかったあの阪神・淡路大震災をはるかに超えた風景が東日本一帯の三陸海岸から福島にかけての太平洋沿岸に広がっていた。

復興を叫ぶのはいい。民放テレビの公共広告CMのように、「頑張ろう日本！」と拳をあげ、pray for

Japanと合唱し、「ガンバレニッポン」と書いたTシャツを着て叫ぶのもいい。

しかしそれで被災地の艱難辛苦をいい表しているかというと、どこか嘘っぽさと偽善が透けて見える。震災から離れたところで、自分たちは飽食し、安穏にスポーツを楽しむ生活をしながらでは、本心のないポーズのようなものだ。

国民あっての国なのだから、国民の苦しみを救えない国家は存在する意義はない。被災地を救うことができるのは国家でしかない。それが近代国家の役割であり義務なのだ。災害に遭った人の自己責任ではない。

夥しい被災者、家屋を流され、思い出を流され、孤独な避難生活を強いられ、亡くなった犠牲者の方々の家族や友人たちの悲しみと辛苦を共有しながら生きてゆく。その決意がなければ、どんな美辞麗句を並べたポーズをとろうと嘘になってしまう。

三陸地方には、「ここから下に家を建てるな」という古い年代物の石碑が丘陵の高いところにしばしば建っている。「波分け神社」という名の神社もある。押し寄せる津波が止まった場所を表している。

何度かの津波被害に遭って、そのたびに家や家族を失った先人たちの歴史上の記憶がこうした形で残されているのだ。

これらの道標の記念碑、苔むした丘陵の道端の石碑や波分け神社を非近代的な産物と退けることはもはやできないだろう。文明が発達し尽くしたと思われていた日本で、高さ一〇メートルクラスの防波堤がやすやすと津波に突破されたのだから、我々はひとまず近代文明や近代技術の今の惨状をうめきながら見直すしかない。

また原発事故の放射線の滞留年数は人間の寿命をはるかに超える数万年単位である。原発事故の放射線の後遺症も去ることはない。

敗戦のショックに匹敵した挫折感

3・11。日本が変わった日である。これから先、どう変わるか判然としない。やってみなければわからない。しかし今までと同じ生活が続くことはあり得ない。今までと同じ心と生活の状態はもう続けられない。そういう生き方の決意があってこその、「頑張ろう！」だろう。この期に及んでなお同じ未来を見ようとする本末転倒はありえない嘘である。

一つの命には終わりが来る。慣れ親しんできたその時代の空気も変わる。今日と同じ風景が明日も続くと思うなよ、ということを日本人は六六年ぶりに学んだ。

この風景の変化は、私たちの親や祖父母たちが一九四五年八月一五日に激しい痛みとともに経験したことだったが、ほんの少し前の悲惨な経験を、転がり込んだ平和と豊かな日本列島に安住した戦後の国民はすっかり忘却していたのだ。

枝野官房長官（当時）はベントによる微量の放射能漏れはあるが、「ただちに健康に影響はない」と記者会見で繰り返していた。

テレビ専用のお抱えタレント化した東大、京大、阪大教授たちが頻繁にテレビに登場して、「大丈夫です、安全です」と繰り返した。視聴者はその根拠を知りたかったが説明はなかった。

テレビ記者会見で安全宣言する枝野官房長官は茶の間の人気者になり、睡眠もとらずに作業服姿で仕事する姿が映るので、「枝野ねろ！」という言葉が巷で流行った。外国メディアはこれを枝野の名前と勘違いして、「エダノ・ニーロ」と表記するという笑い話まで出てきたのである。

自分で放射線量をはかる母親たち

それならば自分で線量をはかる。一台数万円もするという放射線線量計が飛ぶように売れ、安価な中国製品でもなかなか手に入らない状態が出現した。

被災と原発事故のダブルパンチの中で、日本経済は停滞し、ヒット商品などは望むべくもないデフレ時代だったが、皮肉にも線量計だけがヒットするという結果を生んだ。

一般人が線量計で放射能をはかることで世論の混乱を危惧した村井宮城県知事や石原自民党幹事長らは、一般大衆が放射能をはかるのを禁止する条例を作るべきと主張し、政府もコンピューター監視法案を成立させるなどして放射線量の監視に当たる構えを見せた。

しかしこうした政治家や政府、行政の対応はさらに国民の反発を買う結果になった。政府や行政が隠蔽のない透明で正しい情報を公表し、的確な避難指示などを出していれば、国民はわざわざ高い金を出して線量計など買う必要はない。

こうした初歩的なことが、日本政府や政治家、行政マンたちにはわかっていないように見えた。隠蔽し禁止する強権的な法律で縛るだけで複雑な人間社会を統治できるはずはない。

東電、政府、政治家、御用学者、マスコミが一体になって放射能安全神話を強調する中で、これに反発する国民大衆は子供たちを守るという本能的な自己防御のために、線量計を購入して自前の線量をはかりツイッターやネットで情報交換する新しい情報文化を作り上げていった。

なぜ政府と国民の間にこれほどの不信の溝が広がり、回復不能なレベルにまで高まったのか。

それは冒頭に述べたメルトダウンが真実だったからである。国民は東電、政府がついてきた安全宣言の嘘を見破り、原発事故の真実を見たのだ。

マスコミだけを支配下に置いていれば情報操作は可能で国民を騙せると思い込んでいた政府・企業・官僚をはじめとする原発推進派は、目の前でグローバルな情報社会が進行しており、子供の健康を心配する母親たちが高額な線量計を購入して自ら放射線の数値をはかっていることを軽視したのだ。情報社会ではデマもたくさんあるが、嘘はいずれ暴かれることを知るべきである。

なぜSPEEDIの公開をしなかったのか

「あのとき、子供を連れて逃げていれば良かったのに」――安心といわれて福島に止まって被曝した人の悔しさが、今、新たな現実になって日本社会にのしかかっている。

二〇一〇年一〇月、浜岡原発で全冷却機能喪失を想定した「原子力総合防災訓練」で、SPEEDIを活用した住民避難訓練を実施したとき、菅氏は本部長として訓練を指揮している。わずか半年前に行った防災訓練で、SPEEDIによる住民避難訓練をやっていながら、どうして本番の福島第一原発大事故にさいしてSPEEDIの公開をしなかったのか。

菅氏は辞任が決まってから、浜岡原発再稼働中止、脱原発、再生エネルギーへのシフト、電力会社の発送電分離などの政策を相次いで打ち出したが、なぜSPEEDIの公開などの姿勢をもっと早くから実行に移さなかったのか。

結局、次の民主党野田政権になってからは脱原発も発送電分離も消えたようになり、逆に原発は止めるべきではないという声が高まってきた。

原子力利権（原子力村）の構造は電力会社・政財界、霞が関、地方自治体、大学、マスコミの各分野に強力な人的利害関係のネットワークを作っている。

原発利権を支えるエネルギーは原子力が生み出す金だ。東電は国家、といわれるほど潤沢な資金を持ち、東電金脈によって利権構造を支えてきた。

原子力学者小出裕章氏の登場

〝御用学者〟は東電のお抱えとしてテレビ出演や原稿執筆などを繰り返し、政府の潤沢な研究費と大学のポストを提供され、メディア界の〝御用コメンテーター〟や〝御用評論家〟ともなれば五〇〇万円もの高額謝礼や原稿料を受け取っていたともいわれる。

一方、ネットのブログ、SNS等では御用学者ではない中立の科学者やフリーの科学ジャーナリストの言説に出会うことができた。一言でいえば金で買収されていない学者、専門家である。

その中でも際立っていたのが、大阪・熊取の京大原子炉実験所（現京大複合原子力科学研究所）の小出裕章、今中哲二氏ら熊取五人組といわれた学者たちである。

間もなく定年を控えた小出氏は、ずっと助教という立場に甘んじて原発の危険を世論に訴え続けてきた。おそらく原子力村から排除され、国立大学の教授ポストも与えられず、これまでマスコミにも登場しなかった理由は、原発安全神話の形成に異を唱える数少ない学者だった。

しかし3・11原発事故を通じて多くの人々が小出さんという学者に出会った。

小出氏の著書『原発のウソ』（扶桑社新書、二〇一一年）を読んで目から鱗が落ちたと感じた。

小出氏は原子力の隅々までを知り尽くした科学者だが、科学畑には珍しく社会的な背景をきちんと分析した議論を展開していた。

科学技術への盲信はなく、疑う心を持ち続け、いち早く原発のリスクの大きさに気がついたパイオニアでもあった。原子力はメリットより危険の方がずっと大きいと気づいたときは、まだ三基の原発しかなかった、と小出氏はいう。

なぜ日本が原発維持にこだわるか、私もその点を疑問に思っていた。小出氏はこの疑問にズバリと答えてくれた。「それはプルトニウムを貯めることで、原爆開発の夢を日本が抱いているからだ」と指摘したのだ。三基だった原発はあっという間に列島の周辺の海浜を取り囲むようになった。小出氏は『騙されたあなたにも責任がある』（幻冬舎、二〇一二年）という本を書いている。原子力ムラの住人だけでなく、許容してきた国民にも責任があると指摘した。

著書でこんな項目を論じていた。

「福島原発は進むも地獄、退くも地獄。
放射能は目に見えない。
安全な被曝はない。
原発の常識は非常識。
地震列島の日本に原発を建ててはならない。
核のゴミは誰にも管理できない」。

推進派は原発がなくなると電気が足らなくなる、経済が沈没して日本は地獄を見るとか、原発の安全性とは無関係な屁理屈のような要素を議論に持ち込む。電気が足りないなら安全な再生エネルギーを開発すればよいではないかと素朴に思う。

原発破綻の原因は自閉した原子力ムラの構造の中にある。原発とは高度な科学技術の結集であり、理系の知識のない人間にはわからない、というような思いこみが支配して、科学知識のない国民は、原発を考えることから遠ざけられてきたのが真実だろう。

しかし大震災と津波を受けた福島第一原発は稼働した原子力の火を消すことができず、建屋の屋根は無残に吹っ飛んで崩壊し、冷却水装置が破壊されて大量の燃料棒がメルトダウンしていた。飛散した放射能は、大気、地中、海中へと放出し、〝神の業〟だったはずの原発の事故を止めることができない。

たとえ冷却に成功して放射能漏れは収束したとしても、むき出しになった燃料棒を冷却し、どこかへ閉じ込めておかなければならない。しかしスウェーデンのオンカロのような閉じ込める場所も施設も日本にはないし、そんな場所ができたとしても何十年、何百年、一〇〇〇年にも及ぶ不毛な管理作業を繰り返さなければならない。

6　マスコミを動員した原発導入と安全神話の形成

「野獣も飼いならせば家畜となる」

今から約六〇数年前、サンフランシスコ平和条約で日本がGHQ占領下から独立して間もないころの話である。広島、長崎に原爆を落とされた日本はポツダム宣言を受諾して無条件降伏し、国民はまだ戦争の後遺症と貧困にあえいでいた時代だ。

「野獣も飼いならせば家畜となる」。日本の新聞の中で原子力平和利用キャンペーンの先陣を切った読売新聞はこううたった。

正力松太郎率いる読売新聞と読売新聞傘下の日本テレビ幹部の柴田秀俊氏は、秘密裏に米国CIA関係者らと接触して、日本に原発を導入する画策を練っていた。正力はCIAのエイジェントでもあり、そのCIAコードネームはPODAMというものだった（有馬哲夫、二〇〇八）。

一九五四年、ビキニ環礁の米国水爆実験で被曝した焼津のマグロ船第五福竜丸の久保山愛吉さんが死亡したことで、日本社会には反米、反原子力感情が渦巻いていた。広島・長崎の原爆被害の国民感情がビキニ事件で爆発し、原水爆禁止を求める反米デモが全国各地で起こった。

米ソ冷戦下で、日本を反共の防波堤にしようと考えていた米国はビキニ事件で激化した日本の反米感情を鎮める必要があった。

当時のアメリカから見ると、日本の大新聞とマスコミはどんどん左傾して反米・親ソの度合いが高まってゆき、日本はソ連の衛星国になるのではないかと、本気で心配していた。

日本人の核アレルギーを除去したい

当時、レッドパージを進める一方で、反米感情を鎮め、原爆へのアレルギーを緩和する「心理作戦」の一環として、原子力の平和利用、つまり日本へ原発を導入しようと米国は画策していたのだ。

その水先案内人になったのが新聞人の正力松太郎であり、読売新聞だった。政治家では中曽根康弘元首相が原発導入のための予算をつけるため国会で動いていたといわれる。

原発の燃料になる濃縮ウランは米国から輸入された。当時、原爆の材料でもある濃縮ウランを供給できる国は、米国とソ連しかなかった。

米国もソ連も原子力平和利用のスローガンを掲げ、濃縮ウランを売ることで原発を推進させ、世界に衛星国を増やすことを目的としていた。

原発日本導入を考えた米国政治家やCIA関係者は、政府間交渉以上に、日本社会のマスコミの宣伝が果たす役割を重要視しており、とりわけ日本社会では大新聞の影響力が強いことを知っていた。

なぜそう考えたかというと、戦中に日本の新聞が果たした大本営の国民洗脳能力に注目していたからだ。戦争の事実を嘘に変え、報道によって嘘を真実に変える能力が、洗脳効果である。CIAは日本の新聞の国民洗脳能力の高さに目をつけたのだ。CIAだけでなく、日本占領のため厚木飛行場に降り立ったマッカーサー将軍も天皇と新聞を無傷で残すことを考えていた。天皇は一〇〇万の軍隊に相当する影響力があり、太平洋戦時下の日本の新聞には嘘を事実に変える国民洗脳能力があることをマッカーサーは見抜いていた。

しかしアメリカから原発の原料の濃縮ウランを日本へ輸入することに対して日本の新聞は賛否が分かれ、賛成の読売新聞、反対の朝日新聞と世論を二分する騒ぎになった。濃縮ウランは核兵器の原料にもなるからである。科学者の学会でも原発の賛成・反対に分かれた。当時、政界に転じていた正力は原発導入のための「原子力委員会」を作り、日本で初のノーベル物理学賞受賞者の湯川秀樹を委員に就任させた。しかし「慎重の上にも慎重を期せ」と導入に反対した正力vs.湯川の激論の話が知られ、湯川は原子力委員会を辞任した。

高度成長経済で反対論は影をひそめる

しかし日本が高度成長期に入り、経済大国になるにつれ原発への批判意見は少なくなっていった。石油などエネルギー資源のない日本は、原発の電力に頼ることなしに、豊かで利便性の高い生活水準を保つことはできない、という世論が多数派を占めるようになる。原発こそ新しいエネルギー資源だという国民的世論が形成されてゆき、原発の持つ負の部を忘却するようになった。

原発に批判的だった新聞の代表だった朝日新聞でも推進派の勢力が力を増し、紙面から反対論を唱える学者や評論家たちが姿を消していった。

平和憲法を守る立場の朝日新聞や毎日新聞は「唯一の被爆国日本の平和主義」を擁護し、兵器としての原子力を否定する立場をとっていたが、平和利用の原発には「イエス」をいい、「バット」という安全性への配慮という条件を付けた議論を展開した。Yes, but の原発賛成論を朝日新聞は主導するようになった。

しかし「but」の条件は時代とともにどんどん緩んできた。この社内論争の場にいた社会部記者がＳＮＳに投稿した記事がある。その文章を読むと原発報道現場の社内の対立・葛藤の様子が読み取れる。

研修会のとき、編集幹部が、「記者は社論に従って記事を書けばいい」と発言したことで、記者たちは「反対運動を報じるなということか」と反論し研修会があわや中止に、という局面があった。この研修会の記者たちは何がなんでも原発に反対したわけでない。放射能漏れによる環境汚染や事故の安全性が本当に担保されているのか、原発反対論にどれだけ配慮できるか、そういう疑問を糺そうとしたが、幹部から「社の考えに沿って記事をかけ」と指示されたという。

若い記者たちは、反原発の記事に力を入れた先輩たちが、恵まれない社内人生を送る姿を見て育つことになり、原発に反対する記事は紙面から消えていった。

（@tkgysnb 氏のツイッターから要約）

公表されない原発事故

どこかの原発で原発事故が起こっても日本では詳細は公表されない。放射能漏れに関しても政府は隠している。しかし原発燃料のウラン濃縮液をアメリカから輸入している日本は、日米原子力協定に基づいて、原発事故が発生するとアメリカに報告する義務がある。ある社会部記者はアメリカで公開された日本の原発事故データの公開を求めてデータを入手し記事を書いたことがあった。日本の原発事故の取材になぜアメリカまで行かなければならないのか。こうした疑問は若手記者の間ではわだかまっていた。

しかし原発の是非に対する記者の取材関心は「危うきに近寄らず」で急速にしぼんでいった。こうして原発記事は科学部で選抜された専門記者の独壇場となっていった。彼らは原発の危険性を説くよりは安全でコストがかからず、石油のように環境破壊を引き起こさない安全なエネルギー源として原発の優位性を説くようになった。

ところで原発安全神話を作るのに、電力会社はどのようなマスコミ対策をしていたのか。電力会社は「馬の鼻面にニンジン」をぶら下げたようなPRをしている、と前出の社会部記者はこんな証言もしている。

若者の少ない貧しい過疎地の漁村に白羽の矢を立て、財政難の地元の市町村にはヨダレの出るような「協力金」を餌に、「札束でほおを引っぱたく」といったやり方がまかり通っていた。一般人には理解しようのない原発を「ばら色の未来」を生み出す、打ち出の小槌のように思い込ませていった。

都会のキャバクラやクラブへの接待もあった。そして、「どんな天災がきても何重にも安全策を講じている」「万が一の大事故なんてありえない」「一〇〇％大丈夫」と説得した。

（@tkgysnb 氏のツイッター）

大学の研究にも原発マネー

国立大学や有力私立大学の理系の原子力部門だけでなく、社会学、経済学系の学者にも電力会社の金が流れていたといわれる。

マスコミの場合、会社だけでなく、個人の記者にも東電マネーは流れたという。官邸機密費をもらって官邸の意のままの記事を書く記者と同様だ。新聞記者が政府や企業から金をもらい饗応を受けて提灯記事を書くなど、欧米の自由な国のメディアでは考えられないことだと元ニューヨーク・タイムズ東京支局長のマーティン・ファクラー記者が語っていたが、日本では現実に起こっていることだ。しかも官邸機密費をもらって記事を書き、テレビでコメントする記者ほど有難がられる。まことに日本は異質な国なのだ。

アメリカの新聞記者は取材相手との会食はしない。饗応も受けない。記事が歪むことを恐れるからだ。二ドルくらいのコーヒーをともにすることはあるが、例えばスターバックスのコーヒーは三ドルだからダメ、という話を聞いたことがある。

ちなみに東電がばら撒いたとされる原発宣伝資金の分け前にあずかったマスコミ人、文化人はかなりの数にのぼる。『週刊金曜日』には東電金脈文化人の名前が若干出ているが氷山の一角だろう（佐高信「東京電力に群がった原発文化人」『週刊金曜日』二〇一三年四月一五日号）。

また官邸機密費をもらったとされる新聞記者、テレビ記者等のリスト（ブラックボックス）も近年、明らかになってきている。

7　世界最大の原発事故と国際的認識の欠如

事故のレベルを小さく見せようとした

福島原発事故のレベル7は、チェルノブイリ事故と同じ世界最大級の原発事故だから、大気圏や海中に流出した放射能の恐怖が、近隣諸国や世界に大きな影響を与えないはずはない。しかし日本政府も東電も情報を隠蔽して小さく見せようとしていた。世界のメディアが事態を注視して、刻一刻と報道していたことにも無頓着だった。

あらゆる情報が瞬時に世界を駆け巡り、いくら隠しても必ずばれて、増幅されて伝えられる、ということに日本の原子力関係者や政府はあまりにも無知だった。閉鎖的な原子力村、永田町村、霞が関村の内部に閉じ込めて収束させようと焦った。

世界展開する欧米テレビ界の雄、BBC、CNN、NBCは、リビア内戦と日本原発事故を交互にヘッドラインして報じていた。ニューヨーク・タイムズのピューリッツァー賞記者ニコラス・クリストフ記者もリビアの戦場取材から福島へ飛んできた。日本人は東日本大震災に付随して起こった福島第一原発事故を軽視し、これが世界のトップニュースであることに疎かったのだ。

世界の報道機関は、日本のマスコミのようにお上に従順ではない。欧米メディアは事実報道に徹している。日本的な保安院や東電の広報の記者会見は、彼らの好みではない。外国記者は東電や保安院の記者会見には全く関心がなかった。カメラとペンを持って現場に向かう。水素爆発して瓦礫と化した建屋の遺物の取材をする。被災した住民たちを追う。福島原発事故を取材する欧米記者から見ると、東京のビルの中にいて記事を書く日本の記者クラブ記者は単なる政府広報マンに見えていた。

「野獣も飼いならせば家畜になる」という新聞記事からスタートした日本の原発だったが、飼いならすことに失敗して、野獣が牙をむき出して暴走していたのが、福島第一原発事故であった。

活躍した海外の記者たち

前述の『ニューヨーク・タイムズ』マーティン・ファクラー記者は、「トモダチ作戦」で救援活動した米軍の空母「ロナルド・レーガン」に同乗して、被災各地を回って取材した。ロナルド・レーガンは朝鮮半島近くの訓練のため航行中、東日本大震災と遭遇し、そのまま二万人の兵士による「トモダチ作戦」による物資支援に乗り出したのだという。ファクラー氏は、自力取材で、孤立した「波伝谷」集落の存在を知り記事を世界に発信した（ファクラー、二〇一二）。

「日本の新聞記者は一か所に集まる傾向がある。だから日本の記者がいないところへ行けばスクープになる」とファクラー記者はいう。また三〇～四〇キロの原発避難地域から逃げ出した日本の記者を非難する現地住民から歓迎を受けたという。

約二万三〇〇〇人の住民とともに現場残っていた南相馬市長は、英語字幕付きユーチューブでSOSを世界に発信したことで有名になり、米誌『TIME』（二〇一一年度）の「世界で最も影響力のある一〇〇人」に選ばれたが、ファクラー記者は南相馬に取材に行ったとき、「よく来てくれました」と大歓迎された。「南相馬から逃げ出した日本人記者に対して、桜井市長は激しく憤っていた」「日本のジャーナリズムは全然駄目ですよ！　彼らはみんな逃げてしまった」（ファクラー、前掲書）。

「普段は記者クラブを拠点として役所の情報を独占しているのに、最も肝心なときに取材を放り出してしまったのだ」。外国特派員たちが日本のマスコミ記者よりもはるかに被災地に密着取材する理由は、「戦場取材と同じ。戦場では立ち入り禁止があってもかいくぐって取材する。消防士や警察官は仕事で現場に入る。ジャーナリストも現場に行かなければ仕事にならない。それが記者の原点でしょう」と、外国特派員の取材を良く知る日本外国特派員協会元理事の飯沼良祐氏はいった。

日本の大手メディアの記者クラブ記者の多くは、東電や保安院、官房長官の記者会見にしがみつき、「放射能は漏れているが安全だ」という政府の記者会見発表を検証もせずにそのまま繰り返すことが多かった。東電の記者会見は放射能のレベルの数字や原子炉の構造の図式的な羅列が多く、現地が今どうなっているか、肝心な現場情報はほとんど伝わらなかった。

しかし欧米諸国のジャーナリストたちは日本政府や東電発表に頼ることはなく、自国の政府などから独自に収集した事故のデータを持っていた。

米国のクリントン国務長官（当時）は日本側が公表するデータに信頼性がない、と不信感を表明したが、米国は日本に展開している米軍の核監視施設等から得られた詳細な情報を持っていた。炉心の状態に関しても米国は東電や日本政府以上に正確な情報を掴んでいた可能性があった。

米国だけでなく、ドイツ、フランス、スイス、スウェーデンなどの先進諸国は独自に観測した放射線データと福島からの放射線拡散の状態をインターネットで公表した。

以下に世界の有力メディアが報道した福島第一原発事故の印象深かった記事のタイトルと内容を挙げておく。

「安全神話は潰えた」と海外メディア

原発大国でもあるフランスの高級紙『ル・モンド』は論説「福島、罪深き沈黙」「東電の罪と原子力ロビー」を二〇一一年三月二六日付で掲げた。曰く「原子力関連の官庁からの天下り社員が送られることにより、完全な『情報統制』を行うだけでなく、出版やテレビ局を通じて大規模な広告キャンペーンを繰り広げ「原子力は一〇〇％安全である』との神話を築いて来たが、神話は潰えた」。

『ニューヨーク・タイムズ』（米）「日本政府と官僚は福島の事実を知らなかったか、隠蔽した」「日本の勇気ある原発労働者の危機」「安全神話が日本に核危機をもたらしている」「小佐古教授証言、日本政府は放射能情報隠し避難民を危険に曝す」。

『ウォール・ストリート・ジャーナル』（米）「福島事故で加熱する米国政界の原発論議」。

公共放送ＢＢＣ（英）「日本の原発危機はチェルノブイリと同レベルに高まった」。

アルジャジーラ（カタール）「首都圏で放射性物質による健康被害が始まった」。

『ネイチュアー』（英）「福島原発の廃炉に一〇〇年かかる」。

上記の他、ＡＢＣテレビ，ロイター通信、ドイツの新聞『シュピーゲル』等の欧米メディアは独自取材で知り得た事実を世界に伝えた。

海外メディアには「日本からの集団脱出」などというオーバーな報道もあったが、パニックを恐れた日本政府やマスコミによる事故の矮小化や過小評価報道を修正する手掛かりは、外国のメディアから得ることができた。

握りつぶされていた内部告発――ロイター通信のスクープ

海外報道の中でも、ロイター通信の以下の日本語電子版記事の調査報道によるスクープがあった。これを読むと東電が繰り返し言及した「想定外の津波」という弁明は嘘だったことがわかる。やや長いが以下に引用する。

「ロイターが入手した資料によると、事故の直接の原因となった大津波の可能性について、実は東電内部で数年前に調査が行われていた。なぜ福島原発は制御不能の状態に陥ったのか。その背後には、最悪のシナリオを避け、『安全神話』を演出してきた政府と電力会社の姿が浮かび上がってくる。……『津波の影響を検討するうえで、施設と地震の想定を超える現象を評価することには大きな意味がある』。

こんな書き出しで始まる一通の報告書がある。東京電力の原発専門家チームが、同社の福島原発施設をモデルにして日本における津波発生と原発への影響を分析、二〇〇七年七月、米フロリダ州マイアミの国際会議で発表した英文のリポートだ。この調査の契機になったのは、二〇〇四年のスマトラ沖地震。インドネシアとタイを襲った地震津波の被害は、日本の原発関係者の間に大きな警鐘となって広がった。とりわけ、大きな懸念があったのは東電の福島第一原発だ。四〇年前に建設された同施設は太平洋に面した地震地帯に立地しており、その地域は過去四〇〇年に四回（一八九六年、一七九三年、一六七七年、一六一一年）、マグニチュード8あるいはそれ以上と思われる巨大地震にさらされている。……今回の大震災の発生を『想定外』としてきた東電の公式見解。同リポートの内容は、少なくとも二〇〇七年の時点で、同社の原発専門家チームが、福島原発に災害想定を超えた大津波が押し寄せる事態を長期的な可能性として認識していたことを示している。……原発推進という利害のもとで、密接な関係を築いてきた経産省・保安院と電力会社。ともに原発の危険シナリオを厭《いと》い、『安全神話』に共存する形で、その関係は続いてきた。だが、監督官庁と業界の密接な関係は、ともすれば緊張感なき『もたれ合い』となり、相互のチェック機能は失われていく。その構図は一九九〇年代の『金融危機』と二重写しのようでもある」（東京ロイター、三月三〇日付電子版、布施太郎記者）（取材協力：Kevin Krolicki, Scott DiSavino、編集・北松克朗）。

握りつぶされていた内部告発に関しては、日本のTBSテレビ「筑紫哲也ニュース23」が、二〇〇三年に「内部告発」というシリーズ番組で、福島第一原発の危険性について放映したことがあった。「失敗に終わった内部告発」というタイトルで、福島第一原発の炉は米国のGE社製品だが、保安点検作業技術者だった日系米国人ケイ・スガオカ氏は、第一、第二号機の蒸気乾燥器の取り付けが一八〇度間違っていたこと、排水管にはひび割れが確認されたことなどを内部告発したが、告発の記述は削除された。またひび割れの映像録画は削除せよ、との指令があってこれも削除された。しかし東電関係者はひび割れを確認しており、原子力保安院は録画ビデオの改ざんを確認していたが、事態を隠蔽したという。

スガオカ氏は一九九八年にGEを解雇されたあと日本の通産省にGEの内部告発をした。また当時の佐藤栄作久福島県知事とも面会し、福島原発の危険性を訴えると、佐藤元知事は同意し、原発を止める意向を示した、という。

しかし残念ながら、この話が表面化してから佐藤元知事は、収賄容疑で逮捕され、これで福島第一原発ストップの流れは消された、ということだ。

アメリカ原子力委員会の厳しい議会証言

アメリカの原子力規制委員会（ＮＲＣ）のヤッコ委員長は、日本より厳しい事故評価を米議会で証言し、「四号炉の使用済み核燃料棒プールの水が減少し大量の放射能が放出されている」との見方を示した。自衛隊ヘリで上空から散水する報道が出たときは、そのあまりの原始的方法にアメリカの原子力規制委員会を驚かせた。

日本のメディアが政府や東電発表に引きずられて事故を過小評価したのは、国内のパニックを防ぐためだったことがのちに判明した。

燃料棒冷却のために、崩れ落ちた建屋の上空から自衛隊軍用機が水を撒き、東京の消防決死隊のメンバーが放水車を使って海水を撒いたが、あの光景を報道で見た米国や世界の原子力関係者が大笑いしたともいわれている。戦時の特攻隊のような精神主義で、東京都の消防団員の決死隊が石原都知事の号令で福島原発に赴いたが、荒れ狂う放射能が特攻精神で収まるわけはないのだ。大事故に遭遇した日本政府の対応に合理的な科学精神が感じられなかったから、当時のオバマ政権も心配しクリントン国務長官からは福島へアメリカの原子力専門家を派遣するという打診があったが、当時の民主党の菅政権はこれを断ったといわれる。

日本が収束不能なら国際関与せよ

世界が注視する中、フランスの元大統領補佐官のジャック・アタリ氏は、福島原発事故が収束できず大気中と公海に放射能を垂れ流している日本の現状にいら立ち、「日本国が自力収束できないなら、国際社会が代わって事故を収束させるべきだ。国際関与がたとえ日本の主権を侵害しても仕方がない」という主張を米国の著名なネット新聞 *The Slate* に掲げた（*The Slate*, Avril. 1, 二〇一一）。

アタリ氏のこの主張は日本への技術協力の域を超えて、「世界の原子力専門家を集めた国連原発事故処理チームを組織し福島の主権の一時的な委譲を求めて、福島を国連管理下に置いたうえで、本格的な事故収束作業にあたる」という趣旨の国際的な提言だった。アタリ氏はフランスの著名な思想家で名うての原発推進論者であるが、フランス歴代大統領の補佐官を務め、ホワイトハウス人脈にも影響力があった。こういう人物が、「福島を国連管理下に置いて原発事故処理にあたれ」と提案したことは極めて意味深い日本へのメッセージだったが、残念ながら、日本人はこの事実すら知らないし、日本政府も関心を持たなかった。

非核三原則の日本に兵器用プルトニウムは不必要

「非核三原則」の国是で核兵器を持たないと決めている日本は、兵器用のプルトニウムを必要とするのだろうか。

しかしウラン枯渇や核燃料枯渇の未来を見据えてという理由で、プルサーマルという合成核燃料を作ったり、核燃料サイクル計画の高速増殖炉「もんじゅ」が、関西の二〇〇〇万人が利用する水道源の琵琶湖に近い日本海側の福井県にある。他に福井県には稼働中の大飯原発など一連の原発がある。京都からわずか三〇キロほど離れた福井県の日本海岸は原発銀座なのだ。

日米原子力協定や国際的にも疑問視されてきたことだが、日本は核武装するつもりで、ウラン燃料を貯めこんでいるのではないか。京大原子炉実験所の小出裕章氏は、日本が原発を止めない理由として、そんな危惧の念を著作で発信している。

しかも問題児の「もんじゅ」はたびたび不測の事故を起こし、自殺者が出るなどして稼働が何度も止まってきた。地震帯が地下を通っているとされる危険な「もんじゅ」が、福島第一原発並みの爆発事故を起こせば、関西どころか日本全体がアウトになるほどの超危険な存在なのである。また地下に活断層をかかえながら、免震棟やベント施設もないまま大飯原発が簡単に再稼働されてしまったことは記憶に新しい。チェルノブイリから福島を経験した世界は原発事故の恐ろしさと事故に直面し、物心両面のハイコストの異常さに慄いて、世界の先進国の多くは原発中止に動いた。しかし日本だけは懲りることなく推進を止めず、再稼働へと動いている。

太平洋のビキニ環礁に近いマーシャル諸島に日本の原発ゴミ廃棄を求めたとき、「自国のゴミは自国に捨てろ」と太平洋島嶼国にいわれたが、将来の日本が経済的に貧窮したとき、核で汚染された日本が世界の核廃棄物の捨て場として狙われる日が来ないとは限らない。この章を書き思った警鐘でもある。

哲学者梅原猛氏の遺言

原発は中央の政治家や高級官僚、地方自治体や大学の研究者にもおいしい金の成る木だ。マスコミにとっても高額のCMが入る。原発に近付けば出世もする。政党や政治家には電力会社本体や労働組合や電気事業連合会等からの献金が入ってくる。

政権交代しても原発に対するスタンスは、既得権益の点では与野党とも変わらないように見えた。政治家や官僚が原発批判に及び腰になるのは、日本の経済システム、政治システムの中に原発システムが堅固に組み込まれているからだろう。日本人から核アレルギーを除去する目的でアメリカの要求で導入された原発は国策にがっちりと組み込まれてきた。

また小出氏が指摘するように原発の維持は、「いざ戦争」というときには核兵器に転用できる核技術の維持でもある。

大地震を描いた小松左京氏のＳＦ小説『日本沈没』は一世を風靡した大ベストセラーだった。小松氏は震災後に亡くなったが、戦中戦後の貧しい青春時代を過ごした彼は、「こんなギラギラした放漫な時代がいつまでも続くわけがない」と、原発に警鐘を鳴らし続けていた。

しかし政府や財界のトップたちは、原発の再稼働を急ぎ、原発を手放そうとはしない。その思考方法は３・11から何ら変化していないように見える。

日本の原発輸出計画はトルコ、ベトナム、イギリス等の各国で挫折した。過酷事故を起こした日本の原発に対する不信感は、海外の目からは拭いようはない。

二〇一九年初めに亡くなった哲学者梅原猛氏は東日本大震災発生後にできた政府の復興構想会議の特別顧問に就任した。

「二〇一一年四月の初会合で、東京電力福島第一原発事故を議題から外す方針を示した政府説明に、机を拳でたたいて抗議。『原発を議論しない会議は意味がない』と声を荒らげた。脱原発社会の実現を主張し、『技術が進歩すれば自然は奴隷のごとく利用できるという近代哲学が問われている』と訴えた」（『河北新報』二〇一九年一月一五日付参照）。

梅原氏はこの大災害を「文明災」と命名した。物質文明が高度に発達した結果、人類の手が及ばないほどに危険な原子力災害が発生した、という意味だが、この言葉は現代に生きる日本人に対する貴重な遺言となった。

第12章　小泉ポピュリズム政治の誕生

1　政治記者からテレビの茶の間の話題へ

「電波役者」の時代

日本でテレビの影響力が政治中枢で本格的になったのは、先述した椿事件から約一〇年後の小泉政権が誕生するあたりだと考えられる。二〇〇一年に生まれた小泉政権はテレビが作ったワイドショー内閣といわれた。

永田町の政治のプロと政治部の新聞記者が〝独占〟していた政治を、テレビワイドショーが扱い、茶の間の話題にしたことで、政治が一気に庶民目線に近づいたことを意味する。田中真紀子外相の「外務省伏魔殿」発言で、普通の主婦が井戸端会議で外務省の話をするようになったのだ。

自民党内の権力基盤が弱く、当初、党内では泡沫候補とみられていた小泉純一郎氏が、テレビへの露出戦略によって総裁選を勝利した。

テレビを駆使した小泉流の政治手法を「テレポリティクス」（テレビ政治）と政治学者が命名した。

小泉政権は、「自民党総裁選挙がテレビを乗っ取ったおかげで総理になれたのだが、自民党はテレビの政治報道が不公正だといって放送局に対してさまざまな圧力をかけてきた」（山口二郎「政治」欄『週刊金曜日』、二〇〇一年五月一八日号）という。このときの自民党政変劇の〝フィクサー〟がテレビであったことは間違いない。しかしそのような影響力を公使したのが具体的にどの局のどの番組を指すのかは明確ではない。それは先述した椿事件でも同様だ。NHKか民放かの区別もあいまいである。漠然とテレビ報道という言葉が使われているのである。新聞などの活字メディアと違い、生の映像が直接視聴者に届くテレビ報道の全体が、小泉氏のイメージを前面に押し出すのに大きな力を持ったわけだが、そうしたテレビ的な現象の総称をさして「ワイドショー内閣」というのであろう。その実態は大衆迎合のポピュリズムに近かった。

「テレビ映像は暴走するので注意が必要だ」と先述したテレビ朝日の朝生担当プロデューサー日下雄一は語っていたが、小泉ワイドショー内閣とは、当時のテレビ映像の総体がもたらした新しい政治現象だった。

テレビは視聴者の理性を飛び越えて、感情に作用し、感情的に物事を動かすメディアである（拙論「小泉劇場が生み出した『ワイドショー公共圏』」特集「テレビ政治がとまらない」『論座』二〇〇一年八月号、を参照）。

小泉政権誕生を支えた田中真紀子の大衆的人気は、「電波役者」といわれた。「田中氏ほど大衆受けして視聴率を稼げる『電波役者』はいない。彼女はそのことをよく承知した上で大衆受けを狙った発言を繰り返し、露出の機会を増やしている。テレビを最大限に利用した大衆政治家なのだ」（桝添要一『文藝春秋』二〇〇一年七月号）。「ワイドショー内閣」という言葉には、大衆迎合、情緒的発言、攻撃性、ポピュリズム、非知性主義的浮薄さなどといったネガティブな意味合いが濃厚に含まれていることがわかる。

しかしその影響力の大きさを政治的なパワーに結び付けるためにテレビを利用する側にも、これを非難するほうにもご都合主義なところがある。一方ではＰＲ、宣伝機関としてテレビを利用しながら、思う通りにならなかったり、気に入らないときは「ポピュリズム」のレッテルを張り付けて非難するのである。田原総一朗氏が、テレビ朝日「サンデープロジェクト」の中で、外務官僚と対立する田中外相の外交記録のリーク問題にふれて、「外務省はテレビを馬鹿にしてるから、新聞にしかリークしないんだろう。リーク情報をもらった新聞はおおむね外務省寄り、テレビの報道番組は、田中外相寄りの内容だ」とも語っていた。

田原氏は、外相問題リーク事件の背景には、新聞 vs.テレビの対立図式があると考えていた。田原は、「インテリを自認する人たちの多くが、その小泉首相や田中外相の答弁は『大衆受けを狙ったポピュリズム（大衆迎合政治）だ』と批判している。だが、これも見当はずれの国民蔑視である。」とし、「国民のニーズ、求めに応えるのをポピュリズムと言うのならば、ポピュリズムは大いに結構ではないのか。それが民主主義の原点ではないのか」と述べている（田原総一朗「小泉政治はポピュリズムではない」『論座』二〇〇一年八月号、同上特集）。

新聞よりケタ違いの影響力があるテレビ

テレビ育ちの田原氏は、新聞が何をいおうと、視聴率の高いテレビのほうが影響力は強いと思っているのであろう。「六、七年前までは視聴率が六％程度だった『サンデープロジェクト』だが、いまでは確実に一一～一三％で、約五〇〇万の人々が全編通して見ている」というのである（田原、前掲論文）。実際、各種の調査によっても新聞の影響力は確実に減少し、テレビの影響力は強まっている、という結果が出ている。例えばＮＨＫ調査「日本人とテレビ・２０００」（二〇〇〇年三月）によると、「世の中の出来事や動きを知るメディア」として、テレビが六五％、新聞が二四％という数字があげられている。また従来は新聞の評価が高かった解説や論評の面でもテレビの信頼度が上回ってきている。

さらに「各メディアの伝える情報の信頼度」調査によると、ニュースはＮＨＫ五〇・九％、新聞三七・二％、民放一八・八％、ワイドショー三・五％、週刊誌一・二％が信頼できると答えた人の数字である（萩原編著、二〇〇二）。テレビ報道の局別の内訳では、信頼度に関して民放テレビは弱く、ＮＨＫは新聞以上の信頼度を得ていることがこの調査結果からもうかがえるように、全体としてのテレビの影響力が新聞を上回りつつあることが数字的にも確認できる。

2　テレビはジャーナリズムか

活字離れの加速とテレビへの親密性

テレビ映像の情緒面の影響力だけではなく、情報の信頼度のほうも新聞を上回っているというデータは、すでにアメリカで報告されてきた。「九〇年代のギャラップ調査によるアメリカのジャーナリストの信頼度調査」（一九九七年）によれば、各年で五～一〇ポイントほどテレビジャーナリストが新聞記者を上回っている（柴山、一九九七）。またローパー社の「信頼できるニュースソースの調査」（二〇〇〇年三月実施）では、テレビが五三％、新聞二三％、ラジオ七％、雑誌四％、オンライン一％となっている（萩原編著、二〇〇二）。

日本に民放テレビが誕生して半世紀になる二〇〇三年は「テレビ五〇年」といわれ、日本マスコミュニケーション二〇〇三年秋季学会でも、「テレビ五〇年」をめぐるシンポジウムが行われるなど、テレビを本格的な研究対象とする動向が始まっている。おそらくテレビの国民的な影響力の大きさに関して、日本でもアメリカと同様な傾向が出てきたのである。

近年の新聞離れ、活字離れ現象は若い世代を中心に加速してきている。私は新聞社を辞めてから約二〇年間、私立、国立など合わせて六つの大学でジャーナリズム論の講義をしてきたが、毎年の授業やゼミのクラスアンケートをやっていた。

全部で延べ約一万人ほどの学生を教えたわけだが、アンケートの結果からみても、新聞を毎日、一面から社会面まできちんと目を通すという大学生は、多めにみても一〇%に満たない。しかもこの傾向は年を追うにつれ顕著になっている。しかし受像器のない多くの下宿生は除き、テレビを一日一、二時間程度は見るという学生が大多数だった。しかしネットや携帯の普及でテレビを見る学生も年々減少しており、ニュースや情報の摂取はSNSという学生が多数を占めるようになってきた。彼らの情報源は新聞やテレビではなくなっている。若者にとって新聞は退屈で面白くないメディアである。また自宅通学生でテレビを見る学生でも、情報番組やワイドショーが好まれており、録画して好きなトレンディドラマだけ見ている者もいた。

最近のテレビニュースは、NHKも含め視聴率を競い、ニュースのショーアップ化の傾向を強めている。娯楽色の薄いニュース番組であっても、大衆受けする絵になる映像を優先するのがショーアップの原則である。現代のテレビニュースの作り方は大衆迎合のポピュリズムを煽ることで成立している。

またこれまでは視聴率と結びつくことは考えられなかった国会中継が、視聴率を稼ぐ番組のひとつになりかけているのも、政治ニュースのショーアップ化のなせるわざであろう。政治家はテレビ映りを気にし、カメラの動きを計算しながら歌舞伎役者ばりに大向こうを唸らせる質問や演説をしようとする。

3　欧米のジャーナリズム研究・教育レベルと日本の格差

日本にはほとんどテレビ批評がない

従来のマス・コミュニケーション論では、後発のテレビを活字メディアの新聞ジャーナリズムの下においてきたが、そのようなテレビ論はすでに有効性を失っている。従って、活字とは異なるテレビの公共性とは何か、テレビ的公共圏のありかを本格的に議論する必要があるのだ。

かつて私が客員教員として座長をつとめた国際日本文化研究センターにおける共同研究会「日本における情報化とジャーナリズム機能の変容」（一九九六〜一九九八年）では、学者や研究者だけでなく、第一線で活躍していた多数の新聞記者、ジャーナリストやテレビ人も参加した。ノンフィクション作家の保阪正康氏、軍事アナリストの小川和久氏やテレビ局の報道部門の関係者も加わったが、発表されたテーマのほとんどは新聞と活字メディア研究に偏り、テレビ・ジャーナリズムに多くの時間をさくことができなかった。テレビの影響力の大きさは理解しながらも、日本のアカデミックな現場における研究の手がかりとなる基礎データの蓄積が不足していた。日本ではテレビの影響力は新聞より大きいが、大学の研究レベルにおけるテレビは、ジャーナリズムとしての認知が遅れている。

しかしアメリカのテレビ研究は新聞と並んでジャーナリズムと位置付けられている。ピューリッツァー賞の運営で知られるコロンビア大学の『コロンビア・ジャーナリズム・レビュー』（CJR）、ハーバード大学の『ニーマン・レポート』のようなジャーナリズム専門の研究誌にはしっかりしたテレビ批評がある。日本のアカデミズムのレベルでは考えられないことだ。

ジャーナリズムの専門学部を持たない日本の大学

欧米のジャーナリズム研究レベルと日本とでは歴然とした格差がある。日本の国立大学にはジャーナリズム教育の専門学部を持つ大学はないし、早稲田や同志社にある新聞学科が若干、ジャーナリズム教育を行っているだけだ。国立大学ではかつて東大新聞研究所があったが、今では情報系の研究機関に変わっている。しかしアメリカの有力大学には必ずジャーナリズム学部がある。コロンビア大学のようにジャーナリズム・スクール（大学院）を持つ名門大学も多数存在する。私が客員として研究留学したことがあるハワイ大学にもジャーナリズム学部、コミュニケーション学部の二部門があった。

近年、大新聞やテレビを中心とする巨大メディアは立法、行政、司法に並ぶ民主主義社会における第四の権力と位置付けられている。この場合の権力とは他の三権力への民主主義的監視の役割を指している。しかし日本では多くのメディア関係者が、第四権力とは「政治や社会を支配する力」、つまり権力側と勘違いして、自分が偉くなったように錯覚している。「マスコミは第一の権力」などという間違った俗論がメディア専門家からも出てくる。しかし欧米先進国では新聞とテレビの社会的役割を分離し、テレビ・ジャーナリズムを独自に分析し、研究する傾向が強くなってきている。

例えばフランスの社会学者ピエール・ブルデューの『メディア批判』（櫻本陽一訳、二〇〇〇年、藤原書店）は、テレビを現代の最重要のメディアと捉えて、その批判的創造、再構築の理論的基盤を模索している。

アメリカのジャーナリストで『アトランティクス・マンスリー』のニューヨーク支局編集長だった

ジェームス・ファローズ氏は『アメリカ人はなぜメディアを信用しないのか』（池上千寿子訳、一九九八年、はまの出版）の中で、米国のテレビ・ジャーナリズムの弱点と欠陥を強く批判しながらも、真正面から「ジャーナリズムとしてのテレビ論」の構築に取り組んでいた。

批判しっぱなしでなく、新聞と比較して見下す論調でもなく、テレビ・ジャーナリズムの可能性を真摯な生産的な提言で導き出そうとしている。テレビが新聞をしのぐメディアに成長していることを十分に自覚している。ちなみにファローズ氏は、一九八〇年代に日本異質論を唱えた全米のベストセラー『日本封じ込め』の著者でもある。

この他、新たな「公共圏」（Public Sphere：「公共圏」とはメディアが働く場の意味）形成との関係で、テレビメディアの社会理論を展開するジョン・B・トンプソン『メディアとモダニティ』（John B. Thompson, *The Media and Modernity*, Stanford University Press, 1955）の著作がある。

またテレビ文化論としてテレビメディアの特性を精緻に分析したジョン・フィスク『テレビジョン・カルチャー』（John Fiske, *Television Culture*, Methuen & Co. Ltd）は、すでに八〇年代末に刊行されている。

さらには一九五〇年代米国のテレビ・ジャーナリズム創出の草分けであるウォルター・クロンカイト『クロンカイトの世界』は活字ジャーナリズムからテレビ・ジャーナリズムへと転身した自己の体験をもとに、草創期のテレビ・ジャーナリズムのあり方を詳細に記録している（浅野輔訳、TBSブリタニカ、一九九九年）。

ちなみにクロンカイトは第二次世界大戦世代で一九一六年生まれの元CBSニュースキャスターで、UP通信記者として第二次世界大戦を取材したのち、テレビ界に転身し、ケネディ暗殺事件、ベトナム戦争、アポロ月面到着など現代史の大事件をニュースキャスターとして報道したことで知られる。

テレビで「そろそろベトナム戦争は止めるべきだ」とクロンカイトが語るのを見たジョンソン大統領は、ベトナム停戦を決めたといわれる。このため「大統領よりも世論に影響力を持つ男」といわれるようになったジャーナリストである。

しかしながら日本の政治評論やアカデミックなレベルのメディア研究でもテレビのコンテンツを一段低く見る印象批判に陥ることはあっても、テレビにジャーナリズムとしての認識と価値を与え、正当に位置付ける作業は乏しい。テレビ現場で番組作りをしている人たちには視聴率を最優先し、娯楽性や面白さを追求し、面倒なジャーナリズムとしてのテレビ論には否定的な考えがある。したがって日本のメディア論において、テレビ・ジャーナリズムの社会的役割と影響をアカデミックなレベルで分析して理論化し、適正な社会的位置付けを行うことが緊急な課題となっている。そうした研究成果をもとに、公共財の電波の責任感をテレビ側に戻す必要がある。それが民主主義先進国のテレビ文化に対する態度である。

日本のテレビは言論機関の独立性を保てるか

日本の民放テレビ局の大多数は、欧米では禁止されているクロスオーナーシップの親会社である新聞社のコントロール下にある上、国による電波の許認可権と放送法によって規制されている。このために政治的な圧力やスポンサーなどによる陰陽の外圧に敏感にならざるを得ず、新聞社のような言論機関としての独立性が乏しい。

ＮＨＫの場合も特殊法人として予算は国会承認されており、政府や与党との関係は微妙にならざるを得ない。そういう中で編み出されたテレビ的手法こそワイドショーという報道スタイルに代表される番組であろう。政治ニュースが幕府によって禁止されていた江戸時代風のかわら版的な素材の処理、おちゃらけ、芸能人を多用する笑い、有名人のスキャンダルを重視し、権力や政治批判を隠喩や風刺を駆使することによって行う映像技術開発によって、大衆の耳目をひくニュースや情報を集め、結果的に権力との衝突やジャーナリズムとしての新聞との競合を避けてきたのではないかと考えられる。

テレビ政治にファッシズムの危険の指摘

二〇〇一年の小泉ワイドショー内閣誕生の物語は、この日本独自のワイドショー的なテレビ映像文化が駆使されたことにより、大衆が永田町や霞が関という隠された世界の内実を知るようになり、政治に目覚め、自民党の本流がまさかと思っていた小泉政権が誕生したのである。

しかし小泉内閣の誕生に関しては「ワイドショー内閣」といって片付けるにはあまりに重大なメディア論的要素をはらんでいた。

揶揄的にワイドショー内閣といって片付ける風潮のかたわら、各種世論調査における小泉支持率が八〇〜九〇％という驚異的な数字を示し、ファッシズムの危険を指摘する声が識者たちから出てきた。小泉政権にかかわるポピュリズム論をさらに押し進めるとファッシズム論に転嫁するというのである。先述した桝添氏は小泉内閣を支える大衆の情緒的熱狂にその危険を指摘しており、左派のジャーナリスト本多勝一氏も「ヒトラーが出てきた情況と似ている」といっている（「風速計」『週刊金曜日』二〇〇一年五月二五日号）。もしそのような危険が本当にあるのだとすれば、ワイドショーも含むテレビジャーナリズムの政治的社会的な影響力の分析は緊急の課題となり、我々はファッシズムを阻止する方策を考えなければならなくなる。

「テレビはファッシズムに向かない」とマクルーハンはいったが

しかしこの問題が、本当に過去のヒトラー的なファッシズムの例と結び付くのだろうか。マーシャル・マクルーハンは、「ヒットラーの統治下にテレビが大規模に普及していたら、彼はたちまち姿を消していただろう。テレビが先に登場していたら、そもそもヒットラーなど存在しなかっただろう」と述べている。（マクルーハン、一九八七）。また、マッカーシズムで名高い政治家マッカーシーを政治の表舞台から失脚させたのもテレビだった。「活字や（ラジオの）声でしかマッカーシーを知らなかった大衆は、人相の悪い彼が陰険に犠牲者を追いつめるのを見て、その支持を取り下げたのである」（前掲、拙論「小泉劇場が生み出した『ワイドショー公共圏』」参照）。つまり、テレビメディアの特性は、活字的な権威を崩して戯画化することには向いていても、ファッシズムのような権威主義的な政治体制を作るのには向いていない、ということなのである。

一九五〇年代のアメリカでは世界にさきがけてテレビが大衆化したが、それは「一九三〇年代のヨーロッパにおけるラジオと同じような革命的メディアとして機能した」とマクルーハンは述べている（マクルーハン、一九八七）。もっともマクルーハンはヒトラーが新しく登場したラジオを巧妙に使った点については触れていない。

日本のテレビを考える上で注意すべきことは、テレビメディアの量的な影響力に目を奪われるあまり、活字メディアに比べて質的なレベルにおいても過小評価してはならないということである。小泉首相の右よりのイデオロギーの側面――靖国参拝、憲法改正、米国追従などの側面にだけ注目したり、従来型の政治評論のフレームワークの中でしか見ていないと、テレビが作ったとされる「ワイドショー内閣」の本質的意味を見誤る恐れがある。

発足当時の小泉内閣の支持率の異常な高さを見て、ファッシズムと結び付ける政治評論のスタイルは実は古典的なものであり、テレビメディアに引きずられて動く現代社会の世論の地殻変動をつかみそこねるのではないか。五〇年代アメリカのテレビが革命的なメディアとして機能したというマクルーハンの指摘を改めて想起すべきなのである。ワイドショーは物言わぬ大衆の中にあるフラストレーションや欲望の琴線に触れ、変革への渇望を伝えていたのかもしれないのだ。先述した椿事件の当事者のテレビ朝日報道局長・椿貞良氏はテレビ人として、テレビの特性をしっかりと掴んでいた。喚問された国会の答弁からもそれがわかる。テレビが視聴者心理を巻き込んで暴走し始めると誰にも止められなくなることがわかる。「映像の暴走」とはこのことをいう。

4 日本型「公共圏」の変動

市民社会のサロンから生まれた近代のメディア

メディアは「市民的公共圏」において活動し、世論や公論を形成する。このような「公共圏」に関する概念には、かつてフランクフルト学派のユルゲン・ハーバーマスが提起した社会思想的な意味が存在している。ハーバーマスのいう公共圏とは、教会権力から離れた内面の自由という「自立の精神」を内包させた新興ブルジョワジーの私人の領域から形成されてきたものである。社会学者・花田達朗は、「神の言葉に接続するための独占的メディア回路から自由となり、そこに……小家族の内部空間が構成される。これを『親密圏』と呼ぶが、そこが自由、愛、教養という近代のフマニテートの理念の発生場所となる」と定義した（花田、二〇〇九）。

「親密圏」が拡大し社会化していくことで、二つの別の圏が生み出される。私有財産は家族経済の枠を越えて市場経済を作ってゆき、ブルジョワ教養階級のコミュニケーションの場として、「文芸的公共圏」が発生してくる。イギリスの市民社会では、これがコーヒーハウスやサロンとして社会に出現してくるのである。新聞というメディアはこうした「公共圏」から生まれた。同じサロンに出入りする場を共有していない人でも、新聞や印刷物やパンフレットが刊行され配布されて、知識人や文化人たちのサロンの論議の内容を知ることができた。やがて「公共圏」は新興のブルジョワ階級を中核に世論や公論を形成する自由な言論空間を作り出し、ブルジョワ市民革命の温床となってゆくのである。

「市民的公共圏は、公衆へと集合した私人たちの圏として、公権力に対抗する批判的な圏として成立した」（花田、二〇〇九）。

それは「公権力と私人との間に新しく形成されたひとつの危険をはらんだ圏」だった。つまり「公共圏」は市民革命の思想を扇動する政治的温床でもあったから、教会の権力や絶対主義的権力からみたら、いうまでもなく〝危険地帯〟だったのだ。この市民の危険地帯を育てたのが、主として新聞（ジャーナリズム）なのであった。フランス革命でもアメリカ独立革命でも「新聞」という新しいメディアの存在は不可欠だったのだ。

「不偏不党主義」の大新聞ジャーナリズムの機能不全

一方、日本の大新聞ジャーナリズムは、「是々非々」の「不偏不党主義」をとり、危険地帯というよりは、お上と庶民の間をつなぎ上からの情報と知識を伝達するという啓蒙的な役割を果たしてきた。また明治時代に発展した新聞は日本人の識字率と教養を高めるのにも貢献した。お上に対しては庶民の立場を代弁し、庶民には啓蒙と教育を垂れるという新聞の構図だ。

その意味でいうと、明治から大正時代にかけて日本の新聞ジャーナリズムが形成した「公共圏」は欧米のような公権力に対抗する「革命の危険地帯」ではなく、タテ社会の官民の間に割り込んだ「垂直型」の親和的公共圏であった。

現在でも全国の官庁、政治組織、会社に網羅される記者クラブの存在は、日本型の「垂直型公共圏」の構造を端的に示している。欧米型の市民革命を経験した歴史を持たない日本に「市民的公共圏」は存在しうるか、という問題提起がしばしば行われるが、これに対して、日本にも「公共圏」は存在するが、欧米のように水平型ではなく、縦型であるという定義を私は行っている（前掲、拙論「小泉劇場が生み出した『ワイドショー内閣』」参照）。

しかし今回の「テレビが主導した小泉ワイドショー内閣誕生」においては、上述したような日本型タテの垂直型公共圏が崩壊しつつあることが示されていた。これについて私は、「日本の『公共圏』が構造変動して欧米型の水平型へと地すべり変化を起こしている」という仮説を提起した（前掲、拙論）。

テレビのワイドショーを見た農村や地方の町の人々が外務省を批判し、戯画化し、道路財源や特殊法人について云々するうちに、日本人の意識の中からお上は偉いと思い込んでいた考えが希薄になってゆく。官尊民卑の伝統文化の崩壊は、明治以来の日本に連綿と続いてきた庶民文化の「革命」なのである。

小泉ワイドショー内閣を報道するテレビに磁石のように吸い寄せられた庶民大衆の不満と希望の交錯が背景となり、「ワイドショー公共圏」というべきテレビ空間が、小泉政権の支持率を支え、存在理由を支えた。まさにブラウン管とＴＶカメラが小泉政権を支えていたとしかいいようのない政治文化が出現したのである。

活字エリート主導政治への大衆の反逆

これまでの日本の政治文化はエリート官僚と知識人が指導し、熟達した政治のプロである政治家の手で主導されてきた。政治の実質的なリーダーシップを握るのは、エリート官僚、政治家の指導者、選挙基盤の指導者、支持団体や企業の幹部、政治記者などのプロたちであった。主権者であり納税者である大衆はわずかな回数の選挙を通じてしか、自己表現の手段を持たなかった。しかも選挙制度という枠に縛られている。そういう政治的フラストレーションによって、選挙民の選挙離れ、政治離れが加速し、政治に対する無関心層が広範に醸成されてきたわけだ。こうした日本に特有の政治文化のありかたは、政権党である自民党だけではなく、労働組合や支持団体を基盤にした上意下達の野党の政治姿勢にも共通していた。野党政治にしても、政治には無縁な庶民からみれば民主主義からはほど遠いプロ化したタテ社会だった。

活字メディアである新聞がリードしてきた日本の政治公共圏は、上述したプロたちが操作する政治圏に属していた部分が大きい。新聞の政治記事が庶民の心になかなか届かなかったのもこのためだ。一〇〇〇万部の巨大発行部数を持ちながら、大新聞はある程度の知識人である読者を無意識的にも想定していたところがある。大学卒の新聞記者は読者庶民よりインテリであり、「庶民がわかるような平易な言葉で記事を書け」とは新入社員教育で上司が発する言葉だった。要するに新聞記事は上から目線で書かれており、同じ目線で読者の共感を得るような書き方ではなかった。

テレビ人の田原総一朗氏が新聞に対して指摘したことはこのことだろう。新聞の政治記事が永田町や霞が関の玄人的な分析手法に密着するあまり、素人の読者庶民には理解しにくい政界用語を使い、永田町文化が染みついているということは長年いわれてきたことだった。新聞は庶民の茶の間感覚から大きく乖離していたのだ。

5 東欧革命、ベルリンの壁崩壊を促した西側のテレビ中継

ベルリンの壁を壊したエネルギーの源泉

先述したようにテレビの特性は、大衆的な影響力の点で、新聞をしのいでいる。

第一に映像そのものが持つ感覚的なインパクトがある。小泉政権の重鎮だった田中元外相については、自由奔放、情緒的で戦闘的なパフォーマンスの数々は、活字人間の理性から見ればマイナス要因であるが、テレビ映像のインパクトという点では、ポジティブなものに転化する。外務省という〝伏魔殿〟と戦う〝女戦士〟のように彼女を見る。大きな体制やシステムを破壊し変革するときに、こうした映像は大衆の力の源泉になる。そのパワーをテレビが与えているのである。

一例をあげる。テレビが大衆に革命的な力を与えたという世界的な例が、ベルリンの壁崩壊の背景に存在した。一連の東欧革命はテレビ抜きには語れないということだ。このときの西側テレビの果たした役割について、哲学者のユルゲン・ハーバーマスは次のように書いている。「東ドイツ、チェコスロバキア、ルーマニアでの大変革は、単にテレビによって中継された歴史的大事件であるだけでなく、変革それ自身がテレビによる中継・移送という様式でおこなわれた連鎖の過程だった。マスメディアが決定的であったのは、単に全世界への拡散という感染効果にかんしてだけではない。ピクニックと称して、広場や街頭でデモに参加している東欧諸国の大衆は（国境を越えて動き）、一九世紀や二〇世紀の前半とは違って、それがテレビを通じていたるところに現出するようになって、はじめて革命的権力を発展させることができたのである」（ハーバーマス、二〇〇一）。

東ドイツの民衆がテレビの中に見た真実

その東欧革命のさなかに来日した東ドイツの著名な指揮者クルト・マズア氏にインタビューしたことがある。ソ連共産主義の体制下に閉じ込められ、自由を抑圧されていた東ドイツの市民は「パラボラアンテナから漏れてくる西ドイツのテレビを密かに見ていて、西側の豊かさを知っていた。西側庶民は資本主義的退廃と貧富の格差にあえいでいるとの東ドイツ政府の宣伝とは裏腹に、西側テレビ映像の中に映るデパートのショーウインドウのきらびやかなファッション、豊かなもの、道行く人々の自由で晴れやかな表情……などを東ドイツの人々は見ていた」とマズア氏は語った。西側に対する当局の悪宣伝がいくら誇大に流されようと、西側には自由と豊かさがある——この事実の実感が西側のテレビ映像を通じて社会主義東ドイツ国民の確信になっていった。それが東欧革命とソ連社会主義の崩壊へとつながっていったのだ。

テレビ映像とは、必ずしもメッセージを伝える側の意図が視聴者にそのまま反映されない。ニュース映像の中にデパートのショーウインドウや街路の様子、人々の表情、暮らしの様子が映る。活字の文章はノイズを消し去ることで成立するが、テレビ映像は報道する内容だけでなく、良くも悪くも背景の雑音とノイズがそのまま視聴者に伝わる。西側テレビが東欧崩壊を意図する政治的メッセージを流し続けていたわけではない。しかしノイズに過ぎなかった背景の映像のインパクトが、やがて「自由を抑圧する東欧体制」の虚偽をあらわにし、崩壊させる原動力になった。

旧体制のシンボル、開放されたブランデンブルグ門を歩く

ベルリンの壁が崩壊した直後、私はベルリンへ行った。西と東を堅固に隔てていたブランデンブルグ門は開放されていたが、壁はまだあちこちに残っており、露店で壁の破片を売っている東ベルリンの人々が

いた。壁の破片のほか、東ドイツ時代の軍人の勲章や軍服、帽子なども売っていた。東ドイツでは他に売るものはなかったのだ。夜になると東ベルリン側は真っ暗で明かりはなく、西ベルリン側は明るいネオンが煌めいていた。東側には時たま、木炭車が黒い煙をはきながら走っていた。残っていた壁の脇に墓碑銘があり、数カ月前に壁を越えようとして銃殺された若者の名前が刻んであった。「もう少し待っていればよかったのに」と私は呟き、祈った。私は開放されたブランデンブルグ門の間を西から東へ、東から西へと歩き回った。人間にとって、「自由の香り」は何物にも代えがたく、素晴らしいものだと思った。

テレビは新聞に比べれば、はるかに無原則であり、アナーキーである。マクルーハンは、テレビは粗雑なモザイク映像の連鎖にすぎないといっている（マクルーハン、一九八七）。

しかしテレビのアナーキーに暴走する映像の拡大再生産からは、作り手の意図しないコントロール不能効果があらわれる。あるいは予測できないノイズとしての映像が社会的な広がりをみせ、燎原の火のように拡大する場合もある。災害や戦争などの恐怖の映像、大震災、大洪水、超大型台風被害、アメリカの9・11テロのツインタワー崩壊のシーン、パリのシャルリ・エブドへのテロの恐怖などのテレビ映像が繰り返し流されることで、人々の恐怖体験が映像で繰り返され心理的なトラウマを増幅させることも予期せぬ病理的なテレビ効果の一面だ。

世界化した国際テレビ網はリアルタイムにおける世界の共同性の場となる。ダイアナ元妃の葬儀のテレビ実況中継は世界の五億人の人々が見たといわれ、国籍を異にする世界人口の約一割、世界の人々の一〇人に一人が「ダイアナの悲しみの電子共同体」に参加したといわれている。

「ワイドショー」というとき、いわゆる軟派の「芸能スキャンダル的ワイドショー」だけを指すのでなく、硬派の報道，ニュース番組を含めたテレビ映像の全体を指すようになった。軟派の「ワイドショー」

は非ジャーナリズム、硬派の「報道番組」はジャーナリズムという区分にあまり意味はない。そうした内容面での差異よりも、最近の「ワイドショー」は硬軟取り混ぜたスタイルの番組が多く、硬軟の区分そのものがつきにくくなっている。かつては〝芸能突撃レポーター〟といわれた人たちが、現在では政治家や国会などの取材も行っている。これも政治ニュースが「ワイドショー化」した原因かもしれない。

6　ニュースは視聴率を稼げる

日本のテレビもニュースのショーアップを真似る

ニュースのショーアップ化はCNNテレビが創立されたときのポリシーであった。「ニュースは視聴率が取れる」ことを東部の名門シンクタンクCATEの調査から、CNNは発見したのだ。一九七〇年代、ニクソン政権が崩壊したウォーターゲート事件のとき、ニュースでは視聴率が取れなかったアメリカ西海岸でも、ニュースの視聴率が上がったことをCATEのレポートが示した。これに目をつけたのがCNNの創始者テッド・ターナーだった。メディア界の風雲児といわれたターナーはメディアが密集するニューヨークを避けアトランタを拠点に世界初のニュース専門局CNNを創始し成功した。

日本でも遅れて、CNNモデルのニュースのショーアップが流行するようになり、報道討論番組である「NHK日曜討論」やテレビ朝日の「サンデープロジェクト」には、毎週のように与野党の政治家が出演して白熱の議論を展開するようになった。さらに、久米宏の「ニュースステーション」、筑紫哲也の「NEWS23」などのニュース番組は著名なキャスターを登場させてニュースをショーアップし、しばしば政治家や著名人が出演して、政治的な争点に対する見解を述べ合うようになった。

それまでの日本のニュース番組はNHKに代表されるようにアナウンサーが硬い表情でニュースを読み上げるのが通例だった。ニュースといえば無味乾燥な番組というイメージがあった。しかしアメリカから流入したテレビニュースのショーアップ化が「ワイドショー公共圏」を開く基盤を用意したと考えられる。やがてニュース番組には局の選り抜きのキャスターやアナウンサーが起用され、華を競うようになった。

新聞と違いテレビニュースは政局や政治的議題、政変劇を語る政治家の表情や口調も含め、そのまま映像になる。その人物に対する総合的な印象、好感度や嫌悪感を含めた感覚的な好悪のイメージが作られる。新聞で、「……といってにやりと笑った」と記者が書くと、ためにする記事のように受け止められ非難される。しかしテレビの場合だと、にやりと笑ったり、へらへら笑うところがそのまま画面に映る。またキャスターの鋭い突っ込みや誘導で、はからずも政治家がホンネをもらしたり、嘘がばれたりすることもある。タテマエ論で終始する国会のやりとりや定例記者会見では見られないテレビ的風景が現出するのである。

小泉首相はオペラ好きで、料亭にいるより劇場にいる時間が多いという変人で、酒を飲むときは独酌をするという類のワイドショー好みのエピソードは、永田町の玄人の世界では知られていたが、国民がこれを知ると首相の大衆的な好感度アップにつながったのである。視聴者大衆はわかりやすく透明に見える政治世界を求めるようになった。

しかしテレビのプラス面は、そのままマイナスに転じる「両刃の剣」でもある。国民がテレビの使い方を間違えば、盲目的な大衆迎合のメディアにもなりうる。

「合意」より「知名度」を重んじるテレビの矛盾

ハーバーマスは、その心配を「公共圏の再封建化」といっている。つまりポテンシャルはアンヴィバレントなものである。テレビの特性は、「合意」よりは、「知名度」を重んじ、知名度を優先するということだ。「知名度」の高さが「信頼性」に直結するような「公共圏」は、〝有名人たちが作る封建社会〟と変わらないというのである。

テレビ的公共圏をめぐってハーバーマスの以下のような見解を紹介しておきたい。

「……人々の平等化が進むなかで、見通しのきかないシステムの複雑さに対する無力感が抑えがたく湧き上がっている。一見対立するこのふたつの傾向は、むしろ相互に絡み合いながら発展している。だから、マスメディアは他の次元でも逆向きの効果をもたらす。……そうした公共圏がもつ民主主義にとってのポテンシャルはアンヴィバレントなものである」（ハーバーマス、一九九四）。

東欧革命やソ連邦崩壊など人間の自由を抑圧してきた体制を変えるのに力があったテレビの役割を高く評価したハーバーマスだが、だからといってテレビへの過度な依存は逆に社会を不自由化させ停滞させる危険があるとハーバーマスは指摘したのだ。

テレビにいわゆる「忖度」が持ち込まれた

先述した「椿事件」はテレビ界に政治権力に対するいわゆる「忖度」を持ち込んだ最初である。忖度とは政治への「過度な配慮」という意味だ。テレビの社会的影響力がけた違いに肥大した産物でもある。

小泉政権誕生の時は細川政権誕生よりもさらにテレビが大活躍した。「自民党をぶっ壊す」といって、ワンイッシューの「郵政民営化」を挑戦的に掲げて登場した小泉首相はテレビの寵児となった。見た目やパフォーマンスがテレビ時代にマッチしたのだ。

テレビが政治を動かすテレポリティクスが流行現象になった。田原総一朗が司会する「サンデープロジェクト」という政治討論番組は、硬派の政治ネタを討論する番組なのに、二ケタの視聴率をとる看板番組になった。日曜日の朝の番組が翌、月曜日以降の政局にまで影響し、田原は「自民党の影の幹事長」といわれるほどだった。

小泉内閣のテレポリテックス（テレビ政治）を支えた背後には田中真紀子、塩川正十郎といったタレント議員の功績もあり、同じ自民党でも他人が真似できるものではなかった。黙っていてもテレビが寄ってくるのが小泉政権だった。

また小泉の秘書官だった飯島勲氏は、小泉氏のメディアへの露出戦略をテレビやスポーツ紙、週刊誌などの大衆受けする路線に変更し、ぶら下がり会見のやり方もテレビ的な演出に改める戦略を採用していた。アメリカでスピンドクターといわれる高度なメディア戦略を積極的に取り入れたのである。

ポピュリズムの果てに

ポピュリズム政治家といわれた小泉氏は「自民党をぶっ壊す」といって登場し、大衆に受けるメディアの寵児になったが、それはポピュリズムといわれる大衆迎合の一面だった。したがって首相としての業績の評価は分かれている。またかつては首相として原発を推進したが、退陣してからは原発反対を唱えるようになるなど、メディアの争点作りに長けたテレビ的資質は変わらないように見えた。

小泉氏が首相になったことで、五五年体制が崩壊し弱体化していた自民党を立て直したともいえるが、後継者に安倍晋三氏を指名した。その安倍政権は明治以降の日本の憲政史上稀に見る長期政権を続けているが、見方によっては独裁政権と指摘されてもいる。

ワイドショー内閣といわれた小泉政権は安倍政権の生みの親であるが、テレビの後押しがなければ出来なかった政権だろう。小泉氏の政治的支持基盤は永田町の自民党内ではなく、メディアが作り上げる世論にあった。その点で米国のケネディ大統領の登場に似ている。新参のケネディはテレビ映えのするルックスと好感度で老獪な政治家ニクソンに勝ったのだった。

実のところ小泉首相は何を目指して政権を握ったのかは判然としない。政策の目玉だった郵政民営化は実現したものの、その後の郵政の現状は芳しいものではない。また米国のブッシュ政権が主導したイラク戦争にはいち早く支持を表明したが、開戦理由の大量破壊兵器の存在が嘘だったことで、戦争を遂行した米英も含めた世界各国はイラク戦争の間違いを認めているのに、日本は未だに認めておらず、世界でも稀有な国になっている。

ベルリンの壁の崩壊や東欧革命で果たした西側テレビの役割を高く評価した先述のハーバーマスは、テレビのジャーナリズムとしての機能・役割の功罪は相半ばするものと見ていた。彼は知名度を優先させるテレビの特質は、「世界の再封建化を促す」といった。

見てくれの映像を重視するテレビに支配される世の中は、一握りの有名人たちが支配する世界に堕してゆくということだ。反知性主義、右傾化、格差社会の拡大は現代社会を覆うグローバルな大問題になっているが、ハーバーマスは西側テレビのネガティブな影響力の側面を東欧崩壊の時から察知していた。

テレビはジャーナリズムか？――課題の行方

「テレビはジャーナリズムか」という命題は、戦後日本のテレビ界を貫いてきた課題だった。しかし活字の新聞はテレビ社会の発展の前に影響力や権威をなくした。新聞を売るために活字の特性を失い、ビジュアルな紙面が要求されるようになり、「新聞のテレビ化」という逆転現象が起きた。新聞で最も閲読率が高いのはテレビ欄になり、社説は最も閲読率が低くなった。

小泉政権以降、政治は大いに大衆化し、日本は圧倒的なテレビ優位社会になったが、心あるテレビ人たちが目指していたテレビ・ジャーナリズムの進化をもたらしたのかと問われれば、否と答えざるをえない。ジャーナリズムとは公共性の高い質の良いニュース、視聴者の知る権利に応えるニュースの提供とテレビに論評の二つの要素を満たさなければならない。新聞に社説があるようにテレビにも社説が必要だが、現在の日本のテレビには論調が欠如している。かつてTBSの筑紫哲也NEWS23に多事争論というコーナーがあったが、「あれはテレビの社説のつもりで試みた」と筑紫氏から聞いたことがある。しかしその後のテレビに筑紫氏の試みが引き継がれた形跡は、同じTBSの金平茂紀「報道特集」以外にはほとんど見られない。

CM獲得の目玉になるスポーツ番組が大きな比重をしめ、野球、テニス、ゴルフ、フィギアスケート、サッカー等の競技の生中継が、ニュース番組を押しのけるようになった。

さらにワイドショーを中心に専門外の芸能人たちがコメンテーターに登用されるようになり、吉本のお笑いタレントがニュースを解説したり、コメントするようにもなってきた。

要するに、テレビのポピュリズムと大衆迎合主義がジャーナリズムの専門性を劣化させ、素人化を促進している。

テレビ番組は視聴率が取れればいい、視聴率が上がればＣＭ料金も上がる。テレビはそれでよいのだろうか。小泉ワイドショー政権が残した負の遺産、テレビ・ジャーナリズムの劣化を修復するのは並大抵のことではない。

参考文献

朝日新聞社社史編修室（一九六九）『重要紙面でみる朝日新聞の九〇年』朝日新聞社。

朝日新聞社116号事件取材班（二〇〇二）『新聞社襲撃』岩波書店。

天川晃（一九九三）「三つ目の『偶然』」松田保彦ほか編『国際化時代の行政と法』良書普及会。

天川晃（二〇一四）『占領下の日本』現代史料出版。

新川明（一九八七）『新南島風土記』朝日新聞社。

新川明（一九九六）『反国家の兇区』現代評論社。

有馬哲夫（二〇〇八）『原発・正力・ＣＩＡ』新潮社。

ウィルター・リップマン（一九八七）『世論』（上・下）掛川トミ子訳、岩波文庫。

有山輝雄（一九九六）『占領期メディア史研究』柏書房。

上杉隆（二〇〇七）『官邸崩壊』新潮社。

上杉隆（二〇一七）『オプエド』ＫＡＤＯＫＡＷＡ。

上山春平（一九九五）『上山春平著作集３　革命と戦争』法蔵館。

江藤淳（一九九五）『一九四六年憲法』文春文庫。

開高健（一九八二）『輝ける闇』新潮文庫。

我部政明（二〇〇〇）『沖縄返還とは何だったのか』ＮＨＫブックス。

カレル・ヴァン・ウォルフレン（一九九〇）『日本　権力構造の謎』上下、篠原勝訳、早川書房。

菅野完（二〇一六）『日本会議の研究』扶桑社新書。

小出裕章（二〇一一）『原発のウソ』扶桑社新書。

小出裕章（二〇一二）『騙されたあなたにも責任がある』幻冬舎。

古関彰一（二〇〇九）『日本国憲法の誕生』現代岩波文庫。

小柏葉子「南太平洋地域の核問題と日本」広島大学平和科学センター、二〇〇一～二〇〇四年。

澤地久枝（二〇〇六）『密約』岩波現代文庫。

ジェイムズ・ファローズ（一九九八）『アメリカ人はなぜメディアを信用しないのか』池上千寿子訳、はまの出版。

柴山哲也（一九九七）『日本型メディア・システムの崩壊』柏書房。

柴山哲也（二〇〇三）『戦争報道とアメリカ』PHP新書。

柴山哲也編著（二〇〇四）『日本のジャーナリズムとは何か』ミネルヴァ書房。

柴山哲也（二〇〇六）『日本型メディアシステムの興亡』ミネルヴァ書房。

柴山哲也（二〇一二）『日本はなぜ世界で認められないのか』平凡社新書。

柴山哲也（二〇一四）『新京都学派』平凡社新書。

柴山哲也（二〇一五）『真珠湾の真実』平凡社新書。

柴山哲也・原真理子編著（二〇一一）『公共放送BBCの研究』ミネルヴァ書房。

ジャン・ボードリヤール（一九九一）『湾岸戦争は起こらなかった』塚原史訳、紀伊國屋書店。

ジョアンナ・ヌーマン（一九九八）『情報革命という神話』北山節郎訳、柏書房。

ジョン・フィスク（一九九六）『テレビジョンカルチャー』伊藤守他訳、梓出版社。

ジョン・ダワー（二〇〇一）『敗北を抱きしめて』上、下、三浦洋一・高杉忠明・田代泰子訳、岩波書店。

高見順（二〇〇五）『敗戦日記』中公文庫BIBLIO。

竹前栄治（二〇〇二）『占領戦後史』岩波現代文庫。

竹前栄治・天川晃（一九八六）『日本占領秘史』ハヤカワ文庫NF。

田勢康弘（一九九四）『政治ジャーナリズムの罪と罰』新潮文庫。

張承志（一九九二）『紅衛兵の時代』小島晋治、田所竹彦訳、岩波新書。

唐亜明（一九九〇）『ビートルズを知らなかった紅衛兵』岩波書店。

ディビッド・ハルバースタム（一九九九）『ベスト＆ブライテスト』下、浅野輔訳、朝日文庫。

中馬清福（二〇〇三）『新聞は生き残れるか』岩波新書。

仲松弥秀（一九七六）『古層の村』沖縄タイムス社。

西山太吉（二〇〇七）『沖縄密約』岩波新書。

西山太吉（二〇一〇）『機密を開示せよ』岩波書店。

野嶋剛（二〇〇三）『イラク戦争従軍記』朝日新聞社。

萩原滋編著（二〇〇一）『変容するメディアとニュース報道』丸善。

橋田信介（二〇〇一）『戦場特派員』実業之日本社。

鳩山由紀夫（二〇一七）『脱 大日本主義』平凡社新書。

花田達朗（二〇〇九）『公共圏という名の社会空間』木鐸社。

浜林正夫・野口宏（二〇〇二）『ドキュメント戦後世界史』地歴社。

原彬久（一九九五）『岸信介』岩波新書。

ハリソン・ソールズベリー（一九九二）『メディアの戦場』小川水路訳、集英社。

ピエール・ブルデュー監修（二〇〇〇）『メディア批判』櫻本陽一訳、藤原書店。

樋田毅（二〇一八）『記者襲撃——赤報隊事件三〇年目の真実』岩波書店。

藤原新也（二〇〇八）『メメント・モリ』三五館。

保阪正康（二〇〇五）『昭和史七つの謎ｐａｒｔ２』講談社文庫。

本多勝一（一九八一）『戦場の村』朝日文庫。

本多勝一（一九八二）『殺される側の論理』朝日文庫。

マーシャル・マクルーハン（一九八七）『メディア論』栗原裕・河本伸聖訳、みすず書房。

マーティン・ファクラー（二〇一二）『「本当のこと」を伝えない日本の新聞』双葉新書。

ユルゲン・ハーバーマス（一九九四）『公共性の構造転換』細谷貞雄・山田正行訳、未來社。

村上春樹（一九九七）『アンダーグラウンド』講談社。

吉村昭（二〇〇四）『三陸海岸大津波』文春文庫。

若泉敬（一九九四）『他策ナラリシヲ信ゼムト欲ス』文藝春秋。

渡邉恒雄（一九九九）『ポピュリズム批判』博文館新社。
D. Eleanor, Westney (1996), "Mass Media as Business, Organization, A US-Japanese Comparison," Susan J. Pharr and Ellis S. Krauss, ed. *Media and Politics in Japan*, University of Hawaii Press.
John B. Thmpson (1995), *The Media and Modernity*, Stanford University Press.
Monica Braw, (1990), *The Atomic Bomb Suppressed : American Censorship in Occupied Japan*, An East Gate Book.

新聞・雑誌の出典は、本文中に明記した。

あとがき

やはりトリックスターなのか。

新聞社を辞めたあと、最初に書いたのが『日本型メディア・システムの崩壊』という本だが、一九九七年当時、このタイトルは時期尚早だった。「崩壊」というタイトルの語感が先行して、新聞社の内幕暴露本と勘違いされたのだ。

この本の中で「日本のジャーナリズムはトリックスターである」と書いた。トリックスターとは人類学でいう道化師のような存在だが、猿回し、旅芸人、奇術師、占い師、芸術家などの範疇の社会的なポジションを持たないアウトサイダー的な職業人である。ペテン師という意味もある。しかし民衆が近づけない場所や権力者のところに出入りする特権を持ち、社会のタブーを超える力がある。日本でいえば琵琶法師のような存在だろうか。アフリカには口承で歴史を伝えるグリオという伝道師がいる。

トリックスターは前近代社会で役割を果たしてきたが、その役割の本質は旧体制の社会構造やシステムを温存し持続させることだった。

この文化人類学用語を日本のジャーナリズムに適用したのが、ハーバード大学ライシャワー日本学研究センターのスーザン・ファー教授だった。日本のジャーナリズムは社会秩序を攪乱して反権力の姿勢を見せることがあるが、行き過ぎの危険を察知すると、方向転換して旧体制への回帰を促す。欧米先進国のジャーナリズムのように自由と民主主義の守護神として一貫して権力の腐敗や暴走を監視する役割（定義）には無頓着である。

こうしたトリックスターの性格は戦後日本のメディアの特性として顕著だった。一九六〇年の日米安保条約改定時のメディアによる社会的攪乱と旧体制への復帰の様相はトリックスターの性格を如実に示していた。戦前は大本営体制だった日本のメディアだが、戦後は一貫して自民党一党支配の五五年体制の守護神でもあったのだ。自民党一党支配ということは、戦前型の大本営体制のメディアの尻尾をどこかで引きずっていることでもある。自由と民主主義を唱えてはいるが、日本の記者クラブ体制が他者の言論の自由と民主主義を抑圧していると指摘する外国特派員たちの苦言は一向に止むことはない。

「トリックスターとは言い得て妙」と思ったものだ（Susan J. Pharr. "Media as Trickster in Japan," *Media and Politics in Japan*, University of Hawaii Press, 1996）。

ファー教授は日本には欧米のようなジャーナリズムは存在しないという意味でトリックスターという言葉を使っていた。アメリカの学者は実によく日本メディアを研究していると思った。悪名高い日本の記者クラブについても日本の研究者以上によく研究し実態を知っている。ハワイ滞在中の私のもとに日本の記者クラブ研究の資料をたくさん送ってくれたメディア学者もいた。ルース・ベネディクトの『菊と刀』もそうだが、太平洋戦争時のアメリカはよく日本研究をしていて緻密な軍事戦略を立てていたことを想起する。

自分に甘い日本産の和製メディア論ではアメリカをはじめとする国際的評価の場や信頼度の点では太刀打ちできない。自国だけにしか通用しないメディアなのである。

とはいえ、日本のジャーナリズムはアメリカに比べれば未熟で後進的だが、メディアの経営者や記者たちが努力や向上心を持って研鑽進歩を重ねれば欧米のレベルに追い付くものと考えていた。今から二〇年以上も前の話だが、当時の日本はアメリカ六つほど買収できるという金満の経済大国だった。

アフリカの草原の飛行場にはタテカンのような広告板が滑走路を囲んでいたが、すべては日本製品の広告だったことを思い出す。

しかし、経済力はあってもジャーナリズムがダメな国は世界から尊敬される一流国にはなれない。いまや経済大国の地位からも滑り落ちたかに見える日本だが、日本メディアの自由度国際ランクは七〇位前後を低迷しており、アジアでは台湾、韓国の後塵を拝している。

この書のタイトルの『いま、解読する戦後ジャーナリズム秘史』の内容は、残念ながら明るさに満ちたものではない。戦後ジャーナリズム史をあらためて紐解き、過去に生起した歴史事実の意味と重さを分析するにつれ、当時は明かされることのなかった「秘史」といえる部分の隠された暗喩が浮き彫りになった。やはり「トリックスター」と表現したファー教授は日本のジャーナリズムの特殊な実像を正しく捉えていたのだった。

そうはいっても、日本のジャーナリズムの視野狭窄、現状維持の自己肯定、自画自賛といった傾向がこのままでいいわけはない。日本の戦後民主主義の実像もやっぱりトリックスターだったのか——では済まない。これでは第二次世界大戦における内外の夥しい死者、犠牲者たちは浮かばれない。さらには、戦後の昭和と平成の時代をジャーナリズムの中で生きてきた私としても、戦前の新聞が大本営の嘘を報道したことの反省と教訓をいい加減にしたまま、戦後は道化のトリックスターといわれては浮かばれない。そういう思いで戦後ジャーナリズム秘史を書いた。

本書で取り上げた北朝鮮拉致の解決はまだない。かつて北朝鮮を取材したとき北側から軍事境界線を目前で見たことがある。ほんの数メートル先に韓国があった。あの軍事境界線を、朝鮮戦争の交戦国だった米国のトランプ大統領と北朝鮮の金委員長が手をつないで渡る風景をつい最近のテレビ映像で見た。最後に残された米ソ冷戦の印である朝鮮半島の軍事境界線はいつなくなるのだろうか。

本書を書いている最中に、輸出規制をめぐる問題から端を発した日韓泥沼の紛争が起こった。日本のテレビや新聞は韓国側の非を強く非難しているが、先の大戦で日本は朝鮮半島の人々に災禍をもたらした側としての責任があり、南北和平に貢献すべき立場である。だが、近年の日本のジャーナリズムは政府の応援団席にでもいるかのような姿勢を見せている。

日本のメディアがどれくらい先進民主主義国の制度から取り残され遅れているかといえば、本書で取り上げたように、日本の現在のテレビの電波・放送制度は、ＧＨＱが指示した占領期の米国モデルの電波制度よりも後退している。

最近、沖縄の辺野古の取材をしてきたが、本土と沖縄の間の世論の分断をこのまま放置して良いものだろうか。本土の新聞と沖縄の新聞の間に同じ国の新聞とは思えない記事、論調の乖離がある。

私がジャーナリズムの新天地を目指したいと思ってハワイに研究留学したのは、日本では知られていない真珠湾奇襲の歴史を調べたかったこともある。しかし日本のジャーナリズムの仕組の限界と違和感、欺瞞を感じつつ、新聞社で仕事を続けていたのは確かだった。本書でも取り上げた「朝日新聞阪神支局襲撃」事件で殺傷された記者銃撃事件が、日本の警察捜査と新聞社取材の総力を挙げたにもかかわらず解決しなかったことは、正直、新聞記者の限界を感じた。言論機関を襲ったテロ犯がなぜ逮捕されないのか。先進国としてあり得ないことだと思った。

家族には迷惑をかけてしまったが、新聞社を辞めてハワイ大学やＥＷＣ（East West Center、ケネディ大統領が設立に関与した米国立のシンクタンクで、アジアや太平洋地域を専門エリアとする米国随一の研究機関。ハワイ大学構内に設立されている）に研究留学し、アメリカのメディアを研究した。

ハワイ大学構内の南国の樹木と花々が茂るＥＷＣ（東西センター）の外国人ゲスト用宿舎でしばらく過ごさせてもらったが、小鳥のさえずりと素晴らしい朝の陽光の中で目覚めたときのわくわくする自由の爽快感を、いまでも忘れることができない。

最後になったが、ハワイ大学への招聘留学の相談に乗っていただいた竹前栄治・東京経済大学名誉教授、ハワイ大学の招聘手続きや研究留学の件でお世話になったラーニー・カーライル・ハワイ大学日本研究センター教授、ＥＷＣのヴィジティング・フェローとして招聘してくださった張年錫ＥＷＣ副所長（当時）、資料の探索、収集でお世話になった松井・ハワイ大学東洋図書館長（当時）これらの方々のご厚情がなければ私の人生の後半はなかっただろう。

また本書を書くにあたり、ハワイ大学やＥＷＣの学者、研究者、ジャーナリスト、専門スタッフの方々のほか、米本土のメディア学者、ジャーナリスト、新聞社の方々にもお世話になった。おかげでアメリカの懐の深さを知った。

また、インタビューに応じていただき、資料の提供をしてもらった国内外のジャーナリスト、メディア研究の専門家や現場のメディア関係者、政治家の方々も大勢おられる。協力していただいた方々の名をここでは逐一名を挙げないが、本文中にお名前や参考文献として記してある。この場を借りて、深甚の謝意、お礼の言葉を述べたい。

本書の企画、執筆にあたりミネルヴァ書房の堀川健太郎氏に面倒をおかけし、お世話になった。感謝したい。

いま香港の一国二制度の危機をはじめ東アジアにはいつになく不穏な音が木霊している。これらの木霊の行方に引き続き耳目を研ぎ澄まし、ウォッチしていきたいと思う。

二〇一九年八月　残暑の中で

柴山哲也

人名索引

あ 行

か 行

さ　行

た　行

な　行

は　行

ま　行

や・ら・わ　行

事項索引

あ　行

か　行

さ 行

た 行

な 行

は 行

ま　行

や・ら・わ　行

欧　文

《著者紹介》

柴山哲也（しばやま・てつや）

同志社大学大学院文学研究科新聞学専攻中退。
1970年朝日新聞入社後，世界各地を取材。1994年に退職し，イースト・ウエスト・センター（EWC）やハワイ大学客員研究員となる。国際日本文化研究センター客員教員，京都女子大学教授，立命館大学客員教授などをつとめる。専門は比較ジャーナリズム論。

現　在　ジャーナリスト・メディア評論家。

主　著　『ヘミングウェイはなぜ死んだか』集英社文庫，1999年。
『日本型メディアシステムの興亡』ミネルヴァ書房，2006年。
『新京都学派』平凡社新書，2014年。
『真珠湾の真実』平凡社新書，2015年。
『日本のジャーナリズムとは何か』（編著）ミネルヴァ書房，2004年，ほか。

いま、解読する戦後ジャーナリズム秘史

2020年1月30日　初版第1刷発行　〈検印省略〉

定価はカバーに
表示しています

著　者　柴　山　哲　也
発行者　杉　田　啓　三
印刷者　坂　本　喜　杏

発行所　株式会社　ミネルヴァ書房
607-8494　京都市山科区日ノ岡堤谷町1
電話代表　(075)581-5191
振替口座　01020-0-8076

冨山房インターナショナル・新生製本

ISBN 978-4-623-08668-9
Printed in Japan

日本型メディアシステムの興亡　柴山哲也 著　四六判三六八頁 本体三〇〇〇円

日本のジャーナリズムとは何か
●情報革命下で漂流する第四の権力
柴山哲也 編著　A5判四四八頁 本体三五〇〇円

公共放送BBCの研究　原麻里子 柴山哲也 編著　A5判三四〇頁 本体四五〇〇円

こうしてテレビは始まった
●占領・冷戦・再軍備のはざまで
有馬哲夫 著　四六判三四〇頁 本体二八〇〇円

テキスト 現代ジャーナリズム論　石澤靖治 著　A5判二七二頁 本体二八〇〇円

日中韓メディアの衝突
●新聞・テレビ報道とネットがつなぐ三国関係
李 相哲 編著　A5判二八〇頁 本体五〇〇〇円

ミネルヴァ書房

https://www.minervashobo.co.jp/